J'INTÈGRE LA FONCTION PUBLIQUE

Catégorie C

2023
2024

Concours

ATSEM • ASEM

Externe, interne et 3e voie

Annales corrigées

Corinne Pelletier
Formatrice en centre de formation aux concours paramédicaux et sociaux à Poitiers et directrice adjointe d'une fédération mutualiste départementale regroupant plusieurs établissements médico-sociaux.

DUNOD

Maquette intérieure : Caroline Joubert © Atelier du livre
Couverture : Oksana Kuzmina © Shutterstock
Mise en page : Belle Page

11 rue Paul Bert, 92240 Malakoff
www.dunod.com
ISBN : 978-2-10-084876-8

Sommaire

Niveau de difficulté, du plus facile au plus difficile : ★, ★★ ou ★★★

ATSEM 3e Concours
Épreuve d'admissibilité

QRC

ASEM
Épreuve d'admissibilité

Élaborer son dossier d'admissibilité

ATSEM / ASEM
Épreuve d'admission

8 questions possibles pour l'oral

LES ÉPREUVES DU CONCOURS

Concours externe ATSEM

Épreuve écrite d'admissibilité (45 min, coef. 1)

QCM de 20 questions sur des situations concrètes rencontrées dans le cadre des fonctions d'ATSEM.

Épreuve orale d'admission (15 min, coef. 2)

Entretien permettant d'apprécier l'aptitude du candidat et sa motivation à exercer les fonctions d'ATSEM et ses connaissances de l'environnement professionnel.

Concours interne ATSEM

Épreuve orale d'admission (20 min dont 5 min d'exposé, coef. 1)

Entretien débutant par une présentation du candidat et se poursuivant par une conversation permettant d'évaluer, sous forme de mises en situation professionnelles, les capacités du candidat.

3e concours ATSEM

Épreuve écrite d'admissibilité (2 h, coef. 1)

3 à 5 questions à réponse courte posées à partir d'un dossier portant sur les problèmes susceptibles d'être rencontrés par un ATSEM.

Épreuve orale d'admission (20 min dont 5 min d'exposé, coef. 2)

Entretien débutant par une présentation du candidat et se poursuivant par une conversation permettant d'évaluer, sous forme de mises en situation professionnelles, les capacités du candidat.

Concours ASEM

Admissibilité sur examen du dossier du candidat

Examen du dossier du candidat constitué d'une lettre de motivation et d'un document type retraçant son parcours et son expérience.

Épreuve orale d'admission

Exposé de 3 minutes, puis entretien avec le jury afin d'apprécier les capacités du candidat à exercer les fonctions d'ASEM. L'examen se termine par une transcription écrite d'un message relatif à une mise en situation professionnelle.

Présentation

Les concours ATSEM / ASEM

Il existe plusieurs concours ATSEM/ASEM qui s'adressent à des publics différents :

- **le concours externe** ATSEM/ASEM ouvert aux candidats titulaires d'un CAP Accompagnant Éducatif Petite Enfance (précédemment dénommé CAP Petite Enfance) ou d'une qualification équivalente ;
- **le concours interne** ATSEM réservé aux fonctionnaires et agents publics pouvant justifier d'une expérience d'au moins deux ans auprès de jeunes enfants ;
- **le 3e concours** ATSEM destiné aux candidats pouvant attester d'une expérience d'au moins quatre ans dans le secteur de la Petite Enfance.

Les épreuves de ces concours sont différentes. Elles portent sur le même champ de connaissances mais se basent sur des méthodologies bien distinctes.

1 Quelles sont les épreuves des concours ?

a. Les concours externes ATSEM/ASEM

Concours ATSEM

Épreuves	Contenu	Durée	Coefficient
Écrit d'admissibilité	20 questions à choix multiples (QCM) portant sur des situations concrètes habituellement rencontrées par les membres du cadre d'emploi (ATSEM) dans l'exercice de leurs fonctions	45 min	Coefficient 1
Oral d'admission	Entretien permettant d'apprécier l'aptitude du candidat et sa motivation à exercer les missions dévolues à l'ATSEM et ses connaissances de l'environnement professionnel dans lequel il sera appelé à exercer ses missions.	15 min	Coefficient 2

Il est attribué à chacune des épreuves une note variant de 0 à 20.

Le nombre minimum de points exigé pour l'admissibilité et l'admission est fixé par le jury. Il ne peut en aucun cas être inférieur à une moyenne de 10/20.

Il existe, pour chaque épreuve, une note dite « éliminatoire » ou note « plancher ». Si le candidat obtient, à une épreuve, une note inférieure ou égale à la note éliminatoire, il est immédiatement recalé. Elle est généralement de 5/20 mais elle peut être plus sélective : ainsi, la Ville de Paris la fixe à 7/20 pour l'oral d'admission.

La note finale s'obtient en appliquant la formule suivante :

$$\frac{\text{(Note écrit d'admissibilité) + (Note oral d'admission x 2)}}{3}$$

Exemples

Ophélie a obtenu 9 à l'écrit et 15 à l'oral. Sa note finale est égale à : (9) + (15 x 2) / 3 = 13/20

Linda a obtenu 15 à l'écrit et 9 à l'oral. Sa note finale est égale à : (15) + (9 x 2) / 3 = 11/20

La note finale d'Ophélie est supérieure à celle de Linda. Elle sera donc mieux classée dans la liste des admis.

Si plusieurs candidats obtiennent la même note globale, la priorité est accordée à celui qui aura obtenu la meilleure note à l'épreuve orale d'admission.

Concours ASEM

Épreuves	Contenu	Durée	Coefficient
Dossier d'admissibilité	L'admissibilité est prononcée par le jury après examen du dossier constitué par le (la) candidat(e). Ce dossier devra comprendre obligatoirement une lettre de motivation manuscrite et un document type, manuscrit ou dactylographié, retraçant l'expérience et le parcours professionnel du (de la) candidat(e).		
Oral d'admission	L'épreuve a pour point de départ un exposé du (de la) candidat(e) d'une durée maximale de 3 minutes permettant à celui-ci de mettre en valeur son parcours professionnel et sa motivation. Cet exposé est suivi d'un entretien avec le jury destiné à apprécier la capacité du (de la) candidat(e) à exercer les fonctions d'un(e) agent(e) spécialisé(e) des écoles maternelles (ASEM) de la commune de Paris, sa connaissance des missions d'un(e) agent(e) spécialisé(e) des écoles maternelles, de son environnement de travail, ainsi que sa capacité à travailler en équipe et en autonomie avec les enfants. Les 3 dernières minutes de l'entretien sont consacrées à la transcription écrite, en deux lignes maximum, d'un message relatif à une mise en situation professionnelle communiquée par le jury au (à la) candidat(e).	18 min	Coefficient 1

La note finale est celle obtenue à l'oral d'admission puisqu'il n'y a qu'une seule épreuve.

b. Le concours ATSEM interne

Épreuves	Contenu	Durée	Coefficient
Oral d'admission	Entretien débutant par une présentation du candidat à l'appui d'un document retraçant son parcours professionnel et se poursuivant par une conversation permettant d'évaluer, le cas échéant sous forme de mises en situation professionnelle, la capacité du candidat à analyser son environnement professionnel et à résoudre des problèmes rencontrés par un ATSEM	20 min dont 5 min d'exposé	Coefficient 1

La note finale est celle obtenue à l'oral d'admission puisqu'il n'y a qu'une seule épreuve.

c. Le concours ATSEM 3e voie

Épreuves	Contenu	Durée	Coefficient
Écrit d'admissibilité	3 à 5 questions à réponse courte (QRC) posées à partir d'un dossier succinct remis aux candidats portant sur les problèmes susceptibles d'être rencontrés par un ATSEM dans l'exercice de ses fonctions	2 h	Coefficient 1
Oral d'admission	Entretien débutant par une présentation du candidat à l'appui d'un document retraçant son parcours professionnel et se poursuivant par une conversation permettant d'évaluer, le cas échéant sous forme de mises en situation professionnelle, la capacité du candidat à analyser son environnement professionnel et à résoudre des problèmes rencontrés par un ATSEM.	20 min dont 5 min d'exposé	Coefficient 2

Il est attribué à chacune des épreuves une note variant de 0 à 20.

Le nombre minimum de points exigé pour l'admissibilité et l'admission est fixé par le jury. Il ne peut en aucun cas être inférieur à une moyenne de 10/20.

Il existe, pour chaque épreuve, une note dite « éliminatoire » ou note « plancher ». Si le candidat obtient, à une épreuve, une note inférieure ou égale à la note éliminatoire, il est immédiatement recalé. Elle est généralement de 5/20.

La note finale s'obtient en appliquant la formule suivante :

$$\frac{\text{(Note écrit d'admissibilité)} + \text{(Note oral d'admission x 2)}}{3}$$

Exemples

Ophélie a obtenu 9 à l'écrit et 15 à l'oral. Sa note finale est égale à : (9) + (15 x 2) / 3 = 13/20

Linda a obtenu 15 à l'écrit et 9 à l'oral. Sa note finale est égale à : (15) + (9 x 2) / 3 = 11/20

La note finale d'Ophélie est supérieure à celle de Linda. Elle sera donc mieux classée dans la liste des admis.

Si plusieurs candidats obtiennent la même note globale, la priorité est accordée à celui qui aura obtenu la meilleure note à l'épreuve orale d'admission.

2 Quelles collectivités organisent les concours ?

L'organisation des concours et examens professionnels de la fonction publique territoriale relève de la compétence des centres de gestion (CDG) départementaux, qui les organisent pour les collectivités affiliées et pour celles qui ont passé convention à cet effet. Cependant, certaines grandes collectivités locales non affiliées à un centre de gestion organisent leurs propres concours. C'est le cas, par exemple, de la Ville de Paris qui recrute des ASEM.

La périodicité des concours et des examens professionnels peut varier en fonction des besoins en recrutement : certains sont annuels, d'autres sont organisés tous les 2 ou 3 ans.

Chaque session de concours fait l'objet d'un arrêté d'ouverture qui précise la date limite de dépôt des candidatures, la date et le lieu des épreuves, le nombre de postes à pourvoir ainsi que l'adresse à laquelle les candidatures doivent être déposées.

3 Comment s'inscrire aux concours ?

Vous trouverez les coordonnées de tous les CDG ainsi que le calendrier des concours sur le site national des centres de gestion de la fonction publique territoriale : www.fncdg.com.

Les inscriptions peuvent se faire en ligne ou sur dossier à télécharger en format papier et à adresser au centre de gestion de votre choix. Lisez bien les formalités à accomplir et respectez la date limite de dépôt des dossiers de candidature.

La Ville de Paris prévoit deux modalités d'inscription pour le concours ASEM : par internet sur le site www.paris.fr rubrique « Insertion, emploi et formations » en sélectionnant le concours correspondant ou au moyen d'un dossier papier à retirer auprès de la mairie de Paris, Service des ressources humaines, Bureau du recrutement, 2, rue de Lobau - 75004 PARIS CEDEX.

4 Quelle est la composition du jury ?

L'autorité territoriale ou la métropole qui organise le concours, nomme au minimum six examinateurs. Ces derniers constituent le jury « plénier ». Ils sont répartis, quel que soit leur nombre, équitablement dans trois collèges distincts :

- des fonctionnaires territoriaux ;
- des personnalités qualifiées ;
- des élus locaux.

Parmi ces membres, sont désignés un président et son remplaçant (pour le cas où il serait dans l'impossibilité d'accomplir sa mission).

En cas de partage égal des voix, celle du président est prépondérante.

Les examinateurs peuvent se constituer en plusieurs sous-jurys de 2 ou 3 personnes pour réaliser les oraux d'admission de l'ensemble des candidats.

Des correcteurs spécialisés peuvent également être nommés par l'autorité territoriale pour participer à la correction des épreuves ATSEM sous le contrôle du jury plénier. Ils participent aux délibérations du jury avec une voix consultative, pour l'attribution des notes se rapportant aux épreuves qu'ils ont évaluées ou corrigées.

5 Comment se passe le recrutement ?

a. Concours ATSEM

À l'issue des épreuves, le jury arrête la liste d'admission sur laquelle figurent les noms des candidats admis et ayant obtenu les meilleurs résultats dans la limite des places ouvertes au concours.

La collectivité organisatrice du concours établit, au vu de la liste d'admission, la liste d'aptitude sur laquelle figurent les lauréats classés par ordre alphabétique.

L'inscription sur la liste d'aptitude permet de postuler auprès de collectivités territoriales : communes, départements, régions et leurs établissements publics (à l'exception de la Ville de Paris qui organise son propre concours externe).

La recherche d'emploi est une démarche personnelle du lauréat, sachant que les centres de gestion proposent une liste d'offres d'emplois consultables sur leur site internet.

L'inscription sur la liste d'aptitude est nationale. Elle ne vaut pas recrutement. Il appartient aux personnes retenues de postuler auprès des collectivités ayant des postes d'ATSEM vacants en faisant valoir leur inscription sur la liste d'aptitude.

b. Concours ASEM

À la fin des épreuves, le jury établit une liste d'admission en classant les lauréats en fonction de leur note finale.

La Ville de Paris prend contact avec eux au fur et à mesure des besoins en personnel et en respectant l'ordre d'inscription. Autrement dit, les ASEM n'ont pas à chercher un poste. La collectivité leur propose une affectation d'abord dans le cadre d'une période probatoire puis, s'ils donnent satisfaction, en les titularisant sur un poste d'agent de la mairie de Paris.

À noter que les ATSEM titulaires dans une collectivité territoriale, peuvent demander leur détachement à Paris.

ATSEM
Concours externe
Épreuve d'admissibilité

QCM

- Sujet 1 : Sujet Inédit
- Sujet 2 : Session 2021
- Sujet 3 : Session 2021
- Sujet 4 : Session 2021
- Sujet 5 : Session 2019
- Sujet 6 : Session 2019
- Sujet 7 : Session 2018
- Sujet 8 : Session 2018
- Sujet 9 : Session 2017
- Sujet 10 : Session 2017
- Sujet 11 : Session 2017
- Sujet 12 : Session 2017
- Sujet 13 : Session 2017
- Sujet 14 : Session 2017
- Sujet 15 : Session 2016
- Sujet 16 : Session 2015

45 minutes • Coef 1

Sujet 1
Inédit

Difficulté : ★★ **45 min • Coefficient : 1**

1. Vous accompagnez une classe de 25 élèves de GS à la piscine. Quelles sont les affirmations exactes ?

❒ **A.** Cette activité nécessite un taux d'encadrement renforcé.

❒ **B.** Vous devez au préalable obtenir l'autorisation du Maire.

❒ **C.** La séance de natation nécessitera au minimum 4 encadrants.

❒ **D.** Vous accompagnez les enfants aux toilettes.

2. Un des élèves de la classe dans laquelle vous êtes affectée, est atteint de dyssomnie. De quoi s'agit-il ?

❒ **A.** Une difficulté dans l'apprentissage des mots.

❒ **B.** Une maladie neurologique qui se traduit par un bégaiement.

❒ **C.** Un trouble du sommeil.

❒ **D.** Une maladie parasitaire.

3. Vous êtes chargé du nettoyage des vitres. Le mode opératoire implique que :

❒ **A.** Vous mettiez des serpillières par terre pour protéger le sol.

❒ **B.** Vous montiez sur un escabeau.

❒ **C.** Vous travailliez avec des gants.

❒ **D.** Vous utilisiez un mouilleur pour nettoyer l'encadrement.

❒ **E.** Vous séchiez avec la raclette de haut en bas sur les bords supérieurs de la vitre puis travailler de gauche à droite, en essuyant la raclette entre chaque bande.

4. L'école maternelle organise une réunion de rentrée avec les parents d'élèves. Cette réunion est l'occasion :

❒ **A.** De procéder à une évaluation des acquis des futurs élèves.

❒ **B.** De réaliser un exercice d'évacuation des locaux.

❒ **C.** De présenter le projet d'école.

❒ **D.** D'informer sur le règlement intérieur.

5. Un décret du 1er mars 2018 met en place des passerelles entre le cadre d'emplois ATSEM et d'autres métiers présents dans la fonction publique territoriale. Quelles sont ces évolutions possibles ?

❒ **A.** Coordinateur des ATSEM dans une école.

❒ **B.** Animateur.

❒ **C.** Éducateur de jeunes enfants en crèche.

❒ **D.** Auxiliaire de vie scolaire.

6. Vous devez préparer un atelier « peinture » avec les mains. Quelle(s) est(sont) la(les) affirmation(s) exacte(s) ?

- ❒ A. Vous protégez les tables avec des toiles cirées.
- ❒ B. Vous posez des feuilles sur les tables.
- ❒ C. Vous vérifiez la composition des peintures.
- ❒ D. Vous aidez les élèves à revêtir une blouse.
- ❒ E. Vous versez la peinture dans des ramequins.

7. Vous devez préparer 5 litres de solution détergente diluée à 10 %. Quel volume de produit pur sera nécessaire ?

- ❒ A. 500 cl.
- ❒ B. 5 000 ml.
- ❒ C. 0,5 l.
- ❒ D. 10 ml.
- ❒ E. 50 cl.

8. Un Projet d'Accueil Individualisé (PAI) concerne :

- ❒ A. Un enfant atteint de dyspraxie.
- ❒ B. Un enfant asthmatique.
- ❒ C. Un enfant intolérant au gluten.
- ❒ D. Un enfant mis sous tutelle.

9. Les ATSEM :

- ❒ A. Participent à la communauté éducative.
- ❒ B. Sont des fonctionnaires d'État.
- ❒ C. Ont pour supérieur hiérarchique, le directeur de l'école.
- ❒ D. Sont titularisés après un an de stage.
- ❒ E. Gèrent seules la coopérative scolaire.

10. La coopérative scolaire :

- ❒ A. Prend la forme d'une association.
- ❒ B. Est gérée par les élèves.
- ❒ C. Peut bénéficier d'une subvention de la commune.
- ❒ D. Participe au financement des sorties scolaires.

11. La gestion de l'école est assurée par :

- ❒ A. Une commune.
- ❒ B. Un SIVOS.
- ❒ C. Un EPCI.
- ❒ D. Un PNNS.

12. Vous êtes ATSEM dans une classe de 23 enfants, répartis en grande (13 élèves) et moyenne section (10 élèves). Vous devez préparer les formes que les enfants colleront sur une page A3 : 5 losanges, 2 carrés et 4 ronds pour les élèves de moyenne section et 6 losanges, 4 carrés et 7 ronds pour ceux de grande section. Il vous faudra donc découper :

❒ **A.** 72 losanges, 128 carrés et 131 ronds.

❒ **B.** 72 carrés, 128 losanges et 131 ronds.

❒ **C.** 78 ronds, 131 carrés et 128 losanges.

13. Lucas est intolérant au gluten. Au moment du déjeuner, vous veillerez à ne pas lui servir ;

❒ **A.** Du pain.

❒ **B.** De la purée de carottes.

❒ **C.** De l'ananas.

❒ **D.** De la charcuterie.

❒ **E.** De la tarte aux pommes

14. Un exercice « attentat/intrusion » est organisé dans l'école :

❒ **A.** Concernent les écoles situées dans les agglomérations de plus de 10 000 habitants.

❒ **B.** A lieu une fois par an.

❒ **C.** Les adultes doivent rapidement emmener les élèves au point de ralliement à l'extérieur de l'école.

❒ **D.** Est un programme particulier de mise en sécurité.

15. En déshabillant un enfant pour la sieste, vous remarquez des traces suspectes sur son corps :

❒ **A.** Vous questionnez l'enfant sur l'origine de ces hématomes.

❒ **B.** Vous appelez le maire de la commune au téléphone.

❒ **C.** Vous en parlez rapidement à l'enseignant.

❒ **D.** Vous contactez votre supérieur hiérarchique à la mairie.

16. Depuis la rentrée 2018, se décline dans les écoles le plan « Mercredi ». Quelle(s) est(-sont) la(les) affirmation(s) exacte(s) ?

❒ **A.** Ce dispositif s'adresse à tous les élèves de maternelle et de primaire.

❒ **B.** Il permet d'organiser les activités périscolaires sur la journée sans école.

❒ **C.** Il concerne que les communes repassées sur une organisation de la semaine scolaire sur 4 jours par semaine.

❒ **D.** Il cherche à assurer une cohérence éducative entre les différents temps de l'enfant.

17. La maman de Laura vous demande comment s'est passée la journée de sa fille. Quelles informations pouvez-vous lui donner ?

❒ **A.** Le menu du déjeuner.

❒ **B.** Le déroulement de la sieste.

❒ **C.** La réalisation d'un atelier « pâtisserie » en classe.

❒ **D.** La prise du goûter.

18. Pendant le temps de récréation, vous surveillez les enfants :

❒ **A.** Sur la base du volontariat.

❒ **B.** Seulement si un enseignant est présent.

❒ **C.** En restant assis sur un banc.

19. Dans l'armoire à pharmacie de l'école, que peut-on trouver :

❒ **A.** Un antipyrétique.

❒ **B.** Des gants jetables.

❒ **C.** De l'éosine.

❒ **D.** Des pansements.

❒ **E.** Du savon de Marseille.

❒ **F.** Un thermomètre.

20. Lors du temps d'accueil individualisé des élèves le matin, vous êtes chargé :

❒ **A.** D'informer les parents sur le programme de la journée.

❒ **B.** D'accompagner les enfants aux toilettes si nécessaire.

❒ **C.** De surveiller des activités de jeux sur table.

❒ **D.** De préparer l'atelier de mathématiques.

❒ **E.** De consulter les fiches de préparation des ateliers remises par l'enseignant.

❒ **F.** De gérer les crises d'angoisse des enfants.

Corrigé

1. **D** : Pour rappel, l'encadrement des séances de natation est assuré par l'enseignant et des intervenants agréés, professionnels (les maîtres-nageurs sauveteurs) ou bénévoles (parents ou grands-parents d'élèves ayant validé le test d'aptitude natation et obtenu l'agrément délivré par le chef d'établissement). Pour 25 élèves, le taux d'encadrement minimum est de 3 encadrants (2 pour un groupe de moins de 20 enfants, 3 entre 20 et 30 et 4 au-delà). Le taux d'encadrement n'est pas renforcé car il est inférieur à celui des sorties scolaires (3 adultes pour une sortie occasionnelle). Plus besoin d'une autorisation pour l'ATSEM depuis une circulaire de 2017. L'ATSEM se charge de la vie collective autour de l'activité de natation (douche, habillage/déshabillage, passage aux toilettes, …).

2. **C** : La notion de dyssomnie regroupe des troubles du sommeil qui correspondent à des difficultés d'endormissement et à des terreurs nocturnes

3. **A, C et E** : Le travail sur un escabeau n'est pas recommandé. Il est préférable d'utiliser un manche télescopique. Le mouilleur est utilisé pour laver la vitre mais pas l'encadrement. Pour ce dernier, il convient de recourir à des lavettes pré-imprégnées.

4. **C et D** : La réunion de rentrée est un temps d'information des parents d'élèves sur le programme, le fonctionnement de l'école, les outils, la coopérative scolaire… Il n'y a ni évaluation, ni exercice d'évacuation.

5. **A et B** : Les décrets n° 2018-152 et n° 2018-153 modifient le statut particulier des ATSEM et leur donne accès au cadre d'emplois des agents de maîtrise et à celui des animateurs territoriaux.

6. **A, B, C et D** : Pour l'activité de peinture avec les mains, il est plus adapté de choisir des contenants dans lesquels les enfants peuvent plonger toute la main.

7. **C et E** : Pour un litre de solution détergente, 10 % du produit pur est nécessaire, donc 0,1 l (ou 10 cl ou 100 ml). Pour 5 litres, on multiplie le dosage précédent par 5, soit 0,5 l (ou 5 dl, 50 cl, 500 ml).

8. **B et C** : Un Projet d'Accueil Individualisé (PAI) est mis en place lorsque la scolarité d'un élève, notamment en raison d'un trouble de santé invalidant (pathologies chroniques, intolérances alimentaires, allergies), nécessite un aménagement (suivi d'un traitement médical ou mise en œuvre d'un protocole en cas d'urgence).

9. **D** : Les ATSEM sont des agents de la fonction publique territoriale. Un décret du 1er mars 2018 renforce leurs missions éducatives et les positionne comme faisant partie intégrante de l'équipe éducative. Ce sont des personnels d'une collectivité territoriale. Il n'existe qu'un lien fonctionnel entre les ATSEM et le directeur de l'école. La coopérative scolaire est gérée, dans les écoles maternelles, par les enseignants et les parents d'élèves.

10. **A, C et D** : Compte tenu du jeune âge des enfants scolarisés en maternelle, la coopérative scolaire est gérée par un conseil d'administration composé d'adultes (enseignants, parents, ATSEM).

11. A, B et C : Une école peut être gérée directement par la commune sur laquelle elle est située ou au sein d'un réseau d'écoles. Dans ce dernier cas, il s'agit d'un Établissement Public de Coopération Intercommunale (EPCI) qui peut prendre la forme d'un Syndicat intercommunal à vocation scolaire. Le signe PNNS signifie Plan National Nutrition Santé.

12. B : Pour les losanges : 6 x 13 élèves GS + 5 x 10 élèves MS = 128 losanges. Pour les carrés : 4 x 13 élèves GS + 2 x 10 élèves MS = 72 carrés. Pour les ronds, 7 x 13 élèves GS + 4 x 10 élèves MS = 131 ronds.

13. A, D et D : Le gluten est une protéine que l'on trouve dans certaines céréales. Lucas ne doit pas manger de pain, de charcuterie et de tarte aux pommes.

14. B : L'exercice « attentat-intrusion » concerne toutes les écoles. Il y a un exercice par an, avant les vacances de la Toussaint. Selon les situations, il convient de s'échapper ou de se mettre à l'abri. On parle de plan particulier de mise en sécurité et pas de programme.

15. C : L'enseignant est responsable de la sieste. C'est la personne à prévenir ou éventuellement le directeur de l'école, personne d'autre. Si le signalement est sans suite, l'ATSEM pourra appeler le 119, plateforme téléphonique dédiée à l'enfant maltraitée.

16. A, B et D : Le dispositif « Plan mercredi » concerne toutes les écoles volontaires que leur semaine scolaire soit organisée sur 4 ou 4,5 jours.

17. A, B et D : L'ATSEM peut communiquer des informations sur les temps hors temps scolaire : la garderie, le déjeuner, la sieste, les TAP… Le goûter est donné sur le temps de garderie du soir. Seul l'enseignant peut renseigner sur les activités organisées sur le temps scolaire.

18. B : L'ATSEM peut être inscrit au planning de surveillance. Un enseignant est obligatoirement présent dans la cour, responsable de la sécurité des enfants. Les surveillants doivent être mobiles pour couvrir une plus grande surface.

19. B, D, E et F : Aucun médicament n'est autorisé dans la pharmacie de l'école, excepté ceux prescrits aux enfants bénéficiant le PAI.

20. B, C et F : L'ATSEM, sur le temps d'accueil, doit être disponible pour accueillir et surveiller les enfants qui arrivent de façon échelonnée. Il accompagne le passage entre la maison et l'école et la séparation avec l'accompagnant.

Sujet 2
Session 2021

Difficulté : ★

45 min • **Coefficient : 1**

Épreuve concours externe CDG de la Martinique

1. Que signifie ATSEM ?

- ❐ A. Animateur Terrain au Service des Élèves de Martinique.
- ❐ B. Agent Technique Spécialisé des Écoles Martiniquaises.
- ❐ C. Agent Territorial Spécialisé des Écoles Maternelles.
- ❐ D. Agent Technique Superviseur des Écoles Maternelles.
- ❐ E. Aidant Territorial Spécial Écoles Maternelles.

2. Quelles sont les missions de l'ATSEM ?

- ❐ A. Concevoir des séquences pédagogiques.
- ❐ B. Maintenir la propreté des locaux et du matériel.
- ❐ C. Surveiller l'enseignant.
- ❐ D. Assister l'enseignant en classe.
- ❐ E. Aider les enfants à l'école.

3. Anaïs en petite section de maternelle pleure sans arrêt en réclamant sa maman, que devez-vous faire ?

- ❐ A. L'obliger à se taire, elle risque de faire pleurer les autres.
- ❐ B. L'isoler jusqu'à ce qu'elle soit calmée.
- ❐ C. La réconforter en lui expliquant que sa maman viendra la chercher un peu plus tard.
- ❐ D. Lui expliquer que vous êtes là pour vous occuper d'elle en attendant que sa maman revienne.
- ❐ E. Lui expliquer que les autres enfants sont dans la même situation et qu'eux aussi vont à l'école pour la première fois.

4. À la maternelle, le temps de concentration d'un enfant est en moyenne de :

- ❐ A. 50 minutes.
- ❐ B. 10 minutes.
- ❐ C. 5 minutes.
- ❐ D. 15 minutes.
- ❐ E. 30 minutes.

5. Des parents viennent vous signaler qu'un autre enfant tape régulièrement le leur et vous demandent son nom, que faites-vous ?

- ❒ A. Vous indiquez le prénom de l'enfant qui tape.
- ❒ B. Vous montrez tout de suite aux parents de quel enfant il s'agit.
- ❒ C. Vous allez chercher l'enfant qui tape afin qu'il s'excuse.
- ❒ D. Vous dites que vous ignorez de qui ils parlent.
- ❒ E. Vous indiquez aux parents que vous ne pouvez pas donner le nom de l'enfant qui tape.

6. L'obligation de réserve concerne-t-elle les ATSEM ?

- ❒ A. Oui.
- ❒ B. Non.

7. Vous soupçonnez des actes de maltraitance sur un enfant, que faites-vous ?

- ❒ A. L'obligation de réserve vous oblige à vous taire.
- ❒ B. Vous menacez les parents de l'enfant supposé maltraité.
- ❒ C. Vous en parlez à l'enseignant ou à la direction.
- ❒ D. Vous vous taisez, ce qui se passe dans la famille ne vous regarde pas.
- ❒ E. Vous dénoncez les parents de cet enfant sur les réseaux sociaux.

8. L'ATSEM peut assister au conseil d'école.

- ❒ A. Oui.
- ❒ B. Non.
- ❒ C. Je ne sais pas.
- ❒ D. Parfois.
- ❒ E. Seulement s'il veut s'exprimer.

9. Qu'est qu'un PAI ?

- ❒ A. Un Parcours d'Adaptation individualisé.
- ❒ B. Un Projet d'Accueil Individualisé.
- ❒ C. Un Projet Adapté en cas d'Invalidité.
- ❒ D. Un Parti menant des Actions contre l'Individualisme.
- ❒ E. Un Projet d'Accueil Inter-Classe.

10. Dans le cas où vous accueillez les enfants dans la classe, que font-ils après avoir déposé leurs effets ?

- ❒ A. Ils s'asseyent en silence.
- ❒ B. Ils posent la tête sur la table pour terminer leur nuit.
- ❒ C. Ils débutent un atelier.
- ❒ D. Ils jouent dans les différents coins jeux.
- ❒ E. Ils jouent avec les jeux que vous aurez laissés à leur attention sur les tables.

11. L'enfant doit gagner en autonomie à la maternelle. Quels sont les objectifs à atteindre pour les enfants en grande section ?

- ❒ **A.** Se laver seul.
- ❒ **B.** Se rendre seul à l'école.
- ❒ **C.** Se rendre compte qu'il y a un enchaînement d'activités dans la journée.
- ❒ **D.** Être capable de porter un regard critique sur son travail.
- ❒ **E.** Rejoindre seul sa salle de classe.

12. La sieste : c'est l'heure du lever, comment aidez-vous les enfants se réveiller ?

- ❒ **A.** Vous aidez les enfants à se chausser.
- ❒ **B.** Vous hurlez dans le dortoir afin que tous les enfants se réveillent.
- ❒ **C.** Vous accompagnez les enfants aux toilettes.
- ❒ **D.** Vous félicitez ceux qui arrivent à se chausser seul.
- ❒ **E.** Vous laissez le dortoir en l'état, les enfants feront la sieste le lendemain.

13. La classe à laquelle vous êtes rattaché va en sortie au musée. Cette activité ne vous intéresse pas, pouvez-vous refuser d'y aller ?

- ❒ **A.** Oui, si vous avez du nettoyage à faire à l'école.
- ❒ **B.** Oui, si votre médecin vous contre-indique les sorties au musée.
- ❒ **C.** Oui, parce que vous avez expliqué à l'enseignant que cela ne vous intéressait pas.
- ❒ **D.** Non.
- ❒ **E.** Oui, parce que vous avez déjà visité ce musée.

14. Quelles sont vos missions durant les cours à la piscine ?

- ❒ **A.** Vous n'avez aucune mission.
- ❒ **B.** Aider les enfants à se déshabiller.
- ❒ **C.** Vérifier que les vestiaires soient vides comme à votre arrivée.
- ❒ **D.** Vous devez vous charger de l'enseignement.
- ❒ **E.** Vous devez surveiller les enfants.

15. Une TIAC (Toxi-infection alimentaire collective) est déclarée dans votre école, quel est le protocole à mettre en place ?

- ❒ **A.** Aucun protocole, le problème se résoudra de lui-même.
- ❒ **B.** Changer l'ensemble des assiettes.
- ❒ **C.** Cuire à nouveau les marchandises suspectes.
- ❒ **D.** Se laver et se désinfecter les mains.
- ❒ **E.** Appeler les pompiers.

16. L'enseignant propose de faire réaliser aux enfants une pâte à crêpes, à quoi devez-vous faire attention en tant qu'ATSEM ?

❒ **A.** Au lavage des ustensiles avant la préparation.

❒ **B.** Au lavage des mains et des ongles des enfants.

❒ **C.** À rien, l'enseignant se charge de tout.

❒ **D.** À la date de péremption des produits.

❒ **E.** À la propreté des tables utilisées pour l'activité.

17. Un enfant se blesse, l'hémorragie est importante. Que faites-vous en tant qu'ATSEM ?

❒ **A.** La vue du sang vous répugne, vous allez chercher quelqu'un.

❒ **B.** Vous laissez l'enfant et contactez les pompiers.

❒ **C.** Vous surélevez le membre concerné jusqu'à ce qu'il soit au-dessus du cœur.

❒ **D.** Vous déshabillez l'enfant pour faciliter le travail des secours.

❒ **E.** Vous exercez une compression forte sur la plaie pendant environ dix minutes.

18. L'enseignant prévoit un atelier de fabrication de cartes pour la fête des mères. La carte se compose d'une feuille A4 cartonnée de couleur vive et d'une feuille A5 cartonnée de couleur blanche. La classe se compose de 22 élèves. Un paquet de feuilles de couleur vive contient 7 feuilles, le paquet de couleur blanche en contient 10. Afin de préparer l'atelier, il vous faudra :

❒ **A.** 1 paquet de chaque.

❒ **B.** 2 paquets de couleur vive et 4 paquets de couleur blanche.

❒ **C.** 2 paquets de chaque.

❒ **D.** 4 paquets de couleur vive et 2 paquets de couleur blanche.

❒ **E.** 3 paquets de chaque.

19. Que peut-on trouver dans l'armoire à pharmacie de l'école ?

❒ **A.** Une couverture isotherme.

❒ **B.** Des compresses stériles.

❒ **C.** De la Bétadine.

❒ **D.** Des somnifères.

❒ **E.** Une paire de ciseaux.

20. Vous devez effectuer le dépoussiérage d'une salle de classe de 25 m^2 avec le balai trapèze, quelle méthode choisissez-vous ?

❒ **A.** La méthode « rasante ».

❒ **B.** La méthode « à la godille ».

❒ **C.** La méthode « nettoyante ».

❒ **D.** La méthode « au poussé ».

❒ **E.** La méthode « la plus rapide ».

Corrigé

1. **C** : ATSEM signifie Agent Territorial Spécialisé des Écoles Maternelles.
2. **B**, **D** et **E** : Les ATSEM sont chargés de l'accueil, la sécurité, et l'hygiène des très jeunes enfants des classes maternelles ainsi que de la préparation et la mise en état de propreté des locaux et du matériel servant directement aux élèves.
3. **C** et **D** : Dans la situation décrite, il convient de reconnaître la tristesse de l'enfant, de faire preuve de compréhension et de le rassurer.
4. **D** : Le temps de concentration d'un élève de maternelle varie entre 10 et 20 minutes selon la nature de l'activité entre 3 et 6 ans.
5. **E** : L'ATSEM ne peut pas communiquer avec les parents le nom d'un élève qui tape un de ses camarades de classe. Il invite les parents à prendre contact avec l'enseignant.
6. **A** : Le devoir de réserve se définit comme l'obligation pour les fonctionnaires, pendant ou en dehors de leur service, de s'exprimer avec une certaine retenue. L'ATSEM reste discret pour tout ce qui concerne l'école et les enseignements.
7. **C** : Face à une situation éventuelle de maltraitance, l'ATSEM ne doit pas se taire. Il sort de son devoir de réserve et parle de ses soupçons à l'enseignant ou au directeur de l'école. S'il n'y a pas de réaction, l'ATSEM peut appeler le 119, ligne d'appel nationale pour l'enfance en danger.
8. **D** : L'ATSEM peut être invité par le directeur de l'école à participer au conseil d'école. Ce n'est pas systématique. Il peut intervenir sur les sujets que le concerne.
9. **B** : Le projet d'accueil individualisé (PAI) est un document écrit qui précise les adaptations à apporter à la vie de l'enfant ou de l'adolescent en collectivité (crèche, école, collège, lycée, centre de loisirs). Il concerne les enfants et adolescents atteints de troubles de la santé comme une pathologie chronique (par exemple, l'asthme), une allergie, une intolérance alimentaire. Les enfants et adolescents atteints d'une maladie de longue durée (par exemple, un cancer) sont aussi concernés. Le PAI peut concerner le temps scolaire, mais aussi le temps périscolaire.
10. **D** et **E** : Le matin, l'enfant est accueilli dans un espace sécurisant autour d'activités choisies individuelles ou partagées. L'élève peut se rendre sur les coins jeux ou participer à une activité préparée : dessin, lecture, puzzle…
11. **C** et **D** : L'école maternelle doit permettre aux élèves de faire le plus de choses possibles sans intervention de l'adulte. L'autonomie concerne plusieurs dimensions : intellectuelle, langagière, affective, corporelle, etc. L'élève intègre progressivement les différentes séquences de la journée et peut anticiper le passage d'une activité à une autre et porte en grande section un regard critique sur son travail. Il n'est pas en âge de venir seul à l'école, ni de se laver tout seul. Pour des raisons de sécurité, il ne peut pas se déplacer seul au sein de l'école.
12. **A**, **C** et **D** : Le lever doit se faire dans le calme. L'ATSEM aide les élèves à se rhabiller et à se chausser s'ils ne sont pas capables de le faire eux-mêmes. Il facilite ceux qui

gagnent en autonomie. Il accompagne les élèves aux toilettes. Après la sieste, il range le dortoir. Il remet en état le dortoir en vue de la sieste du lendemain.

13. **D** : L'ATSEM accompagne la classe au musée dans la mesure où l'activité s'organise sur le temps scolaire et ne nécessite pas l'accord de la collectivité qui l'emploie.

14. **B**, **C** et **E** : Lors de l'activité piscine, l'ATSEM est chargée de ce qui passe avant et après le cours de natation : déshabillage, rhabillage, douche, gérer les affaires personnelles des élèves, la remise en état des vestiaires… Il accompagne les enfants aux toilettes. Il surveille les élèves en dehors du bassin.

15. **E** : Si plusieurs personnes présentent des symptômes (douleurs digestives, diarrhées, vomissements…), il est impératif d'appeler les services de secours. Les marchandises suspectes ne doivent pas être réutilisées. Des analyses seront réalisées. Le lavage des mains est un des facteurs qui permet de limiter les TIAC.

16. **A**, **B**, **D** et **E** : Pour l'atelier cuisine, l'ATSEM doit garantir l'hygiène de l'activité : la propreté des ustensiles, des tables, le lavage des mains. Il vérifie la date de péremption des produits utilisés.

17. **C** et **E** : En cas de plaie avec hémorragie, il convient de surélever le membre concerné afin de diminuer l'afflux sanguin et d'exercer une compression forte sur la plaie idéalement à l'aide d'une compresse stérile. L'élève n'est pas laissé seul. L'ATSEM peut demander à un autre adulte d'appeler les secours. L'enfant blessé doit rester immobile.

18. **Aucune réponse n'est exacte** : Pour l'atelier, l'ATSEM a besoin de 22 feuilles A4 et de feuilles A5 cartonnées. Il faudra donc ouvrir 4 paquets de feuilles A4 (22/7 = 3,14) et 3 paquets de feuilles A5 (22/10 = 2,2).

19. **A**, **B** et **E** : La pharmacie de l'école ne doit pas contenir de médicaments (somnifères) ni de Bétadine (désinfectant iodé).

20. **B** : Pour réaliser un balayage humide, deux techniques sont possibles : à la godille ou au poussé. La seconde est à utiliser pour les grands espaces dégagés. S'agissant d'une salle de classe, l'ATSEM va opter pour la méthode « à la godille ». Elle consiste à nettoyer une pièce en faisant des zigzags tout en tirant le balai vers soi. Elle nécessite de commencer par un détourage, c'est-à-dire par un tour complet de la pièce en longeant les parois, puis d'atteindre le mur du fond et de zigzaguer jusqu'à la sortie.

Sujet 3

Session 2021

Difficulté : ★★★

45 min • Coefficient : 1

Épreuve concours externe CDG de l'Eure

1. Il est 9 heures 15, un exercice d'incendie dans l'école est réalisé. L'alarme se déclenche. Cochez les affirmations exactes.

❒ **A.** L'ATSEM s'assure que les enfants de sa classe soient correctement habillés avant de les emmener au point de rassemblement.

❒ **B.** Au point de rassemblement, l'ATSEM réalise un comptage des effectifs constituant sa classe.

❒ **C.** Au déclenchement de l'alarme, l'ATSEM court immédiatement vers la sortie avec les enfants en direction du point de rassemblement.

❒ **D.** La dernière personne à sortir ferme la porte derrière elle sans la verrouiller.

❒ **E.** Il ne faut pas ouvrir les fenêtres afin que les fumées restent dans la pièce.

❒ **F.** Il faut ouvrir les fenêtres afin que les fumées puissent s'échapper de la pièce.

❒ **G.** L'évacuation doit se réaliser dans le calme en fermant les portes derrière en les verrouillant.

❒ **H.** L'ATSEM guide et accompagne les élèves.

2. Dans quel(s) aliment(s) trouve-t-on des protéines ?

❒ **A.** Le rôti de porc.

❒ **B.** Le soja.

❒ **C.** La morue.

❒ **D.** Les œufs.

❒ **E.** Le jambon cru.

❒ **F.** L'édam.

❒ **G.** Le gruyère.

❒ **H.** Aucune des réponses ci-dessus.

3. Sur une bouteille d'un produit détergent puissant sont indiqués les pictogrammes suivants :

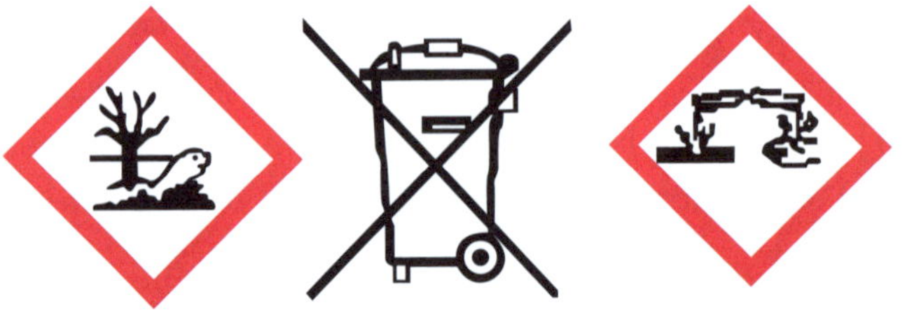

Parmi les propositions suivantes retrouver la ou les affirmation(s) exacte(s) :

- ❒ **A.** Le produit ne doit pas être jeté dans une poubelle classique. Il doit être collecté par un organisme spécifique.
- ❒ **B.** L'emballage du produit peut être réutilisé avec ou sans traitement.
- ❒ **C.** Le produit est recyclable et doit être trié.
- ❒ **D.** Le produit provoque des effets néfastes sur les organismes du milieu aquatique.
- ❒ **E.** Le produit peut être corrosif pour les métaux.
- ❒ **F.** Le produit peut entraîner des irritations cutanées.
- ❒ **G.** Le produit peut être toxique ou mortel après une courte exposition à de petite quantité.
- ❒ **H.** Le produit peut avoir de graves effets sur la santé.
- ❒ **I.** Le produit est cancérigène.

4. Qu'est-ce qu'un enfant apyrétique ? Cochez la bonne affirmation.

- ❒ **A.** L'enfant ne présente pas de fièvre.
- ❒ **B.** L'enfant a de la fièvre.
- ❒ **C.** L'enfant est agité et fébrile.
- ❒ **D.** L'enfant est en train de convulser.
- ❒ **E.** Aucune des réponses ci-dessus.

5. Vous êtes l'ATSEM en charge de surveiller la sieste avec l'enseignant. Clémence, âgée de trois ans et demi, est à la sieste. À son réveil, vous vous rendez compte qu'elle a 39 °C de fièvre ? Que faites-vous ? Cochez la ou les affirmation(s) exacte(s).

- ❒ **A.** Vous lui donnez de l'eau régulièrement.
- ❒ **B.** Vous dites à Clémence de rester au lit en prenant soin de bien la couvrir pour qu'elle ait moins froid.
- ❒ **C.** Vous dites à Clémence de rejoindre ses camarades afin de participer aux divers ateliers.
- ❒ **D.** Vous prévenez ses parents.
- ❒ **E.** Vous prévenez l'enseignante.
- ❒ **F.** Vous allongez Clémence et vous la découvrez en attendant ses parents.
- ❒ **G.** Vous ne la laissez pas seule.
- ❒ **H.** Vous vérifiez l'existence d'un PAI.
- ❒ **I.** Vous lui donnez de l'Aspégic (médicament à base d'aspirine) pour nourrisson.

6. Le projet d'école. Cochez la ou les affirmation(s) exacte(s).

- ❒ **A.** Le projet d'école présente les plans des futurs locaux dès qu'un projet de construction est décidé par la mairie.
- ❒ **B.** Le projet d'école est adopté par le conseil d'école pour une durée comprise entre 3 et 5 ans.
- ❒ **C.** Le projet d'école est adopté tous les ans en septembre pour l'année en cours.

- ❒ D. Le projet d'école est adopté tous les ans en juin pour être effectif à la rentrée scolaire de septembre.
- ❒ E. Le projet d'école permet de mettre en place des actions sans objectifs d'apprentissage.
- ❒ F. Le projet d'école est un moyen de répondre aux besoins de l'école dans les domaines pédagogiques, culturels et éducatifs.
- ❒ G. Le projet d'école permet d'adapter l'enseignement aux besoins des élèves et de favoriser l'égalité des chances.
- ❒ H. Le projet d'école est la mise en œuvre des objectifs nationaux, compte tenu des situations locales et des besoins spécifiques de publics particuliers.
- ❒ I. Le projet d'école permet La modification des programmes et instructions, des orientations nationales.
- ❒ J. Le projet d'école traite du budget de l'école.

7. Vous êtes ATSEM, vous devez nettoyer le sol de la classe avec un produit de lavage. Ce produit ne peut être utilisé qu'après être dilué dans de l'eau. L'étiquette indique que la solution doit être diluée à 0,50 %. Pour 400 centilitres d'eau, quelle quantité de produit devrez-vous verser dans le seau ? Cochez-la ou les affirmation(s) exacte(s).

- ❒ A. 200 millilitres.
- ❒ B. 20 millilitres.
- ❒ C. 2 millilitres.
- ❒ D. 200 centilitres.
- ❒ E. 50 centilitres.
- ❒ F. 20 centilitres.
- ❒ G. 2 centilitres.
- ❒ H. 0,2 centilitre.
- ❒ I. 0,02 litre.
- ❒ J. 0,2 litre.
- ❒ K. 0,5 litre.
- ❒ L. 2 litres.
- ❒ M. Aucune des réponses ci-dessus.

8. Vous êtes ATSEM, et vous êtes chargé(e) de la surveillance des enfants pendant le repas du midi. Vous n'êtes pas sans savoir qu'en matière de restauration collective, tout est fait pour éviter les « TIAC ». Mais que veut dire ce sigle ? Cochez la ou les affirmation(s) exacte(s).

- ❒ A. Taux important d'apports calciques.
- ❒ B. Troubles dus à une intoxication alimentaire collective.
- ❒ C. Troubles intestinaux avec complications.
- ❒ D. Toxi-infections alimentaires collectives.
- ❒ E. Aucune des réponses ci-dessus.

9. Chez l'enfant de 3 à 6 ans, le sommeil peut être décomposé en plusieurs cycles. Dans le cas présent classez en 5 phases le sommeil de l'enfant parmi les 6 énumérées ci-dessous dans l'ordre chronologique (attention un intrus se trouve dans la liste). Cochez l'affirmation exacte.

❶ Phase de sommeil paradoxal	❷ Phase d'endormissement	❸ Phase de sommeil léger
❹ Phase de sommeil cérébral	❺ Phase de sommeil très léger	❻ Phase de sommeil profond

- ❒ **A.** 1-2-5-6-3
- ❒ **B.** 6-2-5-6-3
- ❒ **C.** 2-1-5-3-4
- ❒ **D.** 2-5-3-6-1
- ❒ **E.** 2-1-5-3-6
- ❒ **F.** 3-5-2-6-1
- ❒ **G.** 3-5-2-6-4
- ❒ **H.** 1-2-3-4-6
- ❒ **I.** 2-5-3-6-4
- ❒ **J.** 5-3-2-6-1

10. En tant qu'ATSEM, je suis amené à utiliser des produits dangereux. Quelles sont les règles de stockage à respecter. Cochez la ou les affirmation(s) exacte(s).

- ❒ **A.** Placer les produits en hauteur sur une étagère fermée à clé.
- ❒ **B.** Ne pas transvaser les produits.
- ❒ **C.** Ventiler mécaniquement le local de stockage.
- ❒ **D.** Conserver les produits dans leur emballage d'origine.
- ❒ **E.** Fermer à clé le local de rangement.
- ❒ **F.** Éloigner des zones de passages.

11. La « méthode de Heimlich » ? Cochez la ou les affirmation(s) exacte(s).

- ❒ **A.** Est utilisée lorsqu'un enfant présente une obstruction partielle des voies respiratoires par un corps étranger.
- ❒ **B.** Est un geste de premier secours.
- ❒ **C.** Est totalement efficace si l'air passe et peut aggraver sa situation.
- ❒ **D.** Sert à déloger un objet coincé dans la gorge et qui empêche une personne de respirer.
- ❒ **E.** Doit être réalisée impérativement et exclusivement si un corps étranger inhalé met la victime en état d'asphyxie.
- ❒ **F.** Pour réaliser la « méthode de Heimlich », allonger l'enfant et le mettre sur le côté.
- ❒ **G.** Aucune des réponses ci-dessus.

12. Les ATSEM. Cochez la ou les affirmation(s) exacte(s).

❒ **A.** Les ATSEM sont en charge de la surveillance des très jeunes enfants dans les cantines et, dans ce cas, sont sous l'autorité du maire.

❒ **B.** Les ATSEM n'appartiennent pas à la communauté éducative.

❒ **C.** Les ATSEM sont chargés de l'assistance au personnel enseignant pour l'accueil et l'hygiène des enfants des classes maternelles et primaires.

❒ **D.** Les ATSEM assistent les enseignants dans les classes.

❒ **E.** Les ATSEM ont pour employeur le ministère de l'Éducation nationale.

❒ **F.** L'ATSEM n'est pas attribué à une classe ou à un enseignant « à vie »… L'organisation du service dépend du directeur de l'école.

❒ **G.** L'ATSEM peut se voir confier la surveillance exclusive de la classe.

❒ **H.** L'ATSEM peut surveiller seul(e) la récréation.

❒ **I.** L'ATSEM se substitue à l'enseignant en son absence.

❒ **J.** Les ATSEM sont chargés de la mise en état de propreté des locaux et du matériel servant aux enfants des classes maternelles.

13. Nous sommes en juin, depuis plusieurs jours, les journées sont très ensoleillées avec une température supérieure à 30 . Vous êtes l'ATSEM de la classe de Timéo et ses parents insistent fortement pour que vous lui mettiez de la crème solaire avant d'aller en récréation. Cochez la ou les affirmation(s) exacte(s).

❒ **A.** Vous refusez.

❒ **B.** Sans problème, avec le soleil qu'il y a, vous lui appliquerez de la crème avant chaque récréation.

❒ **C.** Vous prenez le tube de crème, mais vous ne lui mettez pas car soit on en met à tous les élèves soit on n'en met pas du tout.

❒ **D.** Vous acceptez, mais vous dites aux parents que l'école à son propre tube de crème solaire qui sert à tous les élèves de la classe.

❒ **E.** Vous dites aux parents de voir cela avec l'enseignant.

❒ **F.** Aucune des réponses ci-dessus.

14. En tant que fonctionnaire, vous avez des droits et des obligations. Qu'est-ce que l'obligation de probité pour un fonctionnaire ? Cochez la ou les affirmation(s) exacte(s).

❒ **A.** Cette obligation impose aux fonctionnaires de ne pas utiliser ses fonctions pour en tirer un profit personnel.

❒ **B.** Cette obligation impose au fonctionnaire dans l'exercice de ses fonctions de s'abstenir de manifester ses opinions religieuses.

❒ **C.** Cette obligation impose au fonctionnaire de consacrer l'intégralité de son activité professionnelle aux missions qui lui sont confiées.

❒ **D.** Cette obligation impose au fonctionnaire de se conformer aux instructions de son supérieur hiérarchique.

❒ **F.** Cette obligation impose au fonctionnaire, même en dehors de leur service, de s'exprimer avec une certaine retenue.

❒ **G.** Aucune des réponses ci-dessus.

15. Vous êtes ATSEM, lors d'un atelier, Kévin donne un coup de règle à Maëva ? Que faites-vous ? Cochez la ou les affirmation(s) exacte(s).

- ❒ **A.** Vous mettez une tape sur les doigts de Kévin.
- ❒ **B.** Vous donnez une fessée à Kévin.
- ❒ **C.** Vous décidez d'isoler Kevin dans la classe pendant un petit instant le temps qu'il se calme après avoir eu une petite explication sur son comportement.
- ❒ **E.** Vous dites à Maëva de ne pas se laisser faire et de lui faire la même chose.
- ❒ **F.** Vous dites à Maëva de rejoindre un autre groupe afin qu'elle puisse faire son activité en toute tranquillité.
- ❒ **G.** Vous grondez Kévin.
- ❒ **H.** Vous continuez l'activité comme si de rien n'était.
- ❒ **I.** Aucune des réponses ci-dessus.

16. Vous êtes ATSEM, le papa de Daphné vous informe qu'elle souffre d'encoprésie. Cela signifie que ? Cochez la ou les affirmation(s) exacte(s).

- ❒ **A.** Daphné fait toujours pipi au lit.
- ❒ **B.** Daphné fait régulièrement des cauchemars lors de sa sieste et cela peut déranger les autres enfants.
- ❒ **C.** Daphné a des troubles de la concentration qui apparaissent au bout d'un certain temps.
- ❒ **D.** Daphné est hyperactive.
- ❒ **E.** Daphné émet des selles involontaires dès que son attention se relâche.
- ❒ **F.** Daphné a un trouble de la coordination et de la planification des gestes.
- ❒ **G.** Daphné est victime de temps en temps de saignement de nez.
- ❒ **J.** Aucune des réponses ci-dessus.

17. Le conseil d'école. Cochez la ou les affirmation(s) exacte(s).

- ❒ **A.** Il se réunit au moins un fois par trimestre.
- ❒ **B.** Il établit le règlement intérieur, examine et adopte le projet d'école.
- ❒ **C.** Il n'examine pas et n'adopte pas les projets pédagogiques.
- ❒ **D.** Les ATSEM ont interdiction d'y participer.
- ❒ **E.** Les ATSEM sont obligés d'y participer et ont une voix délibérative sur les sujets les concernant.
- ❒ **F.** Les ATSEM peuvent être invités par le directeur d'école pour donner leur avis.
- ❒ **G.** Il est composé du directeur de l'école, du maire ou d'un de ses représentants, des enseignants, des représentants des parents d'élèves, du délégué départemental de l'Éducation nationale et de l'inspecteur de l'Éducation nationale.
- ❒ **H.** Aucune des réponses ci-dessus.

18. Vous êtes ATSEM, vous devez nettoyer les sols. Vous commencez par un balayage humide pour collecter et éliminer la poussière et les salissures. Deux méthodes de balayage humide à l'aide d'un balai rasant sont illustrées ci-dessous. Comment s'appellent-elles ? Cochez les deux réponses exactes.

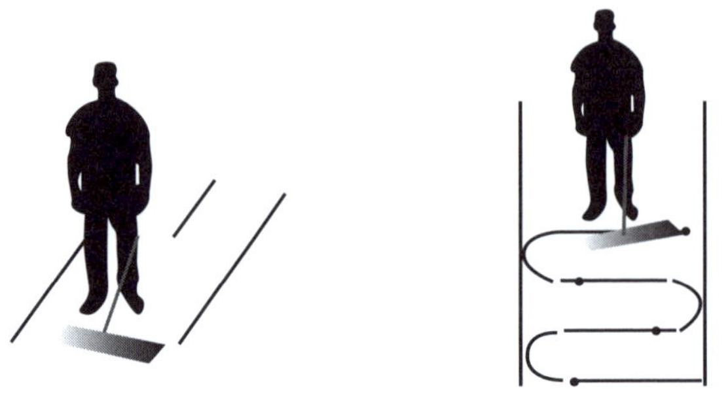

- ❒ **A.** Méthode de balayage au « Spray »
- ❒ **B.** Méthode de balayage au « lustrage ».
- ❒ **C.** Méthode de balayage « à la godille ».
- ❒ **D.** Méthode de balayage en « slalom »
- ❒ **E.** Méthode de balayage « tout schuss ».
- ❒ **F.** Méthode de balayage à « progression ».
- ❒ **G.** Méthode de balayage à « impulsion ».
- ❒ **H.** Méthode de balayage « glissage ».
- ❒ **I.** Méthode de balayage « au poussé ».

19. Lors de la récréation, Mathieu vient vers vous et par maladresse tombe à vos pieds sur le goudron. Son genou droit saigne. Comment réagissez-vous ? Classer chronologiquement les actions, ci-après définies, à réaliser pour une telle situation. Cochez l'affirmation exacte.

❶ Je nettoie le contour de la plaie avec de l'eau.

❷ Je mets des gants à usage unique.

❸ Poser un pansement.

❹ Je prends une autre compresse en mettant dessus antiseptique incolore et non alcoolisé.

❺ J'avertis l'enseignante.

❻ Je nettoie la plaie.

❼ Je rassure l'enfant et lui parle.

❽ Je jette les gants dans une poubelle dédiée.

- ❒ **A.** 2 4 1 3 8 7 5 6
- ❒ **B.** 7 3 6 4 5 2 1 8
- ❒ **C.** 2 7 5 6 8 4 1 3
- ❒ **D.** 5 2 1 4 6 3 8 7
- ❒ **E.** 7 5 2 1 4 6 3 8
- ❒ **F.** 5 7 2 6 4 1 3 8

20. Vous êtes ATSEM et en charge de la garderie du soir. La garderie doit fermer mais le petit Jean-Charles est toujours présent. Vous attendez un peu et aucun de ses parents ne vient. Vous n'arrivez pas à les joindre que faites-vous ? Cochez la ou les affirmation(s) exacte(s).

❒ **A.** Vous le ramenez chez vous en attendant de parvenir à joindre les parents.

❒ **B.** Vous avez l'adresse de l'habitation de Jean-Charles. Vous constatez qu'il habite à moins d'un kilomètre de l'école. Vous le ramenez chez lui.

❒ **C.** Vous appelez votre autorité territoriale.

❒ **D.** Vous appelez une autre maman d'un autre enfant que vous connaissez qui habite à proximité du petit Jean-Charles pour qu'elle vienne le chercher et le dépose chez lui.

❒ **E.** Vous partez en laissant le petit Jean-Charles dans la cour de récréation.

❒ **F.** Aucune des réponses ci-dessus.

Corrigé

1. B, **D**, **E** et **H** : Dès le déclenchement de l'alarme incendie, les élèves arrêtent toute activité et suivent les consignes d'évacuation dans le calme et sans précipitation. L'enseignant prend le cahier d'appel. La dernière personne à quitter la classe ferme la porte sans la verrouiller. Si les fenêtres sont ouvertes, il convient de les fermer pour éviter la propagation de la fumée dans le bâtiment. Sur le lieu de rassemblement, l'ATSEM aide à faire l'appel.

2. A, **B**, **C**, **D**, **E**, **F** et **G** : L'œuf, la morue, le porc, le jambon, le gruyère, l'édam et le soja contiennent des protéines.

3. A, **D**, **E**, **F** et **H** : le 1er pictogramme indique que le détergent est polluant, dangereux pour l'environnement et provoque des effets néfastes sur les organismes du milieu aquatique. Il ne peut pas être rejeté dans l'environnement (eaux usées). Le symbole « poubelle barrée » préconise de ne pas jeter la substance dans un conteneur poubelle classique. Enfin, le 3e pictogramme informe que le détergent est corrosif, il attaque et ronge les matériaux avec lesquels il est en contact, et en particulier la peau. Son utilisation requiert donc des précautions d'emploi y compris pour éviter le risque d'inhalation.

4. A : Le terme « apyrétique » signifie qu'une personne n'a pas de fièvre.

5. A, **D**, **E**, **F**, **G** et **H** : Des gestes simples peuvent être adoptés en cas de fièvre afin de limiter la montée de la température et de maintenir une bonne hydratation de l'enfant. Il convient de lui retirer des épaisseurs de vêtements et de le découvrir. Donner de l'eau permet d'éviter la déshydratation.

6. B, **E** et **F** : Dans chaque école et établissement scolaire, un projet d'école ou d'établissement est élaboré avec les représentants de la communauté éducative. Le projet définit les orientations et les objectifs prioritaires et se traduit par un programme d'actions pour assurer la réussite des élèves. Le projet est adopté par le conseil d'école, pour une durée comprise entre 3 et 5 ans.

7. **B**, **G** et **I** : Dans 1 litre d'eau (100 cl), il faut verser 5 ml de produit d'entretien (0,5 cl). Pour 400 cl de préparation, il faudra donc 20 ml de produit d'entretien (ou 2 cl, 0,2 dl ou 0,02 l).

8. **D** : Le sigle « TIAC » signifie Toxi-infections alimentaires collectives.

9. **D** : Le sommeil comprend 5 phases : l'endormissement, le sommeil lent très léger, le sommeil lent léger, le sommeil lent profond et le sommeil paradoxal.

10. **A**, **B**, **C**, **D**, **E** et **F** : Les produits d'entretien sont stockés dans un local ou une armoire fermé à clé. Ils sont hors de portée des enfants. Le local doit être sec et ventilé. Les voies d'accès sont désencombrées. Les produits sont maintenus dans leur contenant d'origine.

11. **B**, **D** et **E** : La manœuvre de Heimlich (ou compressions abdominales) est une procédure rapide de premiers soins d'urgence pour traiter l'étouffement dû à l'obstruction des voies respiratoires supérieures par un corps étranger. Cette méthode est utilisée uniquement dans le cas où les voies respiratoires sont totalement obstruées.

12. **D**, **F** et **J** : Les ATSEM appartiennent à la communauté éducative. Ils n'interviennent que dans les classes d'écoles maternelles. Ils sont agents de la fonction publique territoriale, sous l'autorité du maire de la commune qui les emploie. Le directeur de l'école répartit les ATSEM dans les classes maternelles à chaque rentrée scolaire. L'ATSEM ne peut pas se retrouver seul avec des élèves sur le temps scolaire. Il surveille tous les enfants à la cantine, pas uniquement les plus petits.

13. **E** : En cas de fortes températures, il est recommandé par le ministère de l'Éducation nationale de supprimer les sorties aux heures les plus chaudes de la journée, et, en cas d'activités en plein air, d'avoir recours à de la crème solaire. Pour autant, le temps de récréation est sous la responsabilité de l'enseignant. L'ATSEM ne peut pas s'engager à mettre de la crème solaire à un élève. Il doit dire aux parents de prendre contact avec l'enseignant.

14. **A** : L'obligation de probité impose au fonctionnaire de ne pas utiliser ses fonctions pour en tirer un profit personnel.

15. **C** : Aucune punition corporelle n'est possible à l'encontre d'un élève. Mettre une tape sur les doigts de Kevin n'est pas adapté. Maëva n'a pas être exclue de l'atelier. Dans la situation décrite, l'explication avec Kevin et éventuellement son isolement sont envisageables.

16. **E** : L'encoprésie correspond à une émission de selles involontaire chez les enfants âgés de plus de 4 ans.

17. **A**, **B**, **F** et **G** : Le conseil d'école statue sur la partie pédagogique du projet d'école. Il établit le projet d'organisation de la semaine scolaire en concertation avec la mairie. Il vote le règlement intérieur de l'école. Il donne son avis sur toutes les questions concernant le fonctionnement de l'école (dont les activités périscolaires, la restauration scolaire, les actions pédagogiques et l'utilisation des moyens). Il donne son accord sur l'organisation d'activités complémentaires. Si l'IEN (inspecteur de l'Éducation nationale) assiste de droit aux réunions du conseil d'école, il ne vote pas.

18. **C** et **I** : Deux méthodes de balayage humide existent :

- La méthode « à la godille » consiste à nettoyer une pièce en faisant des zigzags tout en tirant le balai vers soi. Elle nécessite de commencer par un détourage, c'est-à-dire par un tour complet de la pièce en longeant les parois, puis d'atteindre le mur du fond et de zigzaguer jusqu'à la sortie.
- La méthode « au poussé » consiste à faire glisser le balai trapèze devant soi en dessinant des bandes parallèles. Là aussi, il faut démarrer par un détourage, aller jusqu'au fond de la pièce, puis revenir vers la sortie, en faisant se chevaucher les bandes de façon à ne pas laisser des traces.

19. **E** : En premier lieu, il convient de rassurer l'enfant et de le prendre en charge. L'ATSEM prévient l'enseignant en charge de la surveillance de la récréation dans la mesure où il va devoir s'isoler pour soigner la plaie de Mathieu et quitter la cour de récréation avec l'élève. L'ATSEM met des gants à usage unique. Il nettoie la plaie avec de l'eau et du savon, d'abord le contour puis en procédant du centre de la plaie vers l'extérieur. L'ATSEM applique ensuite un antiseptique à l'aide d'une autre compresse, pose un pansement, retire et jette les gants.

20. **C** : L'ATSEM n'est pas autorisé à ramener l'élève à son domicile ou chez lui. Il est inenvisageable de laisser l'enfant seul dans les locaux de l'école. L'ATSEM prévient le responsable du périscolaire au sein de la collectivité qui l'emploie. Si cela s'avère nécessaire, l'élève sera confié à la gendarmerie ou à la police.

Sujet 4
Session 2021

Difficulté : ★★ 45 min • **Coefficient : 1**

Épreuve concours externe CDG de Loire-Atlantique

1. Lors d'un atelier graphisme confié par l'enseignant(e) de MS, vous pouvez être amené(e) à :

❒ **A.** Repasser sur les traits mal faits d'un élève dyspraxique car la consigne n'est pas respectée.

❒ **B.** Observer la tenue du crayon des élèves à partir d'une grille établie par l'enseignant(e).

❒ **C.** Faire un bilan de l'activité à l'enseignant(e) en indiquant les réussites et les difficultés rencontrées.

❒ **D.** Aider un élève en lui tenant la main pour guider son tracé.

❒ **E.** Assister, lors du temps de regroupement, aux consignes de l'enseignant(e).

2. Tous les matins, un élève de PS pleure en arrivant à l'école avec l'animateur du périscolaire car il ne veut pas se séparer de son cartable. D'autres élèves de PS se mettent à pleurer dans la classe. Que faites-vous ?

❒ **A.** En vous mettant à sa hauteur, vous lui demandez immédiatement de cesser ses pleurs car cela engendre trop de bruit dans la classe.

❒ **B.** Vous le laissez entrer dans la classe avec son cartable.

❒ **C.** Vous lui proposez de réaliser un jeu.

❒ **D.** Vous le laissez se calmer seul dans le coin « bibliothèque » de la classe.

❒ **E.** Vous le conduisez vers l'enseignant(e) pour qu'il soit réconforté.

3. Les ATSEM peuvent vérifier la température des enfants :

❒ **A.** Avec des thermomètres auriculaires à glisser au niveau du tympan des enfants.

❒ **B.** En touchant les élèves au niveau du front.

❒ **C.** Avec le thermomètre à infrarouge à prise temporale ou frontale.

❒ **D.** Avec le thermomètre à prise axillaire en rajoutant en général 0,5 C.

❒ **E.** En observant la couleur des joues des enfants et leurs yeux larmoyants.

4. C'est l'heure de la sortie au périscolaire. Une personne se présente pour venir chercher un enfant. Elle fait partie des personnes autorisées. Elle est en état d'ébriété. Elle est venue à pied car elle habite à moins de 300 mètres de l'école. Comment réagissez-vous ?

❒ **A.** Vous lui remettez l'enfant, vous n'avez pas le choix puisqu'elle est inscrite sur la liste des personnes autorisées.

❒ **B.** Vous lui demandez d'être vigilante sur le trajet du retour et de vous téléphoner dès qu'elle est arrivée à son domicile.

- ❒ C. Vous prenez l'attache de votre responsable.
- ❒ D. Vous informez les parents.
- ❒ E. Vous refusez de confier l'enfant à cette personne.

5. Pour les élèves nés à partir de janvier 2018, onze vaccins sont obligatoires pour entrer à l'école. Parmi les vaccins suivants le(s)quel(s) n'est/ne sont pas obligatoire :
   - ❒ A. La diphtérie, tétanos et poliomyélite.
   - ❒ B. L'hépatite B.
   - ❒ C. La rougeole, oreillons et rubéole.
   - ❒ D. La gastro-entérite.
   - ❒ E. La varicelle.
6. C'est la semaine du goût à la cantine et différents ateliers sont organisés. Un enfant est allergique aux fruits à coque, il ne peut pas :
   - ❒ A. Goûter le lait de noisette.
   - ❒ B. Confectionner des cookies chocolat - noix de pécan.
   - ❒ C. Goûter le flan à la vanille.
   - ❒ D. Sentir la poudre d'amandes.
   - ❒ E. Casser des noix.
7. Un enfant se plaint de maux de ventre pendant le repas. Vous l'accompagnez aux sanitaires et il vomit. Pour le nettoyage…
   - ❒ A. Vous vous munissez de gants jetables à usage unique pour éviter de vous laver les mains.
   - ❒ B. Vous commencez par absorber le vomi avec du papier à usage unique.
   - ❒ C. Vous utilisez un produit détartrant.
   - ❒ D. Vous aérez les sanitaires.
   - ❒ E. Vous nettoyez la poignée de porte touchée par l'enfant.
8. Sur une étiquette de produit d'entretien, vous lisez les indications suivantes :

Le bidon vous échappe des mains dans la cuisine et il se fend. Une partie du produit se répand au sol. Que faites-vous ?

- ❒ A. Vous aérez la pièce.
- ❒ B. Vous attendez l'intervention du personnel d'entretien.
- ❒ C. Vous vous équipez car ce produit s'avère dangereux et nocif pour votre santé.

Épreuve d'admissibilité ATSEM – QCM

- ❐ **D.** Vous rincez abondamment les lavettes ayant servi au nettoyage avant de les faire sécher dans le local d'entretien.
- ❐ **E.** Vous jetez le bidon éventré dans la poubelle de la cuisine.

9. Les ATSEM sont placé(e)s sous une double hiérarchie, celle de la collectivité territoriale et celle de la direction de l'école. Cela signifie que :

- ❐ **A.** La direction de l'école détermine la répartition des ATSEM dans les classes de son école.
- ❐ **B.** La direction recrute les ATSEM parmi les personnels de la collectivité.
- ❐ **C.** La collectivité affecte les ATSEM dans les écoles de sa commune.
- ❐ **D.** La collectivité organise l'emploi du temps de l'ATSEM sur le temps scolaire.
- ❐ **E.** La collectivité organise l'emploi du temps hebdomadaire des ATSEM en fonction de ses différentes missions.

10. Un(e) ATSEM a le droit à la formation continue. Dans ce cadre, un(e) ATSEM peut participer à des formations :

- ❐ **A.** Proposées par le CNFPT à condition d'en faire la demande auprès de la direction de l'école.
- ❐ **B.** Partenariales enseignants/ATSEM organisées par l'Éducation nationale sur proposition de la direction et validation de la collectivité territoriale.
- ❐ **C.** Organisées par la collectivité territoriale.
- ❐ **D.** Proposées par le CNFPT après autorisation de la collectivité territoriale.
- ❐ **E.** À distance en dehors des heures de travail.

11. Lors d'une activité en salle de motricité, un élève du groupe dont vous avez la charge tousse et a du mal à respirer. Son père vous a alerté le matin à ce sujet et vous a indiqué avoir mis du sirop dans son cartable, à donner en cas de toux.

- ❐ **A.** Vous confiez le reste du groupe à l'enseignant(e) et vous donnez le sirop confié par le père à l'enfant en notant l'heure à laquelle vous lui avez administré.
- ❐ **B.** Vous proposez à l'enfant d'arrêter l'activité physique, vous le surveillez et vous alertez l'enseignant(e).
- ❐ **C.** Vous signalez à l'enseignant(e) ce que le père vous a indiqué.
- ❐ **D.** Vous ne pouvez pas donner de médicament à un enfant en dehors d'un PAI.
- ❐ **E.** Vous convoquez le père pour lui rappeler le règlement de l'école.

12. Lors de l'accueil périscolaire, un élève sous votre responsabilité se blesse à l'avant-bras et saigne abondamment. Quelle est votre réaction ?

- ❐ **A.** Vous appelez immédiatement les secours avec votre téléphone portable en composant le 119.
- ❐ **B.** Vous identifiez la cause de l'accident, vous écartez le danger, vous prenez en charge l'enfant blessé tout en confiant la surveillance des autres élèves à un adulte présent.
- ❐ **C.** Vous rassurez l'élève et le faites boire.
- ❐ **D.** Vous tentez de stopper l'hémorragie en pressant la plaie à l'aide d'un pansement compressif et faites appeler les secours.
- ❐ **E.** Vous attendez l'avis des secours avant d'agir.

13. Dans le cadre de vos missions, vous encadrez l'accueil périscolaire et la restauration. Lors de la sortie, devant la porte de la classe, un parent vous questionne à propos de son enfant. Il voudrait savoir si ça se passe bien à la cantine et si son enfant progresse dans ses apprentissages. Quelle est votre réaction ?

- ❒ **A.** Le parent est en droit de connaître ces informations, vous lui répondez en fonction de ce que vous savez.
- ❒ **B.** Vous lui répondez brièvement car les autres parents attendent la sortie de leur enfant.
- ❒ **C.** Par mesure de discrétion, vous proposez au parent de patienter quelques minutes, le temps que les élèves soient sortis pour lui répondre en ce qui concerne la cantine.
- ❒ **D.** Vous lui proposez de prendre rendez-vous avec l'enseignant(e) en ce qui concerne les apprentissages.
- ❒ **E.** Vous lui proposez de prendre rendez-vous avec le maire, responsable du service restauration de la municipalité.

14. L'école maternelle est également appelée l'école du langage. Quelle part peut prendre l'ATSEM dans les apprentissages langagiers des élèves ?

- ❒ **A.** L'ATSEM a pour mission d'assister l'enseignant ; il n'est pas responsable des apprentissages et n'a donc pas de rôle à jouer dans le développement langagier des élèves.
- ❒ **B.** La qualité du langage utilisé par l'ATSEM dans toutes les occasions d'échange avec les élèves est déterminante pour le développement langagier des jeunes élèves.
- ❒ **C.** L'ATSEM peut participer à l'apprentissage du vocabulaire enseigné en classe en étant le répétiteur de l'enseignant(e) et en suivant les consignes données par ce(tte) dernier(ère).
- ❒ **D.** L'ATSEM doit faciliter la prise de parole des jeunes élèves en utilisant un langage enfantin et en faisant répéter les élèves qui s'expriment avec difficulté.
- ❒ **E.** L'ATSEM peut solliciter les échanges langagiers avec les élèves lors des différents moments de la journée de l'enfant.

15. Dans la classe dans laquelle vous êtes affecté(e), l'enseignant(e) souhaite vous confier un atelier de phonologie. Il s'agit d'un atelier d'entraînement qui suit une séance d'apprentissage conduite par l'enseignant(e). De quelles informations avez-vous besoin pour conduire cet atelier ?

- ❒ **A.** Vous ne pouvez pas conduire d'atelier pour ce type d'apprentissage, ce n'est pas votre métier.
- ❒ **B.** L'enseignant(e) doit vous transmettre les objectifs de cet atelier et ses attendus observables au niveau des élèves.
- ❒ **C.** L'enseignant(e) doit vous préciser le matériel à utiliser, les consignes à formuler, le groupe avec lequel vous allez travailler, l'espace dans lequel vous allez vous installer.
- ❒ **D.** L'enseignant(e) peut vous demander de prévoir et de préparer d'autres ateliers de phonologie.
- ❒ **E.** L'enseignant(e) peut expliciter les enjeux de cet enseignement.

16. Lors des récréations, l'enseignant(e) vous demande de surveiller les élèves pour le(la) remplacer.

- ❒ **A.** Les élèves sont alors sous votre responsabilité.
- ❒ **B.** Vous pouvez refuser car ça ne fait pas partie de vos obligations.
- ❒ **C.** Vous assurez le remplacement mais l'enseignant(e) reste responsable de la surveillance de ses élèves.
- ❒ **D.** Vous échangez avec l'enseignant(e) pour réorganiser le travail que vous deviez faire pendant la récréation.
- ❒ **E.** Vous acceptez mais vous restez dans la salle de pause et surveillez les élèves par la fenêtre donnant sur la cour de récréation.

17. Depuis la rentrée 2019, la scolarité est obligatoire à 3 ans. Cela signifie que :

- ❒ **A.** Les enfants de moins de 3 ans ne peuvent pas être accueillis à l'école maternelle.
- ❒ **B.** Chaque enfant doit pouvoir être accueilli dans une école maternelle à la date anniversaire de ses 3 ans.
- ❒ **C.** Chaque enfant doit pouvoir être accueilli dans une école maternelle dans l'année de ses 3 ans.
- ❒ **D.** Les familles n'ont plus le droit d'instruire leur enfant à la maison.
- ❒ **E.** La fréquentation de l'école seulement le matin est dérogatoire.

18. Les programmes maternelles de l'Éducation nationale insistent sur la nécessité d'adopter une attitude bienveillante vis-à-vis des jeunes élèves. Cela signifie que l'ATSEM…

- ❒ **A.** Ne doit pas faire preuve d'autorité.
- ❒ **B.** Doit adopter une posture d'écoute et d'accompagnement envers tous les élèves de l'école.
- ❒ **C.** Doit faire connaître les règles de vie en collectivité et amener les élèves à les respecter.
- ❒ **D.** Doit aider les élèves à devenir autonomes sans pour autant faire les choses à leur place.
- ❒ **E.** Doit laisser les élèves agir sans jamais les contraindre.

19. Lors de l'accueil périscolaire du matin, vous êtes amené(e) à accueillir de très jeunes enfants. Au regard des besoins de ces jeunes élèves, que pouvez-vous proposer ?

- ❒ **A.** Accueillir l'enfant et son parent en échangeant quelques mots avec chacun pour faciliter la transition.
- ❒ **B.** Organiser l'espace de sorte que les enfants puissent percevoir des propositions de jeux et s'en emparer à leur guise, tout en vous voyant.
- ❒ **C.** Proposer, parmi les espaces de jeux, un espace où ils pourront exercer leur motricité.
- ❒ **D.** Veiller à conserver l'organisation spatiale pendant toute l'année.
- ❒ **E.** Veiller à laisser les espaces en libre accès, sans règle d'utilisation.

20. Vous avez des soucis d'ordre relationnel avec l'enseignant(e) titulaire de la classe dans laquelle vous êtes affecté(e). Celui-ci vous confie régulièrement une grande partie des élèves sans vous tenir informé(e) de ses attentes. Il intervient rarement auprès des élèves perturbateurs et vous laisse gérer les situations de conflit. Cette situation vous pèse, vous vous sentez malmené(e). Que pouvez-vous faire ?

- ❒ **A.** Essayer de dialoguer avec votre binôme.
- ❒ **B.** Alerter votre supérieur(e) hiérarchique ainsi que la direction de l'école sur votre situation.
- ❒ **C.** Faire valoir votre droit de retrait.
- ❒ **D.** Rédiger une fiche SST.
- ❒ **E.** Alerter les parents d'élèves sur la situation.

Corrigé

1. **B**, **C**, **D** et **E** : L'ATSEM, qui se voit confier l'encadrement d'un atelier, ne doit pas faire à la place de l'élève quel que soit son niveau de difficulté. Il rappelle les consignes et aide si besoin. Il est important qu'il assiste à la présentation des consignes. Il participe à l'évaluation de l'atelier.
2. **B** et **C** : L'ATSEM adopte une posture bienveillante, en acceptant que l'élève garde son cartable. Sur le temps de garderie, l'enseignant n'est pas présent. L'ATSEM cherche à détourner son attention en lui proposant un jeu.
3. **A**, **C** et **D** : Il convient de prendre une température fiable et précise. La main sur le front, la couleur des joues ou bien l'aspect larmoyant des yeux ne sont que des signes potentiels de fièvre.
4. **C**, **D** et **E** : Il est trop dangereux de confier un élève à une personne qui ne semble pas être dans son état normal. Dans cette situation, l'ASEM maintient l'élève à la garderie. Il prend contact avec le responsable du périscolaire pour l'informer de la situation et les parents seront prévenus.
5. **D** et **E** : **Attention à la formulation négative de la question.** En plus des 3 vaccins obligatoires avant 2018 (contre la diphtérie, le tétanos, la poliomyélite), ont été ajoutés 8 vaccins supplémentaires (contre l'Haemophilius influenzae B, la coqueluche, l'hépatite B, la rougeole, les oreillons, la rubéole, le méningocoque C et le pneumocoque).
6. **A**, **B**, **D** et **E** : Noisette, amande, noix de pécan, noix, pistache… entrent dans la catégorie des fruits à coque. Un contact cutané peut suffire pour déclencher une réaction allergique.
7. **B**, **D** et **E** : L'utilisation de gants à usage unique n'exclut pas le lavage des mains avant et après le nettoyage des sanitaires. La situation décrite peut laisser penser à une pathologie potentiellement contagieuse. L'ATSEM prend soin de désinfecter toutes les zones contact touchées par l'enfant.

8. **A** et **C** : Le premier pictogramme indique que le produit est dangereux pour la santé. Il convient de s'équiper en conséquence afin d'éviter tout contact direct avec le produit (gants, masque, lunettes de protection). Le deuxième pictogramme indique que le produit est irritant et nocif pour la santé mais également pour l'environnement. Il est important d'aérer et d'éviter d'exposer toute personne au produit même dilué ou dans l'air ambiant. L'eau de nettoyage doit être également considérée comme produit dangereux. Les absorbants (du produit pur et de l'eau contaminée) doivent être éliminés en respectant les consignes présentes sur la fiche de sécurité du produit d'entretien.

9. **A**, **C** et **E** : La collectivité en charge de l'école maternelle recrute l'ATSEM et détermine son temps de travail hebdomadaire (temps scolaire et périscolaire). Le directeur de l'école affecte l'ATSEM sur une ou plusieurs classes.

10. **B**, **C**, **D** et **E** : La participation aux formations est soumise à l'autorisation de l'employeur, donc de la collectivité qui emploie l'ATSEM.

11. **B**, **C** et **D** : L'ATSEM n'est pas autorisé à donner un médicament à un élève en dehors d'un protocole d'accueil individualisé (PAI). Dans la situation décrite, c'est à l'enseignant de rappeler au parent les modalités du règlement applicable au sein de l'école.

12. **B** et **D** : Le 119 est le numéro national de l'enfance en danger. Il permet de signaler des faits de violences psychologiques, physiques et sexuelles. L'ATSEM applique les gestes d'urgence appropriés et prend contact avec les services de secours. Il ne faut rien donner à boire ou à manger à une personne blessée.

13. **C** et **D** : L'ATSEM ne peut pas répondre pour tout ce qui concerne les apprentissages, seul l'enseignant peut répondre aux interrogations du parent. L'ATSEM peut renseigner sur ce qui se passe sur le temps de cantine, en faisant preuve de discrétion. Ce qu'il dit, n'a pas à être entendu par un autre parent.

14. **B**, **C** et **E** : L'ATSEM participe sur les temps scolaire et périscolaire au développement du langage des jeunes enfants. Il interagit avec les enfants avec des formulations correctes et simples. Il est hors de question de communiquer en parlant sur un mode enfantin.

15. **B, C** et **E** : L'encadrement d'un atelier préparé par l'enseignant entre dans les missions de l'ATSEM. La conception d'atelier, par contre, n'entre pas dans ses attributions.

16. **B**, **C** et **D** : Les élèves ne peuvent pas être laissés sans surveillance dans la cour. Le planning de surveillance des récréations est décidé en début d'année scolaire sous la responsabilité du directeur de l'école. L'ATSEM peut accepter de remplacer l'enseignant à la dernière minute mais il ne peut pas surveiller seul le temps de récréation. Il doit impérativement être accompagné d'un enseignant, éventuellement d'une autre classe. Ce remplacement de dernière minute peut avoir des conséquences sur son organisation de travail, il doit donc échanger sur le sujet avec l'enseignant de la classe dans laquelle il est affecté.

17. **C** et **E** : L'instruction est obligatoire l'année des 3 ans de l'enfant. Ce dernier est accueilli à l'école ou suit des enseignements à la maison. Les TPS continuent à exister depuis la rentrée 2019. L'élève scolarisé en maternelle est présent le matin et l'après-midi.

18. **B**, **C** et **D** : L'ATSEM veille à ce que les élèves aient des comportements adaptés à la vie en collectivité. Il fait preuve de calme, d'écoute, de disponibilité, d'explications, de compréhension et d'encouragement. Il peut être amené à être ferme mais avec mesure.

19. **A**, **B** et **C** : L'accueil des très jeunes enfants sur le temps de garderie nécessite des aménagements. Les élèves peuvent pouvoir accéder à des jeux et des activités adaptées à leur jeune âge tout en garantissant leur sécurité.

20. **A**, **B** et **D** : La fiche SST est un document au sein de la collectivité qui permet à toute personne de signaler une situation considérée comme susceptible de porter atteinte soit à la santé, à l'intégrité physique ou morale des personnes, soit à la sécurité des biens. Dans la situation décrite, l'ATSEM doit faire part de ses difficultés directement avec l'enseignant dans un premier temps. Si elles perdurent, il doit s'adresser à son supérieur hiérarchique ou au directeur de l'école.

Sujet 5

Session 2019

Difficulté : ★ 45 min • Coefficient : 1

Épreuve concours externe CDG du Cher

1. L'ATSEM est un agent de :
   - ❒ A. l'Éducation Nationale.
   - ❒ B. La Fonction Publique d'État.
   - ❒ C. La Fonction Publique Territoriale.
   - ❒ D. La Fonction Publique Hospitalière.
2. Quelles sont, parmi ces affirmations, celles qui sont justes :
   - ❒ A. L'ATSEM est chargé d'aider l'enseignant(e) dans la mise en place des activités pédagogiques.
   - ❒ B. En cas de difficulté avec l'enseignant(e), l'ATSEM peut en parler avec le(la) directeur(trice) de l'école.
   - ❒ C. L'enseignant(e) peut demander à l'ATSEM d'accompagner seule une partie de la classe à la bibliothèque municipale.
   - ❒ D. L'enseignant(e) peut demander à l'ATSEM de soigner les petites blessures qui ont lieu sur un temps de classe.
3. L'ATSEM peut se voir confier :
   - ❒ A. La préparation ou la fabrication du matériel pédagogique à destination des enfants.
   - ❒ B. La surveillance d'un groupe sous la responsabilité de l'enseignant(e).
   - ❒ C. L'accompagnement d'un atelier pédagogique préparé par l'enseignant(e).
   - ❒ D. L'administration d'un médicament à un enfant ayant un Projet d'Accueil Individualisé.
   - ❒ E. La prise en charge de la classe en l'absence de l'enseignant(e).
4. Une mère de famille vous confie que le père de son enfant a interdiction de venir le chercher à l'école :
   - ❒ A. Vous lui expliquez que vous ne pouvez pas empêcher un père de venir chercher son enfant.
   - ❒ B. Vous en faites part à l'enseignant(e).
   - ❒ C. Vous prenez en compte sa demande.
   - ❒ D. Vous demandez à la mère les raisons de l'interdiction.

5. Que signifie PMI :

- ❒ A. Protection Maternelle et Infantile.
- ❒ B. Protection Médicale et Infantile.
- ❒ C. Protection Maternelle Interne.
- ❒ D. Protection Médicale Itinérante.

6. En faisant vos courses, vous rencontrez les parents d'un enfant de l'école où vous travaillez. Ils vous demandent si leur enfant apprend bien à l'école :

- ❒ A. Vous répondez que l'enseignant(e) le trouve insupportable.
- ❒ B. Vous leur dites que vous passez beaucoup de temps à l'aider.
- ❒ C. Vous répondez que c'est un bon élève.
- ❒ D. Vous leur dites de demander à l'enseignant(e).
- ❒ E. Vous leur dites qu'il a des difficultés mais que malgré cela, ça va dans l'ensemble.

7. Un enfant se blesse gravement en se cognant la tête sur l'arête d'une table. L'enseignant(e) le prend en charge et vous demande d'appeler les secours. Quel(s) numéro(s) pouvez-vous composer ?

- ❒ A. 18.
- ❒ B. 115.
- ❒ C. Le numéro de la mairie.
- ❒ D. 119.
- ❒ E. 15.
- ❒ F. 112.

8. Avec votre collègue ATSEM, vous devez nettoyer les sanitaires de l'école. Vous utilisez chacune la valeur de 4 bouchons de 2,5 cl de détergent par jour. En stock, il ne reste plus qu'un bidon de 5 l de détergent. Combien de jours de nettoyage ce détergent assurera-t-il ?

- ❒ A. 12 jours.
- ❒ B. 13 jours.
- ❒ C. 15 jours.
- ❒ D. 20 jours.
- ❒ E. 25 jours.

9. Le conseil d'école :

- ❒ A. Est présidé par le maire ou le responsable des affaires scolaires de la commune.
- ❒ B. Est présidé par le(la) directeur(trice) de l'école.
- ❒ C. Doit se réunir au moins 2 fois par année scolaire.
- ❒ D. Doit se réunir au moins 3 fois par année scolaire.
- ❒ E. Compte les ATSEM comme membres de droit.
- ❒ F. Compte des parents d'élèves comme membres élus.

- ❒ G. Décide de la composition des classes et du choix des manuels scolaires.
- ❒ H. Doit être consulté sur les tarifs appliqués pour la restauration scolaire.

10. L'enseignant(e) vous a confié un groupe d'enfants en peinture. Ils doivent tracer des lignes verticales :

- ❒ A. Vous faites reformuler par un enfant ce qu'ils ont à faire à cet atelier.
- ❒ B. Vous les regardez faire sans intervenir.
- ❒ C. Vous les encouragez à commencer et à continuer par des remarques positives.
- ❒ D. Vous réalisez un modèle pour chaque enfant.
- ❒ E. Vous tracez les lignes verticales pour un enfant qui manifestement ne savait pas le faire.

11. À l'accueil périscolaire, un adulte que vous ne connaissez pas vient chercher un enfant. L'enfant vous dit que c'est un copain de ses parents :

- ❒ A. Vous téléphonez aux parents et le laissez partir avec cette personne après avoir eu leur accord.
- ❒ B. Vous faites confiance à l'enfant et les laissez partir.
- ❒ C. Vous vérifiez si cet adulte est sur la liste des personnes autorisées à venir chercher l'enfant. Si c'est le cas, vous lui demandez une pièce d'identité et le laissez repartir avec l'enfant.
- ❒ D. Vous suivez le protocole défini par votre collectivité pour laisser partir l'enfant avec cette personne.
- ❒ E. Vous lui faites signer un document attestant qu'il a pris en charge l'enfant.

12. L'enseignant(e) vous demande de réaliser des couleurs secondaires en utilisant des couleurs primaires. Quels sont les bons mélanges ?

- ❒ A. Cyan + jaune = vert.
- ❒ B. Orange + blanc = jaune.
- ❒ C. Magenta + jaune = orange.
- ❒ D. Magenta + cyan = violet.
- ❒ E. Orange + violet = magenta.
- ❒ F. Indigo + magenta = violet.
- ❒ G. Vert + indigo = cyan.

13. Pendant le repas au restaurant scolaire, un enfant s'agite énormément. Pour le calmer :

- ❒ A. Vous le mettez à une autre table.
- ❒ B. Vous en parlez au responsable de la restauration scolaire.
- ❒ C. Vous lui dites que vous allez en parler à sa maîtresse.
- ❒ D. Vous lui rappelez les règles à respecter.
- ❒ E. Vous le mettez au coin.
- ❒ F. Vous le privez de dessert.

14. Un enfant s'est isolé dans la classe et ne fait aucune activité :

- ❒ A. Vous en profitez pour vous occuper des enfants plus turbulents.
- ❒ B. Vous trouvez cet enfant très agréable et le laissez tranquille.
- ❒ C. Vous le sollicitez pour qu'il participe aux activités.
- ❒ D. Cette situation vous interpelle et vous en parlez à l'enseignant(e).

15. Pour nettoyer le genou légèrement écorché d'un enfant, vous pouvez :

- ❒ A. Nettoyez avec de l'eau et du savon de Marseille.
- ❒ B. Désinfecter avec de la Bétadine.
- ❒ C. Mettre des gants avant de soigner.
- ❒ D. Tamponner avec une gaze humidifiée d'éosine rouge.

16. Le Projet d'Accueil Individualisé :

- ❒ A. Est nécessaire pour accueillir à l'école des enfants atteints d'un handicap.
- ❒ B. Permet aux enfants de prendre leur traitement médical à l'école.
- ❒ C. Permet d'adapter les prises alimentaires pour les enfants allergiques.

17. Un enfant a été absent deux jours. À son retour, sa mère explique qu'il est toujours sous antibiotique et apporte le médicament :

- ❒ A. Vous lui conseillez de garder son enfant à la maison.
- ❒ B. Vous la dirigez vers l'enseignant(e).
- ❒ C. Vous prenez le médicament mais ne le donnez pas à l'enfant.
- ❒ D. Vous prenez le médicament et le donnez à l'enfant.
- ❒ E. Vous le prenez s'il est accompagné de l'ordonnance incluant la posologie.

18. Vous recevez un nouveau produit détergent à diluer dans l'eau. D'après la notice, le dosage est de 5 %. Vous disposez d'une quantité d'eau de 5 litres :

- ❒ A. Vous diluez 5 cl de produit dilué dans 500 cl d'eau.
- ❒ B. Vous diluez 25 cl de produit dans 500 cl d'eau.
- ❒ C. Vous diluez 25 cl de produit dans 5 l d'eau.
- ❒ D. Vous diluez 5 cl de produit dans 455 cl d'eau.

19. Quelles sont les maladies nécessitant une éviction scolaire ?

- ❒ A. La coqueluche.
- ❒ B. La rhinopharyngite.
- ❒ C. La grippe.
- ❒ D. La rougeole.
- ❒ E. La scarlatine.

20. La fête de fin d'année scolaire approche. Cette année, les enfants seront déguisés en lion pour une petite dance. Vous devez préparer un atelier pour que chaque enfant confectionne son masque. Votre atelier est composé de 14 enfants. Il vous faut 12 cm de fil élastique par masque, 1 feuille cartonnée A3 pour découper 3 masques et 20 gommettes par enfant pour qu'ils décorent leur masques (les gommettes sont disponibles par paquet de 50). Quelle quantité de matériel devez-vous rassembler ?

- ❒ **A.** 6 feuilles cartonnées A3, 6 sachets de gommettes, 168 cm de fil élastique.
- ❒ **B.** 6 feuilles cartonnées A3, 5 sachets de gommettes, 168 cm de fil élastique.
- ❒ **C.** 5 feuilles cartonnées A3, 6 sachets de gommettes, 168 mm de fil élastique.
- ❒ **D.** 5 feuilles cartonnées A3, 6 sachets de gommettes, 168 cm de fil élastique.
- ❒ **E.** 5 feuilles cartonnées A3, 5 sachets de gommettes, 16,8 cm de fil élastique.

Corrigé

1. **C :** L'ATSEM est recruté par une commune ou EPCI. Ce sont des employeurs de la fonction publique territoriale.
2. **A, B et D :** L'ATSEM joue un rôle d'assistant pédagogique. En cas de difficulté avec l'enseignant(e), il peut échanger avec le(la) directeur(trice) de l'école sachant qu'il peut aussi en parler à son supérieur hiérarchique auprès de l'employeur dont il dépend (commune, EPCI). L'ATSEM peut être amené à dispenser des soins sous la responsabilité de l'enseignant(e). Les sorties de l'élève s'exercent sous la surveillance de l'enseignant. L'ATSEM peut accompagner les élèves placés sous la surveillance et sous la responsabilité de l'enseignant(e).
3. **A, B, C et D :** En cas d'absence de l'enseignant(e) et à défaut de remplaçant, les élèves présents sont répartis dans les autres classes de l'établissement scolaire. Seul(e) un(e) enseignant(e) peut assumer la responsabilité et assurer la surveillance d'un ou d'un groupe d'élèves.
4. **B :** À défaut d'une décision de justice communiquée à l'établissement scolaire et privant un parent de son autorité parentale, l'ATSEM ne peut pas s'opposer à la remise de l'enfant au père. Dans la situation décrite, l'ATSEM n'a pas à questionner la mère sur la raison de sa demande. Elle l'oriente vers l'enseignant(e), seule habilité(e) à traiter ce type de situation.
5. **A :** Le service de protection maternelle et infantile (PMI) est un service départemental, placé sous l'autorité du président du conseil départemental et chargé d'assurer la protection sanitaire de la mère et de l'enfant.
6. **D :** Le seul interlocuteur des parents pour les questions tenant aux apprentissages de leur enfant est l'enseignant(e). L'ATSEM oriente les parents vers le professeur des écoles.
7. **A, E et F :** L'ATSEM doit contacter un service d'urgence : le 112 (numéro d'appel d'urgence européen, le 15 (SAMU) ou le 18 (Sapeurs-Pompiers). Le 119 est le numéro

national dédié à la prévention et à la protection des enfants en danger ou en risque de l'être. Le 115 est le numéro d'urgence sociale qui assure des missions d'accueil, d'écoute et d'information, en matière d'hébergement, d'aide alimentaire, d'accès aux soins ou toute autre prestation de première urgence. Ce numéro est gratuit et propose une réponse immédiate

8. **E :** 4 bouchons de 2,5 cl représentent 0,10 l de détergent par personne, soit 0,20 l pour les 2 ATSEM. Avec 5 l de détergent, on peut utiliser 25 fois 0,20 l de produit, donc 2 jours de nettoyage sont assurés.

9. **B, D et F :** Le conseil d'école est présidé par le directeur de l'établissement scolaire. Il se réunit une fois par trimestre. Il prend des décisions sur des questions qui concernent la vie de l'école : règlement intérieur, organisation de la garderie, projet d'école… Des parents d'élève siègent au conseil d'école, à raison d'un parent par classe. L'ATSEM peut participer aux réunions avec voix consultative pour des sujets qui le concerne. Les tarifs de la restauration scolaire sont fixés par la commune.

10. **A et C :** Il est bien de débuter l'atelier en reformulant ou faire reformuler par un élève, la consigne donnée par l'enseignant(e). Le rôle de l'ATSEM est aussi de stimuler les élèves en les encourageant tout au long de l'atelier.

11. **C et D :** L'ATSEM ne prend aucune initiative s'agissant de remettre un élève à un inconnu. Elle suit scrupuleusement le protocole défini. Le contrôle d'identité est obligatoire pour les personnes inconnues du service scolaire.

12. **A, C et D :** Les couleurs primaires sont à la base de toutes les teintes et sont au nombre de trois : le bleu cyan, le jaune et le rouge magenta. Les couleurs secondaires sont donc : cyan + jaune = vert, cyan + magenta = violet, jaune + magenta = orange. Le mélange des trois couleurs primaires donne du noir.

13. **A, B et D :** L'ATSEM veille au bon déroulement du repas. En cas de comportement inadapté d'un enfant, l'ATSEM lui rappelle des règles de respect mutuel au sein du restaurant scolaire et peut décider de le mettre à l'écart des autres. Il est hors de question de le priver de dessert ou de le mettre au coin. Si le comportement inadapté se reproduit régulièrement, il est justifié de prévenir le responsable de la restauration scolaire qui prendra les décisions nécessaires.

14. **C et D :** La situation décrite évoque un comportement inhabituel de la part de l'élève. Il est important de le solliciter pour s'assurer que tout va bien. La situation est suffisamment étonnante pour qu'elle soit signalée à l'enseignant(e).

15. **A et C :** Le port de gants est obligatoire. La Bétadine comme l'éosine sont des médicaments antiseptiques non autorisés à l'école.

16. **B et C :** Le PAI est un document écrit qui permet de préciser les adaptations à apporter à la vie de l'enfant à l'école en raison de difficultés de santé particulières (pathologie chronique, allergies…). Certains handicaps ne nécessitent pas la mise en place d'un PAI.

17. **B :** L'administration d'un médicament à l'école n'est pas autorisée au dehors d'un PAI. L'ATSEM oriente le parent d'élève vers l'enseignant(e).

18. **B et C :** Un produit dosé à 5 % signifie 5 cl de produit pour 100 cl (1 l) d'eau. Pour 5 l, il en faudra donc 5 fois plus, soit 25 cl.

19. A, D et E : La coqueluche, la scarlatine et la rougeole sont des maladies qui justifient une éviction scolaire de l'enfant atteint.

20. D : Il y a 14 masques à confectionner. 5 feuilles cartonnées sont nécessaires pour en découper autant. Les propositions A et B sont donc à éliminer. Il faut au total 280 gommettes (20 gommettes x 14 enfants), soit au minimum 6 sachets. La proposition E est à éliminer. À raison de 12 cm d'élastique par masque, il en faut 168 cm au total (12 cm × 14 masques).

Sujet 6
Session 2019

Difficulté : ★★ 45 min • Coefficient : 1

Épreuve concours externe CDG de Loire-Atlantique

1. À la rentrée 2019, l'âge de l'instruction obligatoire est abaissé à 3 ans :

- ❒ **A.** Cette mesure ne sera applicable que si l'enfant ne porte plus de couche.
- ❒ **B.** L'assiduité sera obligatoire comme à l'école élémentaire.
- ❒ **C.** Cette mesure affirme le rôle fondamental de l'école maternelle.
- ❒ **D.** cette mesure reconnaît l'importance des missions assurées par les personnels (professeurs des écoles et ATSEM).
- ❒ **E.** Les parents ne peuvent plus choisir le mode d'instruction (public, privé, à la maison).

2. Le langage est primordial pour la bonne réussite des enfants :

- ❒ **A.** Le rôle de l'ATSEM est mentionné dans les programmes officiels de l'Éducation Nationale.
- ❒ **B.** Le langage doit être précis et adapté aux jeunes enfants.
- ❒ **C.** Le lecture d'histoires favorise l'enrichissement du lexique.
- ❒ **D.** Le langage écrit est plus facile à comprendre que le langage oral.

3. Un enfant porteur de handicap sensoriel peut concerner :

- ❒ **A.** La trisomie 21.
- ❒ **B.** La cécité.
- ❒ **C.** La surdité.
- ❒ **D.** La myopathie.

4. Lors d'une alerte PPMS de type nuage toxique, quelle attitude doit adopter un ATSEM ?

- ❒ **A.** L'ATSEM doit s'occuper uniquement du groupe d'élèves sous sa responsabilité lors de l'alerte.
- ❒ **B.** L'ATSEM doit appliquer le plan de mise en sûreté prévu par l'équipe d'école et se confiner dans les locaux.
- ❒ **C.** L'ATSEM doit évacuer les lieux avec les élèves et rejoindre le point de rassemblement à l'extérieur des bâtiments, le plus rapidement possible.
- ❒ **D.** Pendant l'alerte, sur ordre des services de secours transmis par le directeur, l'ATSEM peut être amené à encadrer l'évacuation de l'école jusqu'à un lieu sécurisé.
- ❒ **E.** L'ATSEM doit surveiller les enfants pendant que le directeur et les enseignants contactent les familles afin qu'elles viennent chercher leur enfant.

5. Quelles sont les conduites à tenir en cas d'alerte incendie dans une école ?

❐ A. Verrouiller les portes et les fenêtres puis poser un linge humide au pied de la porte.

❐ B. Faire évacuer les élèves le plus rapidement possible en suivant le cheminement prévu pour aller rejoindre le point de rassemblement.

❐ C. Lors de l'évacuation, vérifier avec l'enseignant que tous les élèves sont présents à l'aide du cahier d'appel.

❐ D. Les consignes concernant une alerte incendie sont toujours les mêmes, quel que soit le moment de la journée.

❐ E. En cas d'alerte pendant la sieste, les élèves doivent être habillés rapidement pour rejoindre le point de rassemblement.

6. Un élève à besoins particuliers est présent dans la classe d'une école maternelle. Son projet personnel de scolarisation prévoit une aide humaine (AESH) pour une durée de 12 heures par semaine. En l'absence de celle-ci, l'ATSEM :

❐ A. Peut apporter son assistance à l'enfant concerné.

❐ B. Ne doit pas s'occuper exclusivement de cet enfant, ce n'est pas son rôle.

❐ C. Peut faciliter les relations avec les autres élèves en ayant une attention particulière envers cet élève.

❐ D. Peut rendre compte à la famille de ses observations au sujet de l'enfant.

❐ E. Peut rendre compte au professeur des écoles de ses observations au sujet de l'enfant.

7. En classe, l'enseignant(e) souhaite vous confier un atelier de mathématiques qui s'appuie sur un jeu. Selon vous, quelles consignes doivent être communiquées ?

❐ A. L'enseignant(e) doit vous expliquer la règle du jeu, vous montrer le matériel et vous indiquer quel espace occuper et avec quels élèves.

❐ B. L'enseignant(e) n'a pas besoin de vous donner de consignes car vous connaissez le jeu et le matériel.

❐ C. L'enseignant(e) doit vous expliquer les objectifs d'apprentissage visés et vous préciser quelques points d'attention didactiques.

❐ D. L'enseignant(e) peut vous demander d'observer certaines procédures d'élèves puis de lui transmettre vos observations.

❐ E. L'enseignant(e) ne doit pas vous confier ce type d'atelier car il est responsable des apprentissages fondamentaux.

8. Quelle technique professionnelle faut-il préconiser pour diminuer la multiplication microbienne ?

❐ A. Le nettoyage avec l'aspirateur.

❐ B. Le balayage quotidien.

❐ C. Le balayage humide.

❐ D. Le lavage à l'eau.

❐ E. La désinfection.

9. Quel matériel peut être utilisé par l'ATSEM ?

- ❒ **A.** Un escabeau à trois marches.
- ❒ **B.** Une petite échelle.
- ❒ **C.** Un chariot de ménage.
- ❒ **D.** Un nettoyeur haute pression.
- ❒ **E.** Des chaussures de sécurité.

10. Par mesure d'hygiène et pour limiter la propagation des microbes et des bactéries dans une école, il convient :

- ❒ **A.** D'aérer la pièce régulièrement, excepté lorsque le chauffage est allumé.
- ❒ **B.** De se laver les mains régulièrement.
- ❒ **C.** De nettoyer et désinfecter régulièrement le matériel et les jeux.
- ❒ **D.** De laver les sols au moins une fois par semaine.
- ❒ **E.** D'aérer la pièce et de laver les sols quotidiennement.

11. De récentes directives ministérielles soulignent l'importance de la cohérence éducative entre les enseignants de maternelle et les ATSEM. Selon vous, quels sont les enjeux liés à cette cohérence ?

- ❒ **A.** En cas d'absence de l'enseignant(e), l'ATSEM doit être en mesure de le(la) remplacer.
- ❒ **B.** L'apprentissage du langage se faisant dans des situations concrètes d'échanges, la qualité et la cohérence langagières des adultes en présence des élèves sont essentielles.
- ❒ **C.** Le temps de présence des élèves dans les locaux de l'école dépasse fréquemment les horaires scolaires. La cohérence des règles de vie entre les différents moments de la journée doit être assurée par des adultes référents que sont les ATSEM.
- ❒ **D.** Pour les jeunes élèves de la maternelle, l'ATSEM est un référent psycho-affectif.
- ❒ **E.** Dans ses missions d'encadrement de groupe d'élèves au sein de la classe, l'ATSEM doit être complètement autonome.

12. À la fin, des Nouvelles Activités Périscolaires (NAP), vous assurez le retour des élèves auprès de leur famille. Un parent qui n'est jamais disponible aux horaires scolaires vous interroge sur la scolarité de son enfant. Comment réagissez-vous ?

- ❒ **A.** Vous refusez de répondre, vous n'êtes pas l'enseignant(e).
- ❒ **B.** Vous invitez le parent à prendre rendez-vous avec l'enseignant(e).
- ❒ **C.** Vous répondez devant la porte de la classe et devant les autres parents, à votre niveau, en vous appuyant sur ce que vous connaissez de l'élève.
- ❒ **D.** Vous invitez le parent à patienter le temps que les élèves soient sortis puis vous lui donnez quelques informations d'ordre éducatif correspondant au temps où vous êtes responsable.

13. À la fin des Nouvelles Activités Périscolaires (NAP), lors de la sortie des élèves, à qui peuvent être confiés les enfants ?

❒ A. Seulement aux parents de l'enfant, si ceux-ci ne sont pas déchus de leurs droits parentaux.

❒ B. Lorsque les parents sont séparés, en fonction des indications données par la personne qui a inscrit l'enfant à l'école.

❒ C. Lorsque les parents sont séparés, en fonction des indications transmises par le directeur de l'école au regard des éléments portés à sa connaissance (jugement…).

❒ D. À toute personne majeure spécifiquement nommée par les parents.

❒ E. À toute personne spécifiquement nommée par les parents.

14. Un ATSEM est affecté à une classe de Toute Petite Section/Petite Section. En désaccord avec les choix d'organisation de l'enseignant(e), la communication s'avère difficile et les relations de travail sont tendues. L'ATSEM :

❒ A. Prévient le directeur de la situation.

❒ B. En parle avec des parents de confiance.

❒ C. Prévient le Responsable du service éducation de la commune.

❒ D. Peut refuser de travailler avec ce professeur des écoles.

❒ E. Peut demander à changer de binôme l'année suivante.

15. Selon le Code de l'Éducation, les ATSEM appartiennent à la communauté éducative. À ce titre, l'ATSEM peut :

❒ A. Être associé aux réflexions sur le projet d'école.

❒ B. Assister aux réunions du conseil d'école avec voix consultative pour les sujets qui le concernent.

❒ C. Participer de droit aux conseils des maîtres pour donner son avis sur les choix pédagogiques de l'équipe.

❒ D. Participer à une équipe éducative sur invitation du directeur.

❒ E. Participer au comité de pilotage du PEDT (Projet Éducatif De Territoire) sur invitation du Maire de la commune.

16. Dans une école maternelle, il y a obligatoirement :

❒ A. Autant d'ATSEM que de classes.

❒ B. Un ATSEM affecté à temps plein par classe.

❒ C. Un nombre d'ATSEM déterminé par le conseil municipal.

❒ D. Un nombre d'ATSEM plus important lorsque l'école accueille des Toutes Petites Sections (TPS).

❒ E. Au moins un ATSEM par classe.

17. En cas de grève des enseignants dans une école, la municipalité doit mettre en place le service minimum d'accueil (SMA) s'il y a plus de 25 % d'enseignants grévistes :

- ❒ **A.** Les ASTEM peuvent être mobilisés pour le SMA.
- ❒ **B.** Lorsque l'enseignant de la classe de référence de l'ATSEM est en grève, l'ATSEM peut refuser de participer au SMA.
- ❒ **C.** Le directeur de l'école est responsable des élèves accueillis dans le cadre du SMA.
- ❒ **D.** La municipalité est responsable de l'organisation du SMA et peut pour ce faire, utiliser les locaux et le matériel de l'école.
- ❒ **E.** Dans le cas du SMA, l'ATSEM peut remplacer l'enseignant et assurer la classe.

18. Le repas de midi pris au restaurant scolaire est…

- ❒ **A.** Un temps éducatif.
- ❒ **B.** Un temps de détente.
- ❒ **C.** Un temps récréatif pour les enfants.
- ❒ **D.** Un moment de sensibilisation au goût.
- ❒ **E.** Un moment redouté par les enfants qui doivent manger de tout.

19. Au restaurant scolaire, un enfant joue avec la nourriture :

- ❒ **A.** Vous l'isolez seul à une table.
- ❒ **B.** Vous lui expliquez qu'il ne faut pas gâcher la nourriture.
- ❒ **C.** Vous le punissez.
- ❒ **D.** Vous intervenez avec bienveillance et fermeté.

20. Dans le restaurant scolaire dans lequel vous travaillez, certaines élèves ont des PAI. En tant qu'ATSEM :

- ❒ **A.** Vous devez être informé(e) des PAI concernant les élèves de toutes les classes.
- ❒ **B.** Vous devez être informé(e) seulement des PAI concernant les élèves de votre classe de rattachement.
- ❒ **C.** Vous pouvez être amené(e) administrer un médicament.
- ❒ **D.** Vous pouvez être amené(e) à réaliser une dextro pour un enfant diabétique.
- ❒ **E.** Vous ne pouvez pas administrer de médicament. C'est l'enseignant qui est responsable de ça.

Corrigé

1. **B, C et D :** La loi pour une école de la confiance du 26 juillet 2019 et ses décrets d'application abaissent l'âge de l'instruction obligatoire de 6 à 3 ans. Il existe une obligation d'assiduité qui peut être aménagée en petite section. Les parents restent libres de choisir le mode d'instruction (école ou maison, privé ou public). En débutant leur instruction dès 3 ans, les enfants ont plus de chances de réussir leur parcours scolaire.

2. **B et C :** Le programme d'enseignement en maternelle n'évoque pas le rôle spécifique de l'ATSEM dans le développement des compétences langagières de l'enfant. La communication des adultes doit être adaptée aux capacités de compréhension du jeune enfant.

3. **B et C :** Un handicap sensoriel concerne une déficience visuelle ou auditive.

4. **B et D :** Quand un nuage toxique arrive, il est important de se mettre à l'abri en intérieur. Il n'est pas envisageable de sortir tant que les secours n'ont pas autorisé les occupants à quitter le bâtiment. L'ATSEM s'occupe de tous les enfants présents qu'ils fréquentent ou pas, la classe dans laquelle il est affecté.

5. **B, C et D :** La priorité en cas d'incendie est l'évacuation dans les meilleurs délais. On ne prend pas le temps d'habiller les enfants. Faire l'appel est plutôt du ressort de l'enseignant mais il peut être secondé par l'ATSEM.

6. **A, C et E :** L'ATSEM doit porter assistance à l'élève à besoins particuliers en l'absence de l'AESH. La remontée d'information à la famille est du ressort de l'enseignant.

7. **A, C et D :** Il ne suffit pas de connaître le support pour animer un atelier. Il est primordial pour l'ATSEM de connaître les attendus de l'enseignant : objectifs, consignes, posture vis-à-vis des élèves… Il rend compte de ses observations à l'enseignant(e).

8. **E :** La désinfection consiste à assainir des surfaces infectées. Ni l'aspirateur, ni le balayage, ni le lavage à l'eau ne désinfecte.

9. **A, C et E :** Pour des raisons évidentes de sécurité, l'ATSEM ne monte pas sur une échelle. Le nettoyage des surfaces à haute pression n'est pas du ressort de l'ATSEM. Pour certains travaux de nettoyage, l'agent doit porter des chaussures de sécurité.

10. **B, C et E :** L'aération et le lavage des sols sont quotidiens.

11. **B, C et D :** Parce que l'ATSEM est une figure d'attachement pour le jeune enfant, parce qu'il intervient dans la fonction éducative et pédagogique de l'école et parce qu'il est présent avec l'élève au-delà du temps scolaire, il est important que le binôme enseignant/ATSEM fonctionne de façon harmonieuse et complémentaire.

12. **B et D :** L'ATSEM n'est pas habilité à évoquer tout ce qui concerne les apprentissages réalisés sur le temps scolaire. Il oriente le parent vers l'enseignant(e). Toute transmission d'information doit se faire en dehors de la présence d'autres familles dans un souci de confidentialité. L'ATSEM peut rendre compte à un parent du déroulement d'une activité périscolaire.

13. C et E : Les parents désignent les personnes susceptibles de récupérer leur enfant à la sortie de l'école. Il peut s'agir de personnes mineures. L'élève est confié à l'un ou l'autre de ses parents sauf si une décision de justice précise que la mère ou le père est déchu des droits parentaux.

14. A, C et E : En cas de difficultés dans la relation ATSEM/enseignant(e), l'agent en réfère avec son supérieur hiérarchique au sein de la commune. Il peut aussi prendre conseil auprès du directeur de l'école. Il ne peut pas décider de changer d'affectation en cours d'année. Il peut solliciter un changement d'affectation pour l'année scolaire suivante.

15. A, B, D et E : L'avis de l'ATSEM peut être sollicité au sein d'une équipe éducative et par le conseil d'école pour les domaines qui le concernent. L'ATSEM, comme tous les autres acteurs éducatifs, a également sa place aux réunions du comité de pilotage du PEDT qui participe au diagnostic préalable et à l'élaboration du projet éducatif coordonnant le projet d'école et les activités organisées hors temps scolaire.

16. C et E : L'ATSEM est affecté dans une école par la mairie. Le directeur de l'école répartit les ATSEM affectés dans son établissement scolaire entre les différentes classes de maternelle. L'ATSEM peut intervenir dans une ou plusieurs classes.

17. A et D : Le SMA est mis en œuvre par la commune en cas de grève d'au moins 25 % des enseignants. L'ATSEM peut être sollicité pour assurer l'accueil d'élèves, pas forcément ceux de la classe dans laquelle il est affecté. L'enseignement n'est pas assuré.

18. A, B et D : Le déjeuner est un temps éducatif au cours duquel l'ATSEM a un rôle important à jouer notamment en facilitant l'autonomie des enfants. Il s'assure que le repas se passe dans le calme. L'enfant est invité à goûter tous les plats proposés mais sans jamais être forcé.

19. B et D : L'ATSEM surveille la pause déjeuner et s'assure que les élèves ne gaspillent pas la nourriture. Si un enfant joue avec sa nourriture sans manger, il y a lieu de l'interroger sur son comportement et de comprendre ce qui se passe. Il est important de lui expliquer qu'il ne doit pas jouer avec la nourriture, et rappeler que le plat est préparé pour être mangé.

20. A, C et D : Pendant le temps de la pause méridienne, l'ATSEM peut être amené à surveiller des enfants qui ne font pas partie des élèves de sa classe (ou de ses classes) d'affectation. Il est donc essentiel qu'il ait connaissance de tous les PAI. Il peut administrer un médicament conformément aux instructions contenues dans le PAI ou surveiller une glycémie.

Sujet 7
Session 2018

Difficulté : ★★ 45 min • Coefficient : 1

Épreuve concours externe CDG du Rhône

1. Aujourd'hui, les enseignements de l'école maternelle :

   ❒ A. Représentent 24 heures par semaine.

   ❒ B. Représentent 8 heures par jour.

   ❒ C. Sont obligatoirement répartis sur 9 demi-journées par semaine.

   ❒ D. Peuvent être répartis sur 8 ou 9 demi-journées par semaine selon les communes.

2. Le directeur (la directrice) de l'école vous informe que, la semaine prochaine, aura lieu un exercice « attentat/intrusion » dans l'école :

   ❒ A. Cet exercice est facultatif : son organisation dépend de la zone géographique dans laquelle se situe l'école.

   ❒ B. Cet exercice doit avoir lieu au moins une fois dans l'année dans des écoles et établissements scolaires.

   ❒ C. Les classes de petite section ne sont pas concernées par cet exercice.

   ❒ D. Le jour de l'exercice, une alarme est déclenchée. Chacun doit réagir en suivant une des postures identifiées en cas d'attaque : s'échapper ou s'enfermer/se cacher.

3. En début d'année, l'enseignant(e) avec qui vous travaillez comme ATSEM vous explique que sa classe de petite section s'organisera autour d'ateliers autonomes, choisis librement par les enfants tout au long de la journée :

   ❒ A. Vous lui demandez de vous expliquer sa démarche et de vous préciser quel sera votre rôle auprès des enfants.

   ❒ B. Vous attirez son attention sur des activités susceptibles de mettre en jeu la sécurité de ces très jeunes enfants s'ils les exécutent en toute autonomie : risque d'ingestion de petits éléments, de glissade devant les lavabos, de coupures avec les ciseaux, etc.

   ❒ C. Enthousiaste, vous proposez de préparer à la maison des ateliers autonomes car vous avez beaucoup d'idées.

   ❒ D. Vous refusez que les robinets soient en libre accès pour les enfants pour des questions de sécurité : risque de brûlure (eau chaude), de glissade (eau par terre), etc.

4. À l'accueil du matin, les enfants de petite et moyenne section de la classe où vous exercez comme ATSEM produisant de nombreux dessins, graphismes :

   ❒ A. Vous jetez ces réalisations car elles sont, selon vous, peu révélatrices du travail effectué à l'école.

❒ **B.** Vous les rangez systématiquement de votre initiative dans les casiers des enfants.

❒ **C.** Vous les collez dans un cahier pour faire plaisir aux enfants et valoriser leurs productions.

❒ **D.** Vous en parlez à l'enseignant(e) et vous vous mettez d'accord avec lui (avec elle) sur ce que vous devez en faire.

❒ **E.** Vous demandez aux enfants de les glisser dans les poches de leur manteau afin de les rapporter chez eux.

5. Le directeur (la directrice) de l'école vous sollicite en tant qu'ATSEM afin de participer à une équipe éducative pour un enfant pour lequel a été défini un PPS :

❒ **A.** Un PPS est un Projet Personnalisé de Scolarisation.

❒ **B.** Un PPS est un Programme Personnalisé de Soins.

❒ **C.** Vous pouvez refuser d'assister à la réunion si elle excède votre obligation hebdomadaire de service.

❒ **D.** Vous pouvez signaler à votre employeur ce temps de travail supplémentaire afin qu'il organise une récupération à proportion du temps passé en réunion.

❒ **E.** Vous refusez de participer à ce dispositif car vous ne vous sentez pas compétent(e) pour apporter des éléments d'information concernant le comportement et l'efficience scolaire de l'enfant.

6. Leurs activités quotidiennes exposent les ATSEM aux risques de TMS. Quelle(s) affirmation(s) est (sont) exacte(s) :

❒ **A.** Les TMS sont les Troubles Mesurant le Stress au Travail

❒ **B.** Les TMS peuvent être causés par des gestes répétitifs et des mauvaises postures de travail.

❒ **C.** Les TMS sont les Troubles Musculo-Squelettiques qui concernent l'appareil locomoteur.

❒ **D.** En matière d'entretien des locaux, le lavage des sols par la méthode de pré-imprégnation contribue à limiter les risques de TMS en supprimant l'usage de la presse.

❒ **E.** Pour lutter contre les TMS, le soulèvement d'une charge lourde doit se faire bras pliés et jambes tendues.

7. L'étiquette d'un produit détergent-désinfectant utilisé par l'ATSEM pour désinfecter les jouets porte la mention « bactéricide à 1 %, fongicide à 3 % ». Que signifient ces informations ?

❒ **A.** Le produit tue 1 % des bactéries.

❒ **B.** Le produit dilué à 1 % tue les bactéries.

❒ **C.** Le produit tue 3 % des virus.

❒ **D.** Le produit dilué à 3 % tue les champignons microscopiques.

❒ **E.** Le produit dilué à 3 % tue les virus.

8. Durant le temps périscolaire de fin de journée, vous faites sortir les enfants à l'extérieur pour qu'ils puissent s'aérer. Il fait froid et vous précisez bien aux enfants de se couvrir correctement. Une petite fille de petite section, qui a tout juste 3 ans, commence à faire un caprice et refuse de mettre son bonnet. Comment pouvez-vous réagir ?

- ❒ **A.** Vous l'obligez à mettre son bonnet malgré les pleurs, il n'est pas envisageable qu'elle tombe malade.
- ❒ **B.** Vous lui expliquez qu'il fait très froid à l'extérieur, et que si elle refuse de mettre un bonnet, elle risque de tomber malade.
- ❒ **C.** Vous mettez la fillette en position de décider, et vous lui proposez de choisir entre son bonnet et celui que pourrait lui prêter l'école.
- ❒ **D.** Vous demandez à une collègue plus expérimentée de lui mettre son bonnet.

9. Un élève de moyenne section n'a pas été récupéré par ses parents en fin de journée. Il n'est pas inscrit au temps périscolaire que vous animez après la classe. L'enseignant vous demande de vous occuper de l'enfant :

- ❒ **A.** Vous acceptez en attendant les parents car il s'agit d'un temps périscolaire où les élèves ne sont plus sous la responsabilité de l'enseignant(e).
- ❒ **B.** Vous tentez de joindre les parents au téléphone pour qu'ils viennent récupérer l'enfant.
- ❒ **C.** Vous refusez de prendre en charge l'enfant.
- ❒ **D.** Vous décidez de reconduire l'enfant chez lui.

10. L'enseignant(e) que vous assistez comme ATSEM vous demande de tracer un quadrilatère. Vous pouvez tracer :

- ❒ **A.** Un losange.
- ❒ **B.** Un rectangle.
- ❒ **C.** Un triangle isocèle.
- ❒ **D.** Un cercle.
- ❒ **E.** Un hexagone.

11. Pour réaliser le lavage manuel des sols d'une école, les ATSEM utilisent un détergent-désinfectant conditionné en dosette de 20 ml à diluer dans 8 litres d'eau, au prix de 0,24 € la dosette. Chaque jour, les ATSEM préparent au total 40 litres de solution. Quel coût représente le nombre de dosettes utilisées en 5 jours ?

- ❒ **A.** 1,20 €.
- ❒ **B.** 2,40 €.
- ❒ **C.** 6 €.
- ❒ **D.** 9,60 €.

12. Lors de l'entretien des locaux de restauration, les ATSEM respectent le Plan de Nettoyage et Désinfection (PND) en appliquant des règles de base dans l'organisation du travail :

❒ **A.** Les surfaces sont nettoyées et désinfectées en allant du plus propre vers le plus sale.

❒ **B.** Les surfaces sont nettoyées et désinfectées du bas vers le haut.

❒ **C.** De la sciure peut être dispersée au sol comme agent absorbant d'humidité et antidérapant.

❒ **D.** Les sols sont dépoussiérés au balai coco avant le lavage-désinfection.

❒ **E.** Les siphons de sol sont lavés/désinfectés à la centrale de lavage et désinfection.

13. Un parent d'élève emmène son enfant fortement atteint de varicelle au temps périscolaire du matin dont vous avez la charge en tant qu'ATSEM. Parmi les propositions suivantes, quel(s) comportement(s) est (sont) approprié(s) ?

❒ **A.** Vous expliquez au parent les problèmes soulevés par cette situation.

❒ **B.** Vous acceptez l'enfant dans la mesure où les parents n'ont pas d'autre possibilité de garde.

❒ **C.** Vous refusez l'enfant car il risque de contaminer les autres élèves.

❒ **D.** Vous placez l'enfant en isolement en attendant qu'il soit pris en charge par l'enseignant.

14. Les parents qui siègent au conseil d'école :

❒ **A.** Sont élus comme représentants des parents d'élèves lors des élections qui ont lieu avant les vacances de la Toussaint.

❒ **B.** Sont obligatoirement organisateurs de la kermesse en fin d'année.

❒ **C.** Sont choisis par la direction de l'école.

❒ **D.** Sont ceux qui ont des soucis avec leurs enfants et qui souhaitent évoquer ces problèmes lors du conseil d'école.

❒ **E.** Appartiennent uniquement aux associations de parents d'élèves suivantes : FCPE ou PEEP.

15. Quel(s) comportement(s) caractérise(nt) un enfant présentant un trouble de Déficit de l'Attention/Hyperactivité (TDAH) ?

❒ **A.** Il brutalise ou intimide souvent d'autres enfants.

❒ **B.** Il se laisse facilement distraire et a souvent du mal à se tenir tranquille en classe ou dans les jeux ou les activités de loisirs.

❒ **C.** Il suit des habitudes ou des rituels spécifiques.

❒ **D.** Il semble ne pas écouter quand on lui parle personnellement et ne se conforme pas aux consignes.

❒ **E.** Il ne parvient pas à prêter attention aux détails et fait des fautes d'étourderie dans le travail scolaire ou d'autres activités.

16. Dans le cadre du PEDT, votre responsable hiérarchique vous informe que des ateliers de jeux autour du langage seront organisés durant les temps de garderie du soir. En tant qu'ATSEM, quelle(s) attitude(s) est (sont) approprié(es) ?

- ❒ **A.** Ne vous sentant pas compétent(e) pour mener ces activités, vous demandez à bénéficier d'une formation.
- ❒ **B.** Vous refusez d'animer ces activités qui ne relèvent pas de vos missions mais de celles des enseignants.
- ❒ **C.** Vous questionnez l'équipe enseignante pour vous conseiller.
- ❒ **D.** Vous décidez, comme en classe, d'utiliser des jeux de lotos, memory… pour développer le lexique des enfants.
- ❒ **E.** Vous décidez d'être particulièrement attentif(ve) à votre manière de parler aux enfants.

17. L'enseignant(e) vous informe qu'il (elle) organise pour la classe des petits une sortie dans un parc animalier. Vous y participez comme accompagnateur(trice). En tant qu'ATSEM, il peut vous être demandé de :

- ❒ **A.** Préparer des vêtements de rechange.
- ❒ **B.** Préparer la trousse de secours.
- ❒ **C.** Informer les parents de la sortie.
- ❒ **D.** Préparer les étiquettes prénoms des enfants.
- ❒ **E.** Fournir un pique-nique pour les enfants.
- ❒ **F.** Vous occupez en autonomie d'un groupe d'élèves sur le lieu du déplacement.

18. Un enfant est allergique au gluten : à la cantine, quel(s) aliment(s) peut-il consommer sans danger ?

- ❒ **A.** Des cannellonis.
- ❒ **B.** Du pain blanc.
- ❒ **C.** Des yaourts nature.
- ❒ **D.** Du poisson frais.
- ❒ **E.** De la salade verte.
- ❒ **F.** De la charcuterie.

19. Lors du stockage des produits d'entretien, les ATSEM doivent respecter des règles de sécurité. Parmi les propositions suivantes, laquelle (lesquelles) est (sont) exacte(s) :

- ❒ **A.** Les produits les plus lourds sont stockés en hauteur.
- ❒ **B.** Le local de stockage des produits doit être ventilé et fermé à clé.
- ❒ **C.** Les pulvérisateurs contenant des produits dilués doivent être étiquetés.
- ❒ **D.** Les produits sont rangés par catégories ou familles.
- ❒ **E.** Les produits sont rangés par couleur.

20. Pour réaliser un nettoyage efficace des locaux, les ATSEM doivent respecter les paramètres du cercle de Sinner (ou TACT). Quels sont ces paramètres ?

❒ A. Température, Aération, Action Chimique, Temps d'action.

❒ B. Température, Action mécanique, Action Chimique, Temps d'action.

❒ C. Température, Action microbiologique, Action Chimique, Toxicité.

Corrigé

1. **A et D :** La semaine scolaire à l'école maternelle totalise 24 heures d'enseignement. Ces dernières sont réparties sur 8 ou 9 demi-journées selon si l'école est « repassée » ou pas à la semaine de 4 jours (décret du 27 juin 2017 relatif aux dérogations à l'organisation de la semaine scolaire dans les écoles maternelles et élémentaires publiques).
2. **B et D :** Trois exercices de sécurité sont obligatoires au cours de l'année scolaire, dont un dans le cadre du PPMS (Plan Particulier de Mise en Sécurité) « Attentat – Intrusion ». En fonction de la nature du risque encouru et du lieu où se trouve l'individu ou les individus dangereux, il faut choisir entre évacuer ou se confiner.
3. **A et B :** L'ATSEM n'a pas à interférer dans les choix pédagogiques de l'enseignant. Il peut échanger avec ce dernier pour faire préciser son rôle dans la préparation et la mise en œuvre des ateliers autonomes. L'ATSEM peut chercher à se rassurer en faisant part de ses inquiétudes sur les conditions de réalisation des ateliers.
4. **D :** Le temps d'accueil est un temps scolaire. C'est donc à l'enseignant de décider ce qu'il adviendra des productions des élèves.
5. **A, C et D :** L'ATSEM participe, sur invitation du directeur, aux réunions de l'équipe éducative liées à la scolarisation d'un enfant en situation de handicap. Un fonctionnaire ne peut effectuer des heures supplémentaires qu'à la demande ou avec l'accord de son supérieur hiérarchique. Le directeur de l'école qui souhaite faire participer un ATSEM à une réunion hors temps de travail, demande l'accord de la mairie. L'ATSEM peut informer lui-même son employeur. S'il est empêché, il peut s'excuser et ne pas participer à la réunion.
6. **B, C et D :** Les TMS sont les Troubles Musculo-Squelettiques en lien avec des postures contraignantes et des gestes répétitifs. La méthode de pré-imprégnation réduit effectivement les risques de TMS dans la mesure où elle améliore les conditions de travail de l'ATSEM : plus besoin de presse ou d'essorage manuel. Pour soulever une charge lourde, il convient de fléchir les genoux et de garder son dos droit.
7. **B et D :** Le produit détergent-désinfectant dilué à 1 % tue les bactéries (bactéricide) et dilué à 3 %, tue les champignons (fongicide). On ne sait pas s'il s'agit d'un produit virucide.
8. **B :** L'ATSEM doit convaincre l'élève de porter son bonnet, sans aucune brusquerie d'aucune sorte.

9. **A et B :** L'élève ne peut pas rester seul. Il est pris en charge par l'ATSEM sur le temps périscolaire en attendant l'arrivée d'un parent. L'ATSEM peut prendre contact avec les parents pour les prévenir et connaître dans quel délai ils pourront venir chercher leur enfant.

10. **A et B :** Un quadrilatère est une figure géométrique à 4 côtés comme le losange et le rectangle. L'hexagone a 6 côtés.

11. **C :** 20 ml de produit détergent-désinfectant sont nécessaires pour 8 l de solution finale, soit 2,5 ml pour 1 l de solution finale. Pour réaliser 40 l de solution finale, 100 ml de produit pur seront nécessaires (2,5 ml × 40) par jour, soit 500 ml pour 5 jours, ce qui correspond à 25 dosettes. Le coût total sera de 6 € (25 × 0,24 €).

12. **A et E :** Le PND précise les principes d'hygiène et de sécurité à respecter lors des activités d'entretien des locaux : quelles sont les surfaces à nettoyer, par qui, comment, avec quel produit et quel matériel et selon quelle fréquence ?

13. **A et B :** La varicelle est une maladie éruptive infantile contagieuse. Elle n'est pas pour autant un motif d'éviction scolaire sauf si cela est prévu dans le règlement intérieur de l'école. Pour autant, la maladie peut s'accompagner de fièvre et de maux de tête peu compatibles avec le travail scolaire. L'ATSEM ne peut pas refuser d'accueillir l'enfant, si les parents n'ont pas d'autre mode de garde possible.

14. **A :** Les représentants des parents d'élèves sont élus, tous les ans, par l'ensemble des parents d'enfants scolarisés dans l'établissement scolaire. Ils n'ont pas l'obligation d'adhérer à une association de parents d'élèves.

15. **B, D et E :** Le TDAH est un trouble neurologique qui se traduit par des difficultés d'attention et de concentration ainsi qu'une activité excessive.

16. **A et C :** L'animation de l'atelier langage peut entrer dans les prérogatives de l'ATSEM sur le temps de garderie. Une formation spécifique peut être utile ainsi que les conseils des enseignants. L'activité ne doit pas reprendre les ateliers mis en œuvre sur le temps scolaire. L'ATSEM est vigilant sur sa façon de communiquer en présence des enfants tout au long du temps scolaire, pas seulement sur un temps d'atelier spécifiquement.

17. **A, B, D et F :** L'ATSEM peut être missionné pour prendre en charge une partie de la logistique de la sortie scolaire et assurer l'encadrement d'un groupe d'élèves lors de la visite du parc animalier.

18. **C, D et E :** Le gluten est une protéine présente dans différentes céréales : blé, orge, seigle… On le trouve dans le pain, les pâtes, certaines sauces et soupes, le chocolat, la charcuterie…

19. **B, C et D :** Les produits d'entretien sont stockés dans un local fermé à clé et ventilé. Tous les contenants sont étiquetés. Un stockage par catégorie est recommandé en respectant les éventuelles incompatibilités (voir les fiches de données de sécurité).

20. B : 4 facteurs influent sur la qualité du nettoyage : le cercle de Sinner.

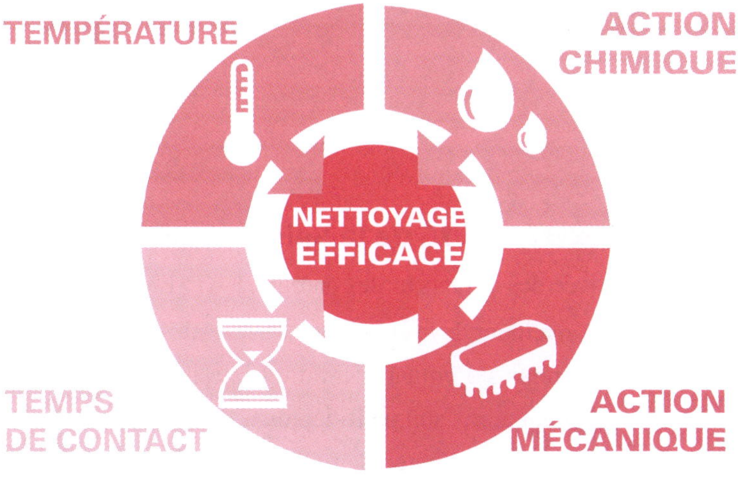

L'efficacité du nettoyage dépend :

- d'une action mécanique par un frottement énergique pour éliminer les salissures ;
- d'une action chimique, celle du produit d'entretien qui doit être correctement dilué ;
- d'une action thermique, dilution du produit ménager avec de l'eau à 60 ou froide ;
- de l'action du temps pour laisser le produit agir et pour prendre le temps de frotter/brosser suffisamment le support sale.

Sujet 8
Session 2018

Difficulté : ★★★ 45 min • Coefficient : 1

Épreuve concours externe CDG de la Seine-et-Marne

1. Le matin, lors de l'arrivée des enfants et des parents, l'ATSEM :
   - ❒ A. Peut aider au rangement des vêtements.
   - ❒ B. Demande aux parents si l'enfant doit faire la sieste ce jour.
   - ❒ C. Demande si l'enfant a pris son petit-déjeuner en vue de la collation de 10 h.
   - ❒ D. Accueille les enfants et les parents afin de les rassurer.
   - ❒ E. Fait un compte rendu aux parents sur le conseil d'école qui s'est tenu la veille.
2. Dans le cadre de ses missions, l'ATSEM peut être amené à :
   - ❒ A. Préparer le parcours de motricité.
   - ❒ B. Ranger et nettoyer le matériel le soir après la classe.
   - ❒ C. Passer les commandes de matériel pédagogique aux services communaux.
   - ❒ D. Décider du matériel à utiliser pendant les ateliers.
   - ❒ E. Ranger les travaux réalisés par les enfants.
3. L'ATSEM, sur le temps de classe, peut être amené à :
   - ❒ A. Mener un atelier avec un groupe d'enfants en répétant les consignes données par l'enseignant.
   - ❒ B. Rester seul avec les enfants dans la classe pendant que l'enseignant est en sortie avec l'autre partie de la classe.
   - ❒ C. Proposer un atelier cuisine de sa propre initiative.
   - ❒ D. Demander aux enfants ce qu'ils ont envie de faire et le réaliser.
   - ❒ E. Aller travailler dans une autre école de la ville.
4. Pendant le repas du midi :
   - ❒ A. L'ATSEM apprend aux enfants à utiliser leurs couverts.
   - ❒ B. L'ATSEM invite un enfant à goûter un aliment qu'il refuse de manger, mais sans le forcer.
   - ❒ C. L'ATSEM reste sous l'autorité fonctionnelle du directeur de l'école pendant le temps du repas.
   - ❒ D. Un enfant allergique au gluten peut manger des pâtes et du pain avec sa viande.
   - ❒ E. Le lavage des mains n'est pas nécessaire à la fin du repas quand on l'a fait avant de manger.

5. La sieste :

- ❒ A. Vous fermez les rideaux ou les stores pour réduire la luminosité.
- ❒ B. Une histoire ou une musique douce favorise l'endormissement.
- ❒ C. Si un enfant est atteint de pédiculose il faut prévenir l'enseignant et laver les draps.
- ❒ D. Chaque enfant peut dormir aussi longtemps qu'il le souhaite.
- ❒ E. La présence de l'enseignant n'est pas obligatoire auprès des enfants.

6. Les jouets :

- ❒ A. Vous nettoyez les jouets en plastique avec de l'eau et du savon.
- ❒ B. Vous pouvez passer les peluches à la machine.
- ❒ C. Un enfant n'est pas autorisé à amener ses propres jouets.
- ❒ D. Vous devez repérer et isoler les jouets pouvant être dangereux (cassé ou abîmé).
- ❒ E. Les jouets sont obligatoirement nettoyés durant les vacances scolaires.

7. L'ATSEM peut être amené à soigner un enfant qui s'est écorché le genou dans la cour de récréation. Dans ce cas elle doit :

- ❒ A. Prévenir les services d'urgence.
- ❒ B. Prévenir les parents.
- ❒ C. Noter les soins dans le cahier de soin.
- ❒ D. Mettre des gants.
- ❒ E. Se laver les mains.

8. Lors du départ des enfants de la classe en fin d'après midi, l'ATSEM :

- ❒ A. Ouvre les fenêtres pour aérer.
- ❒ B. Désinfecte les poignées de portes.
- ❒ C. Désinfecte les interrupteurs.
- ❒ D. Désinfecte les tables et les chaises.
- ❒ E. Procède au balayage humide des sols.

9. Lors d'une tâche de nettoyage, il faut impérativement :

- ❒ A. Nettoyer du plus sale au moins sale.
- ❒ B. Nettoyer du haut vers le bas.
- ❒ C. Nettoyer du bas vers le haut.
- ❒ D. Nettoyer du moins sale au plus sale.
- ❒ E. Nettoyer de l'entrée de la salle au fond de la salle.

10. À la demande de l'enseignant, vous mettez en place un atelier cuisine avec les enfants pour préparer un gâteau :

- ❒ A. Vous préparez les ingrédients nécessaires avec les enfants.
- ❒ B. Vous vérifiez que les enfants ne présentent pas d'allergies alimentaires.

❐ C. Vous accompagnez les enfants se laver les mains avant de commencer l'atelier.

❐ D. Un groupe d'enfants prépare la pâte avec le batteur électrique pendant que vous montrez aux autres comment éplucher les fruits.

❐ E. Vous demandez aux enfants de surveiller la cuisson.

11. Lors d'une activité peinture, l'ATSEM peut :

❐ A. Donner des consignes aux enfants.

❐ B. Aider les enfants à enfiler les tabliers.

❐ C. Aider les enfants à ranger le matériel.

❐ D. Classer les peintures des enfants par ordre de préférence.

❐ E. Expliciter les consignes données par l'enseignant.

12. Lors d'une sortie scolaire à la ferme :

❐ A. Vous emmener la trousse de secours.

❐ B. Vous prévoyez des vêtements de rechange au cas où des enfants seraient malades.

❐ C. Vous préparez le matériel nécessaire avec l'enseignant (pain sec pour nourrir les animaux, paniers pour les cueillettes).

❐ D. Vous aidez les enfants dans leur démarche d'exploration de la ferme.

❐ E. Vous prévoyez de l'eau en quantité suffisante.

13. Est appelé fruit-féculent (car riche en amidon) :

❐ A. L'abricot.

❐ B. La banane.

❐ C. Le kiwi.

❐ D. La pomme.

❐ E. La prune.

14. Quelle conduite adopter en cas d'épidémie de gastro-entérite ?

❐ A. Se laver les mains avec du savon le plus souvent et le plus soigneusement possible.

❐ B. Changer les draps plus fréquemment.

❐ C. Augmenter la fréquence de nettoyage des toilettes.

❐ D. Porter un masque de chirurgien.

❐ E. Ne pas partager les verres d'eau ou les couverts à table.

15. Un enfant a apporté son doudou pour faire la sieste :

❐ A. Vous lui proposez de garder son doudou avec lui également pendant la journée afin de le rassurer.

❐ B. Vous rangez le doudou dans une boîte à doudous avec ceux des autres enfants.

- ❐ **C.** Vous demandez à la maman de repartir avec le doudou.
- ❐ **D.** Vous rangez le doudou dans son casier et lui redonnez pour la sieste.
- ❐ **E.** Vous lui demandez de le prêter à un autre enfant qui a oublié le sien.

16. Un enfant est tombé dans la cour, un gros hématome apparaît sur sa cuisse :

- ❐ **A.** Vous appliquez une pommade à l'arnica.
- ❐ **B.** Vous appliquez sur la zone un linge froid.
- ❐ **C.** Vous posez de la glace directement sur la peau.
- ❐ **D.** Vous coupez un oignon et déposez une rondelle sur l'hématome.
- ❐ **E.** Vous ne faites rien.

17. L'enseignant, seul a droit :

- ❐ **A.** Accueillir les parents le soir.
- ❐ **B.** Procéder aux soins si l'enfant a un bobo.
- ❐ **C.** Ranger le matériel pédagogique.
- ❐ **D.** Préparer le matériel pour les activités scolaires.
- ❐ **E.** Discuter du travail de chaque enfant avec les parents.

18. Les parents :

- ❐ **A.** Sont responsables si leur enfant abîme le vêtement d'un autre enfant.
- ❐ **B.** Participent par leurs représentants aux conseils d'école.
- ❐ **C.** Peuvent encadrer un groupe d'enfants lors d'une sortie scolaire.
- ❐ **D.** Ne peuvent pas s'opposer à l'utilisation de l'image de leur enfant dans l'école.
- ❐ **E.** Peuvent s'opposer à l'exclusion provisoire de leur enfant, si celui-ci a un comportement incompatible avec la vie du groupe à l'école.

19. Un enfant est en danger ou risque de l'être si :

- ❐ **A.** Sa santé est compromise.
- ❐ **B.** Sa sécurité est compromise.
- ❐ **C.** Sa moralité est compromise.
- ❐ **D.** Son développement psychique est compromis.
- ❐ **E.** Son développement intellectuel est compromis.

20. Accueillir un enfant autiste à l'école est :

- ❐ **A.** Interdit par la loi.
- ❐ **B.** Impossible s'il ne dispose pas de l'aide d'un AVS.
- ❐ **C.** Déconseillé pour la bonne marche de la classe.
- ❐ **D.** Conseillé pour l'enfant autiste s'il s'y sent à l'aise.
- ❐ **E.** Déconseillé pour l'enfant car un enfant autiste n'est pas fait pour vivre dans un grand groupe.

Corrigé

1. **A et D :** Au moment de l'accueil, l'ATSEM prend en charge les enfants alors que l'enseignant échange avec les parents. Il aide au déshabillage et range les vêtements. L'ATSEM conforte les parents au moment de la séparation, accueille et rassure les enfants.

2. **A, B et E :** le choix et la commande du matériel pédagogique utilisé pendant les ateliers sont du ressort de l'enseignant. Ce dernier peut demander à l'ATSEM de préparer le parcours de motricité.

3. **A :** L'enseignant peut confier à l'ATSEM l'encadrement d'un atelier. L'ATSEM ne peut pas surveiller la classe en l'absence de l'enseignant. Les activités mises en œuvre pendant le temps scolaire sont décidées par l'enseignant. Un ATSEM « volant » ou avec un emploi du temps partagé entre plusieurs établissements scolaires, peut être amené à intervenir dans plusieurs écoles de la commune.

4. **A et B :** Pendant les temps périscolaires (garderie, cantine…), l'ATSEM est sous l'autorité de la collectivité qui l'emploie. Le gluten est une protéine contenue dans certaines céréales. Il est présent dans le pain et les pâtes. Le lavage des mains est nécessaire avant et après le déjeuner.

5. **A, B et C :** Les élèves dorment pendant une heure trente à deux heures pour satisfaire leur besoin de sommeil. On peut être amené à réveiller doucement un enfant si son sommeil se prolonge trop l'après-midi afin de ne pas compromettre son sommeil de la nuit. L'organisation de la sieste est sous la responsabilité de l'enseignant qui peut confier la surveillance du dortoir à l'ATSEM.

6. **B, C, D et E :** Les jouets en plastique sont plongés dans une solution détergente désinfectante compatible au contact alimentaire, au moins pendant 15 minutes. Si besoin, ils seront frottés, avec une brosse ou un grattoir. Ensuite, ils devront être rincés à l'eau claire, puis séchés avec un essuie-tout et enfin rangés dans des contenants propres. Les peluches sont lavées en machine à 40°. Généralement, le règlement intérieur de l'école interdit aux élèves d'apporter des jouets personnels pour des questions de sécurité et pour éviter les conflits entre enfants.

7. **C, D et E :** Une écorchure ne justifie pas un appel aux services d'urgences. Les parents seront informés de l'incident par une note sur le cahier de liaison et oralement lors de la remise de l'élève.

8. **A et E :** Le soir, l'ATSEM aère la classe. Il procède au dépoussiérage humide des tables et des chaises. Les sols sont aspirés et lavés.

9. **B, D et E :** Le nettoyage se fait du haut en bas et du plus propre au plus sale. Lors du lavage des sols, l'ATSEM applique une technique de détourage : contourner la pièce en positionnant le balai le long de la plinthe puis balayer sans soulever le balai en appliquant la méthode du godillage du fond de la pièce vers l'entrée.

10. **A, B et C :** L'utilisation du batteur électrique et l'épluchage des fruits paraissent potentiellement dangereux pour les jeunes enfants. Les élèves ne devraient pas avoir accès à la pièce dans laquelle se trouve le four, toujours pour une question de sécurité.

11. **B et E :** La consigne est donnée aux élèves par l'enseignant. L'ATSEM sera amené à la répéter uniquement en cas de difficulté d'un ou plusieurs élève(s). Il range le matériel car il s'agit d'une activité salissante.

12. **A, B et D :** L'ATSEM est chargé, lors des sorties scolaires, de ce qui touche à la vie collective. Il veille à emporter la trousse de secours et de l'eau. Il peut intervenir lors de la préparation et l'encadrement de la sortie à la demande de l'enseignant.

13. **B :** La banane est considérée comme fruit et féculent en même temps.

14. **A, B, C et E :** Pour limiter la propagation de la gastro-entérite, il convient de renforcer les précautions d'hygiène. Le port du masque ne paraît pas utile.

15. **B et D :** les doudous sont rangés dans une boîte commune aux enfants ou dans le casier de chacun : les deux pratiques existent. Les doudous ne se prêtent pas, par mesure d'hygiène.

16. **B :** L'ATSEM peut appliquer un glaçon mis dans une compresse ou un linge propre.

17. **E :** L'enseignant est responsable de la remise des élèves à la fin du temps scolaire mais l'élève peut être confié à la personne qui vient le chercher par l'ATSEM. L'enseignant est seul compétent pour échanger avec les parents sur le travail scolaire de leur enfant.

18. **A, B et C :** Le droit à l'image s'applique aux mineurs. Les parents peuvent refuser l'utilisation d'images de leur enfant dans le cadre de l'école. Les parents ont la possibilité de faire appel d'une décision d'exclusion provisoire mais cette démarche ne suspend pas l'exécution de la sanction.

19. **A, B, C, D et E :** Toutes les propositions sont exactes.

20. **D :** La scolarisation des enfants autistiques en milieu ordinaire est possible. Un PPS sera mis en place avec l'octroi éventuel de moyens humains et matériels adaptés.

Sujet 9
Session 2017

Difficulté : ★

45 min • Coefficient : 1

Épreuve concours externe CDG du Haut-Rhin

1. Vous êtes chargé(e) de contrôler l'accès de l'école sous la responsabilité d'un enseignant durant le temps d'accueil institutionnel. Devant le portail à l'extérieur de la cour, un enfant tombe et se blesse :

❒ A. Vous sortez immédiatement pour lui porter secours.

❒ B. Vous ne faites rien car la chute a eu lieu à l'extérieur de l'école.

❒ C. Vous attendez que cet enfant pénètre dans la cour pour évaluer la nature de ses blessures.

❒ D. Vous demandez à un parent présent de le ramener très vite chez lui.

❒ E. Vous prévenez l'enseignante de service.

2. Quels sont les facteurs favorisant une bonne digestion de l'enfant ?

❒ A. Veiller à ce qu'il boive régulièrement entre les plats.

❒ B. Manger lentement et bien mâcher ses aliments.

❒ C. Boire un peu de sirop de fruits juste avant le repas.

❒ D. Manger au moins une tranche de pain.

❒ E. Boire de l'eau après le repas.

3. Quelles sont les personnes autorisées par la loi à venir chercher un enfant à l'école ?

❒ A. Les titulaires de l'autorité parentale.

❒ B. L'assistante maternelle de l'enfant.

❒ C. Toute personne responsable autorisée et désignée par écrit par les titulaires de l'autorité parentale.

❒ D. Les grands-parents même sans autorisation.

4. Un enfant scolarisé en petite section arrive à l'école, en été, la tête présentant des poux. Pour éviter que d'autres élèves n'en attrapent à leur tour :

❒ A. Vous lui faites tout de suite un shampooing anti-poux, à base de vinaigre.

❒ B. Vous l'écartez du groupe et vous vous lavez les mains.

❒ C. Vous lui couvrez la tête avec une casquette et vous appelez les parents.

❒ D. Vous prévenez l'enseignante.

❒ E. Vous procédez au nettoyage de la literie de cet enfant à la demande de l'enseignante.

5. Un enfant saigne du nez :

- ❒ **A.** Vous lui faites pencher la tête en arrière.
- ❒ **B.** Vous lui faites pencher la tête en avant.
- ❒ **C.** Vous effectuez un point de compression sur la narine.
- ❒ **D.** Vous remettez un bout de coton à l'enfant pour qu'il se bouche lui-même la narine qui saigne.

6. Une maman vous dit que son enfant est inscrit aujourd'hui aux TAP. Cela implique que :

- ❒ **A.** L'enfant va manger à la cantine.
- ❒ **B.** L'enfant a des difficultés scolaires et reste aux activités pédagogiques après l'école pour travailler avec un enseignant.
- ❒ **C.** L'enfant sera pris en charge par des animateurs pour participer à des activités périscolaires.
- ❒ **D.** L'enfant ne peut être récupéré par les parents : il participe donc aux temps d'accueil périscolaire.
- ❒ **E.** Après la classe, l'enfant ne sera pas récupéré par ses parents.

7. Pour réaliser une recette de gâteau au chocolat, vous avez besoin de 200 g de chocolat, 150 g de sucre, 100 g de farine, 4 œufs, 20 cl de crème liquide et ½ sachet de levure. Cette recette permet de faire 15 parts de gâteaux. Vous devez réaliser des gâteaux pour la fête de l'école : 100 personnes sont prévues. Quelle quantité d'ingrédients devez-vous prévoir ?

- ❒ **A.** 1 200 g de chocolat, 900 g de sucre, 700 g de farine, 28 œufs, 140 cl de crème et 3 sachets de levure.
- ❒ **B.** 7 tablettes de 200 g de chocolat, 1 paquet de 1 kg de sucre, 50 g de sucre, 700 g de farine, 4 boîtes de 6 œufs, 4 œufs, 1,4 l de crème, 4 sachets de levure.
- ❒ **C.** 1,4 kg de chocolat, 1,05 kg de sucre, 0,7 kg de farine, 28 œufs, 14 dl de crème, 4 sachets de levure.
- ❒ **D.** 1,2 kg de chocolat, 1,05 kg de sucre, 700 g de farine, 28 œufs, 0,14 l de crème, 4 sachets de levure.
- ❒ **E.** 1,4 kg de chocolat, 1 050 g de sucre, 700 g de farine, 2 douzaines d'œufs, 4 œufs, 1,4 l de crème et 4 sachets de levure.

8. À la rentrée scolaire, un enfant de 5 ans handicapé sera scolarisé dans votre classe. L'enseignant vous a averti qu'il utilisera de temps en temps des jeux en braille. De quel handicap souffre-t-il ?

- ❒ **A.** Il a des difficultés scolaires dues à un handicap mental.
- ❒ **B.** Il présente un déficit visuel.
- ❒ **C.** Il a besoin de plus manipuler qu'un autre enfant car il a des difficultés motrices de préhension des objets.
- ❒ **D.** Il est malentendant.

9. Pendant le temps d'accueil, une maman vient vous informer qu'elle vient de se séparer du papa de l'enfant suite à des violences et qu'il a interdiction de venir le chercher à l'école :

❒ **A.** Pleine d'empathie, vous compatissez aux difficultés de cette maman et l'assurez que vous communiquerez cette information à l'enseignant pour que cette demande soit appliquée.

❒ **B.** Vous proposez à la maman de prendre rendez-vous avec l'enseignant pour discuter de ces faits. En attendant, vous communiquerez l'information à l'enseignant au cours de la matinée car l'enseignant est occupé pour l'instant avec d'autres parents.

❒ **C.** Vous savez qu'il faut un jugement en cas de séparation : vous dites donc à la maman de revenir ultérieurement quand elle aura ce document.

❒ **D.** Vous invitez la maman à aller voir tout de suite l'enseignant pour lui en parler.

10. Pour un enfant scolarisé en école maternelle, le jeu est avant tout :

❒ **A.** Une activité annexe : quand il a fini son travail, il a le droit de jouer.

❒ **B.** Une perte de temps.

❒ **C.** Une activité obligatoire pendant le temps d'accueil.

❒ **D.** Une activité pour occuper les enfants.

❒ **E.** Une activité indispensable à son équilibre et son apprentissage.

11. Vous constatez, depuis plusieurs jours, la présence devant l'école d'un inconnu aux heures de sorties des enfants :

❒ **A.** Vous appelez le maire : il est responsable de la sécurité des habitants du village.

❒ **B.** Vous appelez la gendarmerie pour qu'elle vienne l'interpeller.

❒ **C.** Vous en parlez à l'enseignant ou au directeur de l'école pour qu'il gère cette question.

❒ **D.** Vous ne faites rien : l'école n'est pas responsable de ce qui se passe dans la rue.

❒ **E.** Vous interpellez cette personne et lui demandez des explications.

❒ **F.** Vous dîtes aux enfants de ne pas parler à cette personne.

12. L'enseignant vous demande de réaliser des couleurs secondaires en utilisant les couleurs primaires. Quels sont les bons mélanges ?

❒ **A.** cyan + jaune = vert.

❒ **B.** orange + blanc = jaune.

❒ **C.** magenta + jaune = orange.

❒ **D.** magenta + cyan = violet.

❒ **E.** orange + violet = magenta.

❒ **F.** indigo + magenta = violet.

❒ **G.** vert + indigo = cyan.

13. Vous vous occupez d'enfants lors de la cantine à midi et Elsa, (3 ans), refuse de goûter à ce qu'il y a dans son assiette. Comment réagissez-vous ?

❒ **A.** Vous l'invitez à goûter une petite portion de nourriture.

❒ **B.** Vous lui mettez une cuillerée dans la bouche.

❒ **C.** Vous ne faites rien.

❒ **D.** Vous lui promettez deux rations de dessert si elle accepte de goûter.

❒ **E.** Vous en parlez aux parents.

14. Chaque matin, Léo (3 ans) pleure lorsque sa maman s'apprête à partir. Que pouvez-vous faire ?

❒ **A.** Vous le consolez.

❒ **B.** Vous emmenez Léo avec vous en classe pour qu'il pense à autre chose.

❒ **C.** Vous lui proposez de dire au revoir par la fenêtre.

❒ **D.** Vous proposez à la maman de mettre une photo d'elle dans le sac de son fils.

❒ **E.** Sachant que la maman est en congé parental, vous lui conseillez de repartir avec son fils à la maison car il n'est pas encore prêt à fréquenter régulièrement l'école maternelle.

15. En début d'année scolaire, vous devez remplacer au pied levé un(e) ATSEM malade dans une autre classe. Que faites-vous en priorité à votre arrivée dans cette classe ?

❒ **A.** Vous vous présentez aux enfants.

❒ **B.** Vous demandez à l'enseignant ce qu'il y a à faire.

❒ **C.** Vous faites preuve d'initiative et organisez un atelier.

❒ **D.** Vous ne faites rien et attendez les consignes.

❒ **E.** Vous réorganisez la table de travail de votre collègue absent selon vos habitudes.

16. L'enseignant avec lequel vous travaillez est en salle de motricité. Vous passez à proximité des toilettes et vous apercevez le petit Gilles tout souillé qui laisse des traînées évidentes dans son sillage :

❒ **A.** Vous haussez les épaules et passez votre chemin, l'ATSEM de la classe de Gilles s'occupera de lui.

❒ **B.** Vous houspillez l'enfant et lui dites de retourner dans sa classe, sachant que l'agent d'entretien nettoiera plus tard.

❒ **C.** Vous appelez votre collègue ATSEM qui travaille avec un groupe d'élèves de la classe de Gilles pour qu'elle s'occupe du problème elle-même.

❒ **D.** Vous rassurez l'enfant, le prenez en charge, le lavez, le changez. Vous le ramenez auprès de l'enseignant puis vous nettoyez les lieux.

❒ **E.** Vous lavez puis changez l'élève bien qu'il ne soit pas dans votre classe. Le nettoyage des lieux se fera plus tard.

17. Qu'est-ce qu'un érythème ?

- ❐ **A.** Un microbe.
- ❐ **B.** Un parasite.
- ❐ **C.** Une inflammation de la peau.
- ❐ **D.** Un trouble digestif.
- ❐ **E.** Une intolérance au gluten.
- ❐ **F.** Une inflammation des muqueuses.

18. C'est l'heure de la récréation. Pendant ce temps les ATSEM :

- ❐ **A.** Sont en pause, prennent une collation.
- ❐ **B.** Surveillent la récréation sous la responsabilité des enseignants qui sont en pause.
- ❐ **C.** Peuvent être amenés à prodiguer des soins aux élèves.
- ❐ **D.** Peuvent être associés à la surveillance en présence d'un enseignant au moins.
- ❐ **E.** Remettent en ordre la classe et préparent les ateliers suivants.

19. Chloé se plaint de douleurs au ventre et semble fiévreuse. La maîtresse vous prie de lui prendre la température axillaire. Vous placez l'embout du thermomètre :

- ❐ **A.** Sous la langue.
- ❐ **B.** Dans le rectum.
- ❐ **C.** Dans l'oreille.
- ❐ **D.** Sous l'aisselle.
- ❐ **E.** Sur le front.

20. Le lendemain d'une sortie scolaire, une maman vous agresse verbalement à l'accueil : « Mon fils a ramené sa bouteille d'eau pleine. Avec la canicule que nous avions hier vous n'avez pas pensé à hydrater convenablement nos enfants. C'est inacceptable ! » :

- ❐ **A.** Vous lui demandez de vous parler sur un autre ton : vous n'avez pas à être vilipendé(e) de la sorte devant tous les parents.
- ❐ **B.** Vous lui répondez sur le même ton et vous lui dîtes que son fils est rentré indemne de la sortie.
- ❐ **C.** Calmement, vous la priez d'aller voir l'enseignante qui lui donnera des détails à ce sujet.
- ❐ **D.** Vous lui répondez sèchement et avec ironie que toutes les mesures adéquates ont été prises pour son fils et que vous n'avez pas besoin de remarques déplacées car vous connaissez votre travail.
- ❐ **E.** Vous rassurez la maman en lui disant que son fils a consommé de l'eau en quantité suffisante lors de cette journée.

Corrigé

1. **C et E :** L'ATSEM doit attendre que l'élève rentre dans l'enceinte de l'école pour le prendre en charge. Il est chargé de contrôler l'accès à l'école, il ne doit donc pas quitter son poste. Dès que possible, il prévient l'enseignant de service.
2. **B :** Manger lentement et bien mâcher les aliments, facilitent la digestion.
3. **A et C :** Les parents ou les personnes titulaires de l'autorité parentale ainsi que les personnes désignées par écrit par ses derniers peuvent venir chercher un enfant à l'école.
4. **D et E :** On n'isole pas un enfant parce qu'il est porteur de poux. Il ne faut pas le stigmatiser. L'ATSEM prévient l'enseignant. Il se charge du changement de la literie.
5. **B et C :** La tête est penchée en avant et non pas en arrière, afin que l'enfant n'ingère pas du sang. L'ATSEM comprime la narine pendant une dizaine de minutes.
6. **C et E :** Les Temps d'Activités Périscolaires se déroulent en dehors du temps scolaire, sur la base du volontariat. Les parents inscrivent leur enfant aux activités auxquelles ils souhaitent qu'il participe. Si les TAP ont lieu le soir après le temps d'enseignement, l'élève sera récupéré plus tardivement par ses parents.
7. **B, C et E** : Pour 100 personnes, sachant qu'un gâteau compte 15 parts, l'ATSEM devra confectionner 7 gâteaux. 7 tablettes de chocolat de 200 g sont nécessaires, soit 1,4 kg de chocolat. L'ATSEM utilisera 1,05 kg de sucre, 700 g de farine (ou 0,7 kg), 28 œufs, 140 cl (ou 14 dl ou 1,4 l) et 4 sachets de levure.
8. **B :** La lecture braille est utilisée par les non-voyants.
9. **B et D :** L'information formulée par la maman aurait dû être donnée directement à l'enseignant. L'ATSEM ne doit pas chercher à en savoir plus. Il passe le relais à l'enseignant.
10. **E :** Le jeu est indispensable au bon développement de l'enfant et il sert de base à de nombreux apprentissages en maternelle.
11. **C :** Au moment de la sortie des élèves, ces derniers se trouvent encore sur le temps scolaire. L'ATSEM doit rendre compte de ses observations à l'enseignant ou au directeur de l'école.
12. **A, C et D :** Les couleurs primaires sont le cyan, le magenta et le jaune.
13. **A et E :** L'ATSEM demande à Elsa de goûter une petite portion du contenu de son assiette. En cas de refus, il ne la force pas à manger. Il la questionne sur les raisons de son refus de manger. Les parents seront bien entendu informés.
14. **A, B, C et D :** Consoler l'enfant et lui proposer une activité, sont des pratiques habituelles. Il est hors de question que l'ATSEM donne un avis sur la scolarisation de Léo à sa maman.
15. **A et B :** L'ATSEM se présente aux enfants et à l'enseignant. Chaque enseignant a sa manière de travailler et de déléguer à un ATSEM, il est donc important que ce dernier le questionne sur ses attentes.

16. **D :** L'enfant souillé doit être pris en charge immédiatement, même si l'ATSEM n'est pas celle affectée dans sa classe. Juste après, les toilettes doivent être nettoyées. L'enfant ne sera pas grondé. Au contraire, il sera rassuré.
17. **C :** L'érythème est une inflammation de la peau.
18. **C, D et E :** Pendant la récréation, au moins un enseignant est dans la cour. Les ATSEM peuvent être associés à tour de rôle à la surveillance de la récréation. Si un enfant se blesse, il peut lui prodiguer des soins.

    S'il n'est pas de surveillance, il se trouve dans la classe à ranger après un atelier ou à préparer l'activité suivante.
19. **D :** Un thermomètre axillaire se place sous l'aisselle.
20. **C et E :** Le déroulement de la sortie scolaire est de la responsabilité de l'enseignant et non pas l'ATSEM. Ce dernier garde son calme afin de ne pas envenimer la situation.

Sujet 10
Session 2017

Difficulté : ★★ 45 min • **Coefficient : 1**

Épreuve concours externe CDG de la Loire

1. La classe dans laquelle vous intervenez comme ATSEM accueille un enfant autiste qui a du mal à supporter le groupe. Quelle(s) attitude(s) adoptez-vous ?

❒ **A.** Puisqu'il bénéficie d'une AVS, vous ne vous en occupez pas.

❒ **B.** Vous êtes mal à l'aise et demandez au directeur (à la directrice) de changer de classe.

❒ **C.** Vous essayez de créer un lien avec cet enfant et êtes attentif(ve), vous aussi, à ses besoins.

❒ **D.** Vous l'éloignez des autres enfants pour qu'il ne soit pas trop dérangé.

❒ **E.** Devant l'absence d'évolution de son comportement, vous proposez aux parents de l'inscrire dans une institution spécialisée.

2. Pour le dépoussiérage quotidien des locaux de l'école (350 m^2) par balayage humide, vous utilisez des gazes pré-imprégnées. Sachant que vous utilisez 1 gaze pour 30 m^2 et qu'un lot de 10 gazes coûte 0,30 €, le nombre de gazes consommées sur 5 jours et le coût total des lots de gazes utilisés s'élèvent à :

❒ **A.** 58 gazes et 1,74 €.

❒ **B.** 58 gazes et 17,40 €.

❒ **C.** 60 gazes et 1,80 €.

❒ **D.** 60 gazes et 18 €.

3. Vous travaillez avec un(e) enseignant(e) débutant(e) qui commet un certain nombre d'erreurs de gestion de classe et n'arrive pas à obtenir un climat de travail serein :

❒ **A.** Vous vous contentez d'en parler avec vos collègues ATSEM.

❒ **B.** Vous en parlez avec votre responsable à la mairie pour avoir des conseils sur l'attitude à tenir.

❒ **C.** Vous ne dites rien, car vous n'avez pas à intervenir, mais cela vous pèse.

❒ **D.** Vous en parlez avec les autres enseignant(e)s qui ont plus d'expérience pour qu'ils (elles) interviennent.

❒ **E.** Vous intervenez pendant la classe quand vous voyez l'enseignant(e) en difficulté.

4. Un soir, à la fermeture de l'école, il reste un enfant qu'aucun parent n'est venu chercher. Il habite à côté de l'école. Que faites-vous ?

❒ **A.** Vous le raccompagnez chez lui.

❒ **B.** Vous le laissez rentrer seul et prévenez ses parents.

- ❒ **C.** Vous téléphonez à votre supérieur hiérarchique.
- ❒ **D.** Vous téléphonez à la police ou à la gendarmerie en l'absence de réponse de votre supérieur.

5. Vous accueillez une nouvelle collègue ATSEM dans votre école et vous lui indiquez l'attitude à adopter dans certaines situations. Cochez les affirmations exactes :

- ❒ **A.** L'ATSEM peut exceptionnellement participer à la surveillance du temps de récréation à condition d'être accompagné(e) d'une enseignante.
- ❒ **B.** L'ATSEM est placé(e) sous l'autorité fonctionnelle de la direction de l'école même sur les temps périscolaires.
- ❒ **C.** L'ATSEM ne s'occupe que des élèves de la classe dans laquelle il/elle est affecté(e).
- ❒ **D.** L'ATSEM peut accueillir les élèves dans la classe et remplacer l'enseignant(e) en son absence si celle-ci est de courte durée.
- ❒ **E.** L'ATSEM peut, si le (la) maire l'y autorise, accompagner les élèves à la piscine afin de les aider à se changer dans les vestiaires.

6. Vous réalisez régulièrement la décontamination des jouets des enfants. Quelle(s) est (sont) l'(les) affirmation(s) exacte(s) correspondant au mode opératoire réglementaire ?

- ❒ **A.** Vous préparez une solution détergente-désinfectante compatible avec l'usage alimentaire.
- ❒ **B.** Vous plongez les jouets immergeables dans la solution détergente-désinfectante sans les faire tremper.
- ❒ **C.** Vous désinfectez les jouets non immergeables avec une lavette imprégnée de détergent-désinfectant compatible avec l'usage alimentaire, en respectant le temps de contact préconisé.
- ❒ **D.** Les jouets non immergeables sont ensuite plongés dans l'eau afin de les rincer.
- ❒ **E.** Les jouets en tissu ne sont pas lavés.
- ❒ **F.** La fréquence de décontamination des jouets peut être augmentée en cas d'épidémie.

7. Un cas de gale a été détecté à l'école :

- ❒ **A.** Il s'agit d'une maladie grave liée à un manque d'hygiène.
- ❒ **B.** Il s'agit d'une maladie bénigne et très contagieuse.
- ❒ **C.** Elle se transmet principalement par contact « peau à peau ».
- ❒ **D.** Elle se caractérise par des démangeaisons et des lésions sur la peau.
- ❒ **E.** Une désinfection du linge et des vêtements est obligatoire.
- ❒ **F.** Une éviction scolaire de l'enfant malade pourra être décidée par le directeur.

8. Pendant le temps périscolaire du soir, vous êtes dans la cour, en train de surveiller les élèves avec un(e) collègue ATSEM, lorsque Paul trébuche et tombe violemment. Il semble avoir très mal au bras et ne veut pas qu'on le touche. Il est conscient et ne pleure pas. Quel(s) comportement(s) adoptez-vous ?

- ❒ **A.** Vous allez chercher le directeur (la directrice) de l'école pour qu'il (elle) vous aide à évaluer la situation.
- ❒ **B.** Vous restez calme et mettez en place une zone de sécurité autour de l'enfant.

❐ **C.** Vous analysez la situation et observez l'enfant tout en le questionnant sur ce qui s'est passé.

❐ **D.** Vous laissez l'enfant sous la surveillance de votre collègue avec le reste du groupe, pour aller prévenir immédiatement par téléphone ses parents.

❐ **E.** Vous appelez uniquement les services de secours car ce n'est pas à vous d'évaluer la situation.

9. Léon, élève en grande section, d'ordinaire vif et enjoué, arrive en pleurs tous les jours à l'école. Il paraît de plus en plus stressé à l'approche de la récréation et des temps de restauration scolaire. Ses parents et l'enseignant(e) s'interrogent car ils ne comprennent pas la cause de cet état soudain. Pour votre part, vous avez l'impression que Léon est harcelé par deux autres enfants. Quelle(s) attitude(s) est (sont) appropriée(s) ?

❐ **A.** Vous faites part à l'enseignant(e) de vos observations.

❐ **B.** Vous sermonnez Léon en lui disant que ce sont les petits qui pleurent en arrivant à l'école.

❐ **C.** Comme vous n'êtes pas sûr(e) de vos impressions, vous ne dites rien.

❐ **D.** Vous essayez de construire un climat de confiance autour de cet enfant dès son arrivée en classe afin qu'il se sente bien et qu'éventuellement il puisse vous dire ce qui ne va pas.

❐ **E.** Vous évoquez avec Léon vos soupçons à l'encontre des deux élèves et lui dites que si c'est le cas, vous êtes là et que vous saurez le protéger.

❐ **F.** Vous évoquez avec Léon vos soupçons à l'encontre des deux élèves et lui expliquez que, dans la vie, il faut savoir se défendre seul.

10. Parmi les affirmations suivantes, laquelle (lesquelles) est (sont) exacte(s) ?

❐ **A.** Les entrées froides ne peuvent pas rester à température ambiante en attendant l'heure du repas.

❐ **B.** La méthode HACCP a pour but de limiter les risques d'accident du travail dans les cuisines.

❐ **C.** Il existe un risque important de prolifération des microbes dans les réfrigérateurs privés d'alimentation suite à une panne de courant.

❐ **D.** Le lavage des mains avant la préparation des plats est obligatoire.

❐ **E.** Le nettoyage des surfaces lavables en cuisine doit être hebdomadaire afin d'éviter tout risque de contamination.

11. Le service de restauration scolaire :

❐ **A.** Peut être mis en place directement par la commune ou délégué à un prestataire.

❐ **B.** Est uniquement accessible aux enfants qui sont capables de manger tout seul.

❐ **C.** Est un service public obligatoire.

❐ **D.** Peut fournir des repas spécifiques aux enfants souffrant d'allergies alimentaires.

❐ **E.** Est obligatoirement gratuit pour les enfants habitant la commune.

12. Le code de l'éducation précise que « l'école s'enrichit et se conforte par le dialogue et la coopération entre tous les acteurs de la communauté éducative » (art. L 111-1) :

❒ **A.** La communauté éducative se compose uniquement de la direction de l'école et des enseignants.

❒ **B.** La communauté éducative rassemble les élèves, les personnels des écoles et établissements, les parents d'élèves, les collectivités territoriales, les associations éducatives ainsi que les acteurs institutionnels, économiques et sociaux, associés au service public de l'éducation.

❒ **C.** La communauté éducative vote le règlement intérieur de l'école.

❒ **D.** Les ATSEM font partie de la communauté éducative.

13. L'évaluation à l'école maternelle a évolué récemment suite à la publication des nouveaux programmes de 2015 :

❒ **A.** Il n'y a plus de livret d'évaluation avec une liste de compétences à valider.

❒ **B.** Les enseignant(e)s doivent observer ce que les enfants savent faire et non ce qu'ils ne savent pas faire.

❒ **C.** Ce sont uniquement les progrès et les réussites de l'élève qui sont évalués.

❒ **D.** Les enfants doivent obligatoirement être évalués en fin d'année sur une échelle de 0 à 10.

14. Dans le cadre d'activités périscolaires, vous organisez un atelier pâte à sel au cours duquel Arthur enchaîne les bêtises et se montre insolent :

❒ **A.** Vous l'isolez du reste du groupe et l'informez qu'il sera privé d'activités jusqu'à la fin de la semaine.

❒ **B.** Vous mettez fin à l'atelier et proposez aux enfants une activité plus calme autour de la lecture.

❒ **C.** Vous expliquez calmement à Arthur qu'il ne doit pas perturber l'atelier.

❒ **D.** Vous profitez de la venue de la maman d'Arthur en fin de journée pour lui faire part du comportement de celui-ci au cours de l'atelier.

❒ **E.** Vous devez impérativement aller chercher l'enseignant(e) afin de lui demander conseil sur l'attitude à adopter.

15. Le directeur (la directrice) de l'école vous demande de participer à la kermesse de l'école qui a lieu un samedi matin, jour normalement non travaillé :

❒ **A.** Vous avez le droit de refuser, en lui rappelant votre cadre horaire.

❒ **B.** Vous demandez à votre chef de service d'intervenir afin que la kermesse se déroule sur un jour travaillé.

❒ **C.** En fonction de vos possibilités, vous acceptez car la kermesse est un véritable moment de rencontre avec les familles dans un cadre propice aux échanges.

❒ **D.** Pour pouvoir y participer, vous demandez au (à la) maire son autorisation.

❒ **E.** Vous refusez de participer aux préparatifs prévus sur votre temps de travail, car vous ne participerez pas à l'évènement.

16. Nous sommes au mois de juin et Pauline n'arrive toujours pas à mettre seule son gilet et à enfiler ses chaussures :

- ❒ **A.** Vous estimez qu'il est temps qu'elle soit autonome et insistez pour qu'elle réalise chaque geste seule, quitte à sortir après ses camarades en récréation.
- ❒ **B.** Vous lui fixez de petits objectifs afin de l'aider à voir ses progrès.
- ❒ **C.** Découragé(e), vous finissez par l'habiller et la chausser tous les jours.
- ❒ **D.** Vous la félicitez vivement pour chaque réussite accomplie.
- ❒ **E.** Vous en parlez à ses parents en leur demandant de l'entraîner à la maison.
- ❒ **F.** Vous lui suggérez de demander à un(e) camarade de l'aider.

17. À propos de la dyspraxie :

- ❒ **A.** Il s'agit d'un trouble cognitif qui affecte le développement de l'enfant.
- ❒ **B.** La dyslexie, la dysphasie et la dyspraxie sont une seule et même maladie.
- ❒ **C.** La dyspraxie est un trouble de la coordination et de la planification des gestes.
- ❒ **D.** La dyspraxie est une allergie alimentaire.
- ❒ **E.** Les élèves dyspraxiques peuvent bénéficier d'un Plan d'Accompagnement Personnalisé.

18. Simon, un petit élève de 3 ans nouvellement scolarisé, urine régulièrement dans sa culotte dès son entrée en classe :

- ❒ **A.** Vous expliquez à l'enseignant(e) que vous refuserez dorénavant de le changer car les accidents sont systématiques.
- ❒ **B.** Vous le grondez en lui disant que « lorsque l'on va à l'école, on est grand et on ne fait pas pipi dans sa culotte ».
- ❒ **C.** Vous vous inquiétez et en parlez à sa maman.
- ❒ **D.** Vous en parlez à l'enseignant(e) afin de trouver ensemble une solution.
- ❒ **E.** Vous mettez en place une petite astuce à partir d'une carte avec un pictogramme afin que l'enfant puisse vous faire savoir s'il a envie d'aller aux toilettes même s'il ne sait pas encore l'exprimer.

19. Dans le cadre des activités périscolaires que vous assurez, vous prévoyez d'organiser un atelier jardinage :

- ❒ **A.** Ce type d'activité n'est pas du tout adapté à un accueil périscolaire en maternelle, notamment car les enfants risquent de se salir.
- ❒ **B.** Vous choisirez pour arroser les plantations, parmi les élèves présents, ceux qui se sont bien comportés dans la journée.
- ❒ **C.** Vous demanderez aux enfants de vous regarder faire afin qu'ils ne se salissentpas.
- ❒ **D.** Vous laisserez les enfants participer aux plantations sur la base du volontariat en laissant participer à un autre atelier ceux qui le préfèrent.
- ❒ **E.** Vous suggérerez aux parents d'équiper les enfants d'une tenue qui ne craint rien afin qu'ils puissent vraiment participer activement à cet atelier.
- ❒ **F.** Vous exclurez de cet atelier les élèves en situation de handicap car cette activité n'est pas adaptée à leur situation.

20. Pour respecter les normes d'hygiène, vous procédez au lavage de vos mains plusieurs fois dans la journée. Cochez les affirmations exactes :

- ❒ **A.** Le lavage régulier des mains est un moyen de lutter contre lesbio-contaminations.
- ❒ **B.** Le lavage des mains après les activités de nettoyage n'est pas nécessaire si vous avez porté des gants pour nettoyer.
- ❒ **C.** Le lavage des mains s'opère après avoir retiré ses bijoux.
- ❒ **D.** Le lavage des mains en cuisine s'opère au poste spécifique de lavage des mains à commande non manuelle.
- ❒ **E.** Le lavage des mains en cuisine peut être remplacé par l'utilisation de solution hydro-alcoolique.
- ❒ **F.** Le lavage des mains nécessite l'utilisation de savon et de papier à usage unique pour l'essuyage.

Corrigé

1. **C** : L'Atsem répond aux besoins des élèves y compris ceux porteurs d'un handicap ou d'une pathologie. Il est hors de question de l'isoler des autres enfants. Ce n'est pas à l'ATSEM de conseiller les parents sur le mode de scolarisation de leur enfant autiste.
2. **C** : Sachant qu'il faut une gaze pré-imprégnée pour 30 m^2, 12 gazes sont nécessaires pour réaliser le balayage humide sur les 350 m^2 de l'école. 60 gazes seront utilisées en 5 jours. Le budget total sera de 1,80 € (6 x 0,30 €).
3. **B** : Cette situation est délicate et l'ATSEM doit rester discret sur les difficultés rencontrées par l'enseignant. Il n'en parle pas à ses collègues ni aux autres enseignants. Il n'intervient pas en classe afin de ne pas interférer dans la relation entre le professeur des écoles et les élèves. Le plus simple est d'en référer à son supérieur hiérarchique afin d'obtenir des conseils sur la marche à suivre.
4. **C et D** : Il est formellement interdit de raccompagner un élève chez lui et il ne doit pas regagner son domicile seul pour des raisons de sécurité évidentes. L'ATSEM appelle son supérieur hiérarchique pour signaler la présence d'un enfant à la fin du temps de garderie qu'aucune personne n'est venue chercher. En cas de non réponse, il prend contact avec les services de gendarmerie ou de police.
5. **A et E** : L'ATSEM peut être affectée à la surveillance de la récréation si au moins un enseignant est présent dans la cour. Pendant le temps périscolaire, il n'est pas sous l'autorité fonctionnelle du directeur de l'école mais sous la hiérarchie de la collectivité qu'il l'emploie. L'ATSEM peut être amené à intervenir auprès d'élèves qui ne sont pas dans la classe dans laquelle il est affectée, notamment pendant le temps de restauration ou dans la cour de récréation. L'ATSEM ne peut pas accueillir les élèves seuls dans la classe. L'ATSEM accompagne les élèves à la piscine (depuis peu, l'autorisation de la collectivité n'est plus nécessaire).

6. **A, C et F** : Les jouets plastiques peuvent être nettoyés en les passant dans un lave-vaisselle. À défaut, ils sont brossés dans du savon et de l'eau chaude et puis, rincés. Ensuite, ils sont plongés dans une solution désinfectante (par exemple de l'eau de Javel diluée) puis de nouveau rincés. Enfin, ils sèchent à l'air libre ou sont essuyés.

   Les jouets en bois ou en métal sont nettoyés avec du savon et de l'eau chaude. Ils sont essuyés avec un chiffon imbibé de solution désinfectante avant de sécher.

   Pour les jouets en tissu, ils sont lavés dans la machine à laver avec du détergent. Le choix du programme va dépendre du type de textile à laver.

   En cas d'épidémie, la fréquence de décontamination des jouets est augmentée.

7. **B, C, D, E et F** : La gale se manifeste par des plaques rouges sur la peau et des démangeaisons. Cette parasitose est contagieuse par contact direct avec la personne infectée mais aussi indirectement par les vêtements, les draps, les jouets…

   En cas de contamination, l'école prend les mesures nécessaires : éviction scolaire de l'élève contaminé pendant 3 jours si un traitement est mis en œuvre immédiatement, les parents d'élèves sont informés, les tissus dont la literie seront décontaminés (lavage à 60°, poudre antiparasitaire…).

8. **B et C** : L'ATSEM doit prendre le temps nécessaire pour évaluer la situation. Il établit un périmètre de sécurité autour de l'enfant blessé. Il le questionne sur les circonstances de l'accident et le ressenti de l'élève. En fonction des réponses obtenues, il préviendra les parents et/ou les services de secours et procédera si nécessaire aux premiers soins.

9. **A, D et E** : Il est important que l'ATSEM fasse part de ses observations à l'enseignant. Il doit tout mettre en œuvre pour créer un climat de confiance autour de l'élève en difficulté. Il peut évoquer ses soupçons devant lui pour faciliter ses éventuelles confidences.

10. **A, C et D** : Les entrées sont sorties des réfrigérateurs au dernier moment. Le sigle HACCP (Hazard Analysis And Critical Control Point) renvoie à des bonnes pratiques en matière d'hygiène qui prennent en compte les dangers biologiques (virus, bactéries…), chimiques (pesticides, additifs…) et physiques (bois, verre…). La panne de courant entraîne une rupture de la chaîne du froid avec un risque de prolifération bactérienne. Les surfaces lavables sont nettoyées avant et après le service.

11. **A et D** : La mise en place d'une restauration scolaire est facultative pour les communes. Elle peut être gérée par la collectivité ou un prestataire extérieur. C'est un service payant pour les familles. Des repas adaptés peuvent être préparés pour les enfants souffrant d'allergies alimentaires.

12. **B et D** : Les ATSEM font partie de la communauté éducative (position renforcée par le décret du 1er mars 2018). Le règlement intérieur est voté par le conseil d'école.

13. **A, B et C** : On parle d'évaluation positive. Les observations de l'enseignant sont notées dans un carnet de suivi des apprentissages. Il n'y a pas d'évaluation notée en fin d'année.

14. **C et D** : L'ATSEM doit dialoguer avec l'enfant perturbateur afin qu'il change de comportement. Il ne doit pas être isolé et les autres enfants n'ont pas à être privé d'atelier. L'ATSEM rend compte du comportement d'Arthur à ses parents.

15. **A, C et D** : La kermesse se déroule en dehors des horaires de travail habituels de l'ATSEM. Il peut donc décider de ne pas y participer. S'il souhaite être présent, il devra

obtenir l'autorisation de la collectivité qu'il l'emploie. Même s'il décide de ne pas y participer, il ne peut pas refuser de contribuer à la préparation de l'évènement.

16. B, D et F : L'ATSEM doit rester positif et confiant. Il doit valoriser chaque progrès de l'enfant. L'idée de se faire aider par un camarade peut être une source de motivation pour Pauline.

17. A, C et E : La dyspraxie est un trouble qui peut se repérer facilement à l'école maternelle. L'élève a des difficultés à réaliser des gestes, y compris ceux du quotidien (se brosser les dents, lacer ses chaussures…). Le graphisme et l'écriture vont lui poser problème. Les élèves présentant des troubles de l'apprentissage peuvent bénéficier d'un PAP.

18. D et E : Il n'est pas envisageable de gronder un enfant qui a des accidents de propreté. Le mieux est d'échanger avec l'enseignant pour trouver ensemble des solutions. Effectivement, si l'enfant a des difficultés à l'exprimer, la mise en place d'une interpellation par pictogramme est une bonne idée.

19. D et E : Un atelier jardinage est approprié pour des élèves de maternelle. Il est judicieux de demander aux parents de prévoir une tenue adaptée pour une activité salissante. La participation des enfants n'est pas conditionnée à leur comportement au cours de la journée. Les enfants réalisent les plantations sur la base du volontariat.

20. A, C, D et F : Le lavage des mains est une mesure d'hygiène élémentaire. L'ATSEM se lave les mains après avoir retiré ses gants de ménage. Les points d'eau équipés avec une commande non manuelle sont plus adaptés pour garantir l'hygiène des mains lavées.

Sujet 11
Session 2017

Difficulté : ★ 45 min • **Coefficient : 1**

Épreuve concours externe CDG de Loire-Atlantique

1. Lors d'un atelier de logique, un élève éprouve des difficultés à poursuivre un algorithme en gommettes. Que faites-vous ?

- ❒ **A.** Vous le grondez car il en a déjà tracé auparavant sans rencontrer de problème particulier.
- ❒ **B.** Vous lui répétez la consigne.
- ❒ **C.** Vous lui montrez le travail d'un autre élève.
- ❒ **D.** Vous lui demandez de faire un dessin en attendant que les autres élèves terminent leur travail.
- ❒ **E.** Vous en parlez à l'enseignant(e) dès qu'il(elle) est disponible.

2. Lors d'une rencontre sportive, un élève se blesse gravement. Pendant qu'elle le prend en charge, l'enseignante vous demande d'appeler les secours. Quel(s) numéro(s) allez-vous composer ?

- ❒ **A.** 119.
- ❒ **B.** 112.
- ❒ **C.** Numéro de l'école.
- ❒ **D.** 115.
- ❒ **E.** 18.
- ❒ **F.** Numéro de la mairie.
- ❒ **G.** 15.

3. Lors d'un goûter d'anniversaire, un enfant se brûle avec une bougie. Que faites-vous ?

- ❒ **A.** Vous appliquez une pommade hydratante.
- ❒ **B.** Vous recouvrez la plaie d'un pansement humide.
- ❒ **C.** Vous appliquez un pansement sec.
- ❒ **D.** Vous arrosez abondamment la plaie à l'eau.

4. Pendant une période de canicule, vous devez surveiller la récréation des élèves de grande section sur le temps du midi. Quel(s) comportement(s) allez-vous adopter ?

- ❒ **A.** Vous veillez à ce que les élèves portent les chapeaux et les casquettes dont ils disposent.
- ❒ **B.** Vous veillez à ce qu'ils boivent régulièrement.
- ❒ **C.** Vous organisez une bataille d'eau pour que les enfants s'hydratent tout en jouant.

- ❒ **D.** Vous organisez un jeu calme sous le préau.
- ❒ **E.** Vous demandez aux élèves de rester assis sur un banc à l'ombre.

5. Un enfant pleure et ne veut pas faire la sieste. Que faites-vous ?

- ❒ **A.** Vous lui parlez pour le rassurer et comprendre ce qui lui arrive.
- ❒ **B.** Vous insistez pour qu'il se couche comme les autres.
- ❒ **C.** Vous l'autorisez à se lever au bout d'un moment.
- ❒ **D.** Vous renoncez à le coucher.

6. Un enfant continue de refuser son repas, quelques semaines après la rentrée. Que faites-vous ?

- ❒ **A.** Vous essayez de le distraire pour tenter de le faire manger.
- ❒ **B.** Vous lui proposez de goûter une petite cuillérée de chaque plat.
- ❒ **C.** Vous essayez de le rassurer en lui parlant et en lui expliquant qu'il est important de manger un petit peu.
- ❒ **D.** Vous informez l'enseignant à la reprise de la classe.

7. L'enseignant de la classe a oublié une partie de ses documents dans sa voiture, stationnée hors de l'enceinte de l'école. Il vous demande de surveiller les élèves, comment réagissez-vous ?

- ❒ **A.** Vous organisez l'accueil des enfants dans les coins jeux de la classe pour l'aider.
- ❒ **B.** Vous lui expliquez que vous ne pouvez pas gérer cette situation qui ne fait pas partie de vos missions.
- ❒ **C.** Vous proposez d'aller vous-même chercher ces documents.
- ❒ **D.** Ni lui, ni vous n'avez le droit de sortir de l'enceinte de l'école pendant le temps scolaire.

8. L'ATSEM ne doit pas :

- ❒ **A.** Administrer un médicament à la demande de la famille.
- ❒ **B.** Garder la classe lorsque l'enseignant est absent.
- ❒ **C.** Surveiller la cour de récréation.
- ❒ **D.** Monter sur une échelle.
- ❒ **E.** Appeler les secours en cas d'accident d'un enfant.

9. Le HACCP concerne :

- ❒ **A.** Une technique pour réanimer l'enfant.
- ❒ **B.** La gestion des risques en matière d'hygiène alimentaire.
- ❒ **C.** Les 3 classes de dangers pour l'hygiène des aliments (biologiques, chimiques et physiques).

10. Les missions d'ATSEM impliquent que vous vous conformiez au PPS. Il s'agit :

- ❒ **A.** Du plan particulier de sécurité de l'école.
- ❒ **B.** Du projet personnalisé de scolarisation d'un élève handicapé.
- ❒ **C.** De la prévention phytosanitaire des aliments du restaurant scolaire.

❒ **D.** Du projet de primo-scolarisation d'un élève de moins de 3 ans.

❒ **E.** Du plan des premiers secours à mettre en place lors d'événement dramatique.

11. Vous devez nettoyer 3 classes identiques rectangulaires de 10 mètres de longueur et de 7 mètres de largeur. Vous lisez sur l'étiquette du détergent que vous devez utiliser 10 cl de produit par m^2 de surface à nettoyer. Quelle quantité de produit allez-vous préparer ?

❒ **A.** 210 litres.

❒ **B.** 70 litres.

❒ **C.** 7 litres.

❒ **D.** 210 centilitres.

❒ **E.** 21 litres.

❒ **F.** 2,1 litres.

12. Le nettoyage doit s'effectuer :

❒ **A.** Du plus sale vers le plus propre.

❒ **B.** Du haut vers le bas.

❒ **C.** Du bas vers le haut.

❒ **D.** Du plus propre vers le plus sale.

13. L'impétigo :

❒ **A.** Est provoqué par une bactérie.

❒ **B.** Est très contagieux.

❒ **C.** Touche davantage les enfants que les adultes.

❒ **D.** Provoque l'apparition de boutons.

14. L'obligation de discrétion professionnelle n'est pas respectée si :

❒ **A.** Vous parlez de l'attitude d'enfants en classe à un parent.

❒ **B.** Vous informez un parent que l'enseignant sera en grève.

❒ **C.** Vous informez un parent que son enfant n'a pas bien dormi à la sieste.

❒ **D.** Vous dites à un parent que son enfant travaille mieux qu'un autre.

15. Pour être admis à l'école, un enfant doit être à jour dans sa vaccination DTP. Quelles sont les maladies évitées grâce à ce vaccin ?

❒ **A.** Diabète.

❒ **B.** Tétanos.

❒ **C.** Diphtérie.

❒ **D.** Pneumonie.

❒ **E.** Tuberculose.

❒ **F.** Dystrophie.

❒ **G.** Poliomyélite.

❒ **H.** Paludisme.

16. Dans le cadre de la prévention de la lombalgie, l'ATSEM qui soulève un carton doit :

❒ **A.** Rapprocher le carton, joindre les pieds et soulever le carton jambes raides.

❒ **B.** Faire le dos rond et soulever le carton.

❒ **C.** Rapprocher le carton et plier les jambes pour soulever le carton.

17. Le RASED est :

❒ **A.** Le réseau d'aides pour les enfants difficiles.

❒ **B.** Le réseau d'aides pour les enfants en difficulté.

❒ **C.** Le réseau d'aide pour les enfants différents.

❒ **D.** Le réseau d'aide qui comprend un psychologue et deux enseignants spécialisés.

18. L'affectation d'une ATSEM à une classe :

❒ **A.** Est réalisée par le directeur d'école après consultation du conseil des maîtres.

❒ **B.** Est réalisée par le directeur des ressources humaines de la municipalité.

❒ **C.** Est réalisée par concertation entre les ATSEM.

❒ **D.** Doit être modifiée tous les ans.

❒ **E.** Peut être modifiée en fonction de l'organisation du service.

❒ **F.** Est décidée lors du dernier conseil d'école de l'année scolaire précédente.

19. Le respect du principe de laïcité à l'école implique :

❒ **A.** Que l'histoire des religions ne pourra être étudiée.

❒ **B.** Que l'on peut porter une tenue manifestant ostensiblement son appartenance religieuse.

❒ **C.** Que l'école doit donner aux élèves l'opportunité de construire leur personnalité en dehors de toute influence.

❒ **D.** Que les règles de la République priment sur les pratiques religieuses.

20. Parmi les aliments suivants, lesquels sont des féculents et quel est son rôle principal ?

❒ **A.** Pomme de terre.

❒ **B.** Fraise.

❒ **C.** Riz.

❒ **D.** Lentilles.

❒ **E.** Pain.

❒ **F.** Fromage.

❒ **G.** Apport de protéines de structure.

❒ **H.** Apport rapide d'énergie pour l'organisme.

❒ **I.** Construction des membranes cellulaires.

❒ **J.** Apport lent d'énergie pour l'organisme.

Corrigé

1. **B et E :** Sur le temps scolaire, et pendant les ateliers, l'ATSEM intervient en cas de difficultés d'un élève en rappelant la consigne. Ce dernier n'est pas grondé. Il est encouragé à poursuivre son travail. L'ATSEM rend compte de ses observations à l'enseignant dès que possible.
2. **B, E et G :** Les services de secours sont les pompiers (18), le SAMU (15) et le numéro d'urgence européen (112).
3. **D :** Il s'agit d'une brûlure superficielle. On applique de l'eau froide sur la plaie pendant 10 minutes. L'utilisation d'une pommade n'est pas recommandée. Le recours à un pansement n'est pas utile sauf en cas de frottement.
4. **A, B et D :** En cas de canicule, les chapeaux et les casquettes constituent une protection solaire. Il convient aussi de limiter des activités physiques sous le soleil. Un jeu calme sous le préau est adapté. De l'eau est proposée régulièrement aux enfants.
5. **A et C :** Un enfant qui ne dort au bout de 20 minutes, doit être renvoyé dans sa classe. Si l'enfant pleure, l'ATSEM doit dialoguer calmement avec lui pour comprendre ce qui se passe. Il rassure et peut rester à côté de lui, le temps qu'il s'endorme.
6. **C et D :** Le refus de s'alimenter dure depuis plusieurs semaines. L'important est de dialoguer avec l'enfant afin de lui permettre de s'exprimer sur ce qui lui arrive. La posture de l'ATSEM est bienveillante et rassurante. Il informe l'enseignant de la situation.
7. **B et D :** Ni l'enseignant, ni l'ATSEM n'est autorisé à quitter l'enceinte de l'école sur le temps scolaire. L'ATSEM ne peut rester seule avec la classe.
8. **A, B et D :** L'administration des médicaments est réglementée. L'ATSEM ne peut pas donner un traitement à un élève sur la simple demande de ses parents. L'ATSEM ne peut pas remplacer un enseignant dans la classe. Pour une question de sécurité, il n'est pas autorisé à monter sur une échelle pour effectuer des travaux en hauteur.
9. **B et C :** Le sigle HACCP (Hazard Analysis And Critical Control Point) renvoie à des bonnes pratiques en matière d'hygiène alimentaire qui prennent en compte les dangers biologiques (virus, bactéries…), chimiques (pesticides, additifs…) et physiques (bois, verre…).
10. **B :** Un projet personnalisé de scolarisation (PPS) est établi par le MDPH pour tous les élèves en situation de handicap reconnu. Il « définit et coordonne » toutes les modalités particulières de leur scolarité. Il peut prévoir l'intervention d'un **AVS**, du matériel pédagogique adapté, l'aménagement du cursus scolaire…
11. **E :** la surface à nettoyer est de 210 m^2 (classe de 7 x 10 m multiplié par 3). Sachant qu'il faut 10 cl de détergent par m^2, l'ATSEM va utiliser 2 100 cl soit 21 litres.
12. **B et D :** Les deux principes de base de l'entretien des locaux sont de nettoyer de haut en bas (pour éviter que des saletés retombent sur des surfaces propres) et du plus propre au plus sale.
13. **A, B, C et D :** L'impétigo est une infection fréquente chez les enfants. Elle est causée par une bactérie. Elle est contagieuse. Elle peut prendre la forme d'une grappe de bosses ou d'ampoules rougeâtres.

14. **A et D :** L'ATSEM ne doit pas parler aux parents de ce qui se passe en classe. Cela ne rentre pas dans ses prérogatives.

15. **B, C et G :** Le vaccin DTP est le vaccin diphtérique, tétanique et poliomyélitique.

16. **C :** L'ATSEM rapproche le carton et plie les jambes pour le soulever. L'objectif est de prévenir les troubles musculo-squelettiques.

17. **B et D :** Le travail des professionnels du RASED – Réseau d'Aides Spécialisés aux Élèves en Difficulté (enseignant spécialisé, psychologue scolaire) est spécifique et complémentaire de celui des enseignants dans les classes. Il permet d'apporter en équipe une meilleure réponse aux difficultés d'apprentissage et d'adaptation aux exigences scolaires qu'éprouvent certains élèves.

18. **A et E :** Il est de la responsabilité du directeur de l'école d'organiser l'affectation des ATSEM en fonction des effectifs, du public accueilli, des besoins de service et des contraintes de service. Un changement organisationnel est envisageable en concertation avec l'équipe éducative.

19. **C et D :** Le principe de laïcité prône l'égalité entre tous dans la plus grande liberté de conscience ce qui nécessite la neutralité de l'État et de ses représentants. C'est une valeur au même titre de la liberté, l'égalité et la fraternité. Les ATSEM doivent respecter les principes de laïcité, que ce soit dans le cadre de la garderie, de la classe, de la restauration scolaire ou des activités périscolaires.

20. **A, C, D, E et J :** On classe dans la catégorie des féculents : le pain, les produits à base de céréales (riz, semoule, mais…), les légumineuses (lentilles, haricots blancs, pois chiches…) ainsi que les pommes de terre. Ils apportent des glucides complexes qui fournissent de l'énergie à l'organisme.

Sujet 12
Session 2017

Difficulté : ★★★ 45 min • Coefficient : 1

Épreuve concours externe CDG de l'Eure

1. Les enfants arrivent à la sieste, quelles affirmations rentrent dans le champ de compétence de l'ATSEM ?

   - ❒ A. Veiller sur les enfants sous la responsabilité de l'enseignant.
   - ❒ B. Aider au déshabillage des enfants.
   - ❒ C. Aider au passage aux toilettes.
   - ❒ D. Lire des histoires aux enfants.
   - ❒ E. Faire le ménage dans la classe lorsque tous les enfants sont endormis.
   - ❒ F. Aucune réponse n'est exacte.

2. Quand effectue-t-on un détourage ?

   - ❒ A. Avant de lessiver un mur lors du grand ménage.
   - ❒ B. Après le lessivage d'un mur lors du grand ménage.
   - ❒ C. Avant de nettoyer le sol.
   - ❒ D. Après le nettoyage du sol.
   - ❒ E. Avant de peindre un mur.
   - ❒ F. Après avoir peint un mur.
   - ❒ G. Aucune réponse n'est exacte.

3. Que ne peut pas faire un ATSEM dans le cadre de ses missions :

   - ❒ A. Faisant partie de la communauté éducative, l'ATSEM peut remplacer l'enseignant, d'une manière ponctuelle si celui-ci doit s'absenter.
   - ❒ B. Peut prendre en charge un groupe d'enfants, sous la responsabilité de l'enseignant.
   - ❒ C. Peut donner un médicament à un enfant (sirop, antibiotiques…) s'il est en possession de l'ordonnance correspondante.
   - ❒ D. Peut assurer la garderie du soir avec les animateurs.
   - ❒ E. Peut informer les parents que son enfant progresse bien avec le langage écrit.
   - ❒ F. Doit alerter les parents en cas de difficultés d'élocution de l'enfant.
   - ❒ G. Peut accompagner un enfant malade ou accidenté à l'hôpital.

4. Un incendie se déclare dans le local d'entretien de l'école maternelle, que ne faut-il pas faire ?

   - ❒ A. Laisser la porte coupe-feu ouverte pour le passage des élèves.
   - ❒ B. Appeler les pompiers.

- ❒ **C.** S'assurer que tous les enfants sont sortis.
- ❒ **D.** Ouvrir les portes et fenêtres pour évacuer la fumée.
- ❒ **E.** Fermer toutes les portes derrière soi.
- ❒ **F.** Attendre les consignes du directeur ou de la directrice.
- ❒ **G.** Faire sortir les enfants en courant pour les conduire au point de rassemblement convenu.
- ❒ **H.** En présence de fumée dans la pièce, pour regagner l'issue de secours, se baisser le plus bas possible.

5. Quels sont les objectifs de l'école maternelle ?

- ❒ **A.** Apprendre ensemble et vivre ensemble.
- ❒ **B.** Explorer le « monde ».
- ❒ **C.** Agir, s'exprimer, comprendre à travers les activités artistiques.
- ❒ **D.** Développer son langage et communiquer en groupe.
- ❒ **E.** Construire les premiers outils pour structurer sa pensée.
- ❒ **F.** Aucune réponse n'est exacte.

6. Que permet un PAI ?

- ❒ **A.** De se substituer à la responsabilité de la famille.
- ❒ **B.** De mettre en place un régime alimentaire éventuel pour un enfant souffrant d'intolérance alimentaire.
- ❒ **C.** D'autoriser la prise de médicament au sein de l'école.
- ❒ **D.** De préciser les adaptations à mettre en place à la vie de l'enfant à l'école.
- ❒ **E.** D'accueillir un enfant en situation de handicap.
- ❒ **F.** Aucune réponse n'est exacte.

7. Votre classe participe à un voyage scolaire ayant pour thème « la faune et la flore en Bretagne » dont le départ est prévu le lundi 16 octobre 2017 et le retour le mercredi 18 octobre 2017.

- ❒ **A.** Vous êtes obligé d'accompagner la classe car cela fait partie du projet pédagogique de l'enseignant.
- ❒ **B.** Vous n'êtes pas obligé d'accompagner la classe, même si cela fait partie du projet pédagogique de l'enseignant.
- ❒ **C.** Vous pouvez participer à ce projet avec l'accord de l'autorité territoriale qui vous emploie.
- ❒ **D.** Vous pouvez participer à ce projet sans l'accord de l'autorité territoriale qui vous emploie.
- ❒ **E.** Vous pouvez accompagner la classe mais ne travaillez qu'aux horaires scolaires, une fois sur place.

8. Vous devez préparer 10 litres du produit désinfectant dilué à 5 %. Sur l'emballage du produit on peut lire que le bouchon plein peut contenir 100 ml de produit. Quel volume de produit pur devez-vous utiliser ?

- ❒ **A.** 1 dl.
- ❒ **B.** 10 bouchons.
- ❒ **C.** 5 dl.
- ❒ **D.** 500 cl.
- ❒ **E.** 2 bouchons.
- ❒ **F.** 500 ml.
- ❒ **G.** 100 ml.
- ❒ **H.** 50 ml.
- ❒ **I.** 5 bouchons.
- ❒ **J.** 50 dl.
- ❒ **K.** 10 cl.
- ❒ **L.** 0,5 l.
- ❒ **M.** 10 dl.
- ❒ **N.** 1 bouchon.
- ❒ **O.** 50 cl.

9. Sur un produit que vous utilisez, vous trouvez les sigles suivants : sigle 1 :  et sigle 2 :  (losange rouge et symbole noir). Que signifie dans l'ordre ces deux sigles ?

- ❒ **A.** Sigle 1 : Toxique ; sigle 2 : comburant.
- ❒ **B.** Sigle 1 : Toxique ; sigle 2 : inflammable.
- ❒ **C.** Sigle 1 : Dangereux à long terme ; sigle 2 : comburant.
- ❒ **D.** Sigle 1 : Dangereux à long terme ; sigle 2 : inflammable.
- ❒ **E.** Sigle 1 : Corrosif ; Sigle 2 : dangereux à long terme.
- ❒ **F.** Sigle 1 : Corrosif ; Sigle 2 : comburant.
- ❒ **G.** Sigle 1 : Corrosif ; Sigle 2 : inflammable.
- ❒ **H.** Sigle 1 : Irritant et nocif ; sigle 2 : comburant.
- ❒ **I.** Sigle 1 : Irritant et nocif ; sigle 2 : inflammable.
- ❒ **J.** Aucune réponse n'est exacte.

10. Matt est un enfant qui est très agité chez lui depuis plusieurs semaines. Sa mère s'inquiétant de ce comportement vous interpelle quand elle dépose Matt à l'école. Elle vous demande comment son enfant se comporte en classe. Que lui répondez-vous ?

- ❒ **A.** Qu'il doit y avoir un problème à la maison, car à l'école, tout va bien.
- ❒ **B.** Je vous invite à évoquer la situation directement avec l'enseignant.
- ❒ **C.** Je n'ai pas le temps de vous répondre, car je dois accueillir les autres enfants.

❒ **D.** Attendez-moi quelques instants, le temps que j'accueille les enfants et je reviens vers vous en discuter dès que ceux-ci sont rentrés dans la classe.

❒ **E.** J'en parle à l'enseignant et je reviendrai vers vous ce soir pour vous en rendre compte, lorsque vous viendrez chercher Matt à la garderie.

❒ **F.** Aucune réponse n'est exacte.

11. Un matin en arrivant à l'école, vous constatez que Caramel, le hamster, mascotte de la classe est sans vie. Que faites-vous ?

❒ **A.** Lors de l'accueil, vous proposez à un papa de vous donner un coup de main pour nettoyer la cage et faire disparaître Caramel avant l'entrée dans la classe des enfants.

❒ **B.** Vous ouvrez les fenêtres pour renouveler l'air et vous mettez une serviette sur la cage pour qu'elle ne soit pas visible des enfants.

❒ **C.** Vous attendez l'arrivée de la directrice pour agir selon ses consignes.

❒ **D.** Vous ne dites rien et faites comme si de rien n'était.

❒ **E.** Avant la présence des enfants, vous nettoyez la cage en vous débarrassant de Caramel et vous prévenez la directrice dès son arrivée, dans un souci d'hygiène.

❒ **F.** Vous expliquez aux enfants que Caramel est mort dès leur arrivée.

❒ **G.** Aucune réponse n'est exacte.

12. Benoît, 3 ans, vous sollicite constamment pour aller aux toilettes pour faire pipi.

❒ **A.** Vous l'accompagnez et vous en parlez à l'enseignant afin qu'il puisse informer les parents.

❒ **B.** Occupé avec un autre élève, vous l'autorisez à se rendre seul aux toilettes.

❒ **C.** La récréation étant dans 2 minutes, vous lui demandez de se retenir.

❒ **D.** Aucune réponse n'est exacte.

13. L'enseignante organise une sortie pédestre avec sa classe. La classe est composée de 27 élèves âgés de 4 et 5 ans. Indiquez les affirmations exactes :

❒ **A.** Compter et surveiller les enfants.

❒ **B.** 2 adultes dont l'enseignant suffisent à encadrer le groupe.

❒ **C.** 3 adultes dont l'enseignant suffisent à encadrer le groupe.

❒ **D.** Les adultes se placent en tête pour indiquer le chemin aux enfants.

❒ **E.** Les adultes portent, de préférence un gilet fluo pour être bien visibles.

❒ **F.** Aucune réponse n'est exacte.

14. Quelle(s) affirmation(s) est ou sont fausse(s), la gale est une pathologie qui :

❒ **A.** Est due à une infection parasitaire de la peau causée par un acarien.

❒ **B.** Est due à une infection de la peau par un champignon microscopique.

❒ **C.** Est très contagieuse.

❒ **D.** Est non contagieuse.

❒ **E.** Provoque des diarrhées.

- ❒ **F.** Provoque des vomissements.
- ❒ **G.** Provoque des démangeaisons.
- ❒ **H.** Peut-être transmissible par l'échange de vêtements et/ou de linges contaminés lors de la manipulation.
- ❒ **I.** Peut-être transmissible par contact direct « peau contre peau ».

15. Que ne faut-il pas faire lorsque l'ATSEM est en présence d'enfants ?

- ❒ **A.** Manipuler les produits d'entretien tels que détergent…
- ❒ **B.** Être vigilant sur les différents objets personnels que peut apporter un enfant en classe.
- ❒ **C.** Laisser ouvert le local d'entretien.
- ❒ **D.** Montrer son désaccord avec l'enseignant à propos de l'organisation d'une activité.
- ❒ **E.** Utiliser du matériel tel que couteaux pointus, ciseaux pointus, cutters…
- ❒ **F.** Aucune réponse n'est exacte.

16. Qu'est qu'une épistaxis ?

- ❒ **A.** Une présence de poux.
- ❒ **B.** Une maladie de peau.
- ❒ **C.** Une intoxication alimentaire.
- ❒ **D.** Une allergie.
- ❒ **E.** Le fait de faire pipi au lit.
- ❒ **F.** Un saignement de nez.
- ❒ **G.** Un enfant ayant des crises violentes avec convulsions accompagnées de perte de conscience.
- ❒ **H.** Aucune réponse n'est exacte.

17. Dans l'espace jeu de l'école, Mathilde, enfant de moyenne section semble s'étouffer avec un jouet. Quelle attitude adoptez-vous ?

- ❒ **A.** Vous lui donnez à boire.
- ❒ **B.** Vous essayez de lui retirer le morceau avec vos doigts.
- ❒ **C.** Vous pratiquez la méthode de Heimlich.
- ❒ **D.** Vous faites prévenir l'enseignante.
- ❒ **E.** Aucune réponse n'est exacte.

18. Quelle(s) affirmation(s) est (sont) exacte(s) :

- ❒ **A.** L'ATSEM peut encadrer seul le temps de récréation.
- ❒ **B.** L'ATSEM peut surveiller la sieste sous la responsabilité de l'enseignant.
- ❒ **C.** L'ATSEM est habilité à résoudre les problèmes posés par les parents.
- ❒ **D.** L'ATSEM est responsable des élèves lorsqu'il encadre des activités pendant le temps périscolaire.

- ❐ **E.** L'ATSEM prend en charge la classe en cas d'absence de l'enseignant pour une seule journée.
- ❐ **F.** L'ATSEM est chargé d'assurer la propreté des locaux servant aux enfants.
- ❐ **G.** L'ATSEM peut animer et surveiller seul un atelier de psychomotricité.
- ❐ **H.** L'ATSEM doit faire preuve d'une vigilance accrue notamment pour repérer les signes d'une éventuelle maltraitance.
- ❐ **I.** Aucune réponse n'est exacte.

19. Lors du deuxième jour de classe après la récréation, Gaston, élève de moyenne section, se met à pleurer en réclamant ses parents. Quel type d'actions est-il possible d'envisager ?

- ❐ **A.** Vous le laisser faire, il va s'arrêter.
- ❐ **B.** Vous appelez ses parents pour qu'ils viennent le chercher.
- ❐ **C.** Vous parlez à l'enfant pour le rassurer.
- ❐ **D.** Vous lui proposez un objet familier pour le réconforter.
- ❐ **E.** Vous l'isolez du reste de la classe.
- ❐ **F.** Vous lui expliquez qu'il n'est plus un bébé et ignorez ses pleurs.
- ❐ **G.** Vous l'intégrez à une activité avec d'autres enfants.
- ❐ **H.** Aucune réponse n'est exacte.

20. Durant la récréation, l'ATSEM se rend compte que Gaspard saigne du nez. Quelle(s) actions réalisées vous ?

- ❐ **A.** Vous demandez à Gaspard de s'allonger sur le dos, puis vous lui demandez d'appuyer sur la narine qui saigne et enfin vous le rassurez.
- ❐ **B.** Vous demandez à Gaspard de s'asseoir, vous faites moucher (une narine à la fois) Gaspard. Ensuite vous lui demandez de pencher la tête en arrière en appuyant sur la narine qui saigne. Enfin vous le rassurez.
- ❐ **C.** Vous demandez à Gaspard de s'asseoir, vous faites moucher (une narine à la fois) Gaspard. Ensuite vous lui demandez de pencher la tête vers l'avant en appuyant sur la narine qui saigne. Enfin vous le rassurez.
- ❐ **D.** Vous ne faites rien mais vous rassurez Gaspard en lui disant que ça va se passer.
- ❐ **E.** Vous mettez une mèche dans la narine qui saigne et vous le rassurez.
- ❐ **F.** Vous lui nettoyez le visage.
- ❐ **G.** Vous prévenez ses parents.
- ❐ **H.** Vous prévenez l'enseignant.
- ❐ **I.** Aucune réponse n'est exacte.

Corrigé

1. **B, C, D** : Les enfants arrivent à la sieste après le déjeuner. Il s'agit d'un temps périscolaire. L'ATSEM est sous l'autorité de la collectivité et donc pas de l'enseignant. Il se charge du passage aux toilettes et aide les élèves à se déshabiller. Il peut lire des histoires pour aider à l'endormissement. Il ne peut pas faire du ménage dans la classe dans la mesure où les enfants doivent être sous surveillance constante dans le dortoir.

2. **C :** Lors du balayage humide du sol, on débute le long des plinthes et sous les mobiliers placés sur le pourtour de la pièce.

3. **A, C, D, E, F et G** : L'ATSEM n'est pas habilité à remplacer un enseignant. Tout ce qui concerna l'enseignement et l'attitude de l'élève en classe fait l'objet d'échanges entre l'enseignant et les parents. L'enseignant peut déléguer à l'ATSEM l'encadrement d'un groupe d'élèves pour un atelier par exemple. L'ATSEM n'est pas autorisé à donner des médicaments. Il peut assurer la garderie sans la présence d'animateurs. Attention à la forme négative du QCM.

4. **A, D et G :** Attention à la forme négative de l'affirmation. En cas d'incendie, il ne faut pas laisser les portes coupe-feu ouvertes et ouvrir les portes et les fenêtres (pour limiter la propagation du feu) et faire sortir les enfants en courant (l'évacuation se fait dans le calme).

5. **B, C et E :** Les principaux axes des programmes de l'école maternelle sont :
   - mobiliser le langage dans toutes ses dimensions ;
   - agir, s'exprimer et comprendre à travers l'activité physique ;
   - agir, s'exprimer et comprendre à travers les activités artistiques ;
   - construire les premiers outils pour structurer sa pensée ;
   - découvrir les nombres et leurs utilisations ;
   - explorer des formes, des grandeurs et des suites organisées ;
   - explorer le monde ;
   - se repérer dans le temps ou de l'espace ;
   - et explorer le monde du vivant, des objets et de la matière.

6. **B, C et D :** Un Projet d'Accueil Individualisé (PAI) est un document écrit qui permet préciser les adaptations à apporter à la vie de l'enfant atteint de troubles de santé (allergie, intolérance alimentaire, maladie chronique).

7. **B et C** : La sortie s'organise en dehors des horaires de travail habituels de l'ATSEM. Il peut donc refuser d'y participer. Sa participation doit être autorisée par la collectivité qui l'emploie.

8. **C, F, I, L ou O :** Un bidon de 1 litre d'un produit à diluer à 5 % permet d'obtenir 20 litres de produit dilué. Si un seau contient 10 litres de produit désinfectant, il faudra donc 0,5 l de produit pur (soit 500 ml, 50 cl, 5 dl ou 5 bouchons).

9. **H :** Le sigle 1  signifie « Nocif et irritant » et le sigle 2  « comburant ».

10. B : L'ATSEM ne peut pas évoquer avec la maman de Matt, le comportement de son fils en classe. Il l'oriente vers l'enseignant.

11. G : L'ATSEM peut être chargé de l'entretien des animaux. Il n'attend pas l'arrivée des enfants pour retirer l'animal mort et nettoyer la cage. Il ne se débarrasse pas de l'animal sans l'accord et les consignes de l'enseignant. L'enseignant se chargera de dire aux enfants que Caramel est mort.

12. A : Un enfant qui demande à aller aux toilettes doit y être accompagné dans les meilleurs délais. Il est important d'informer l'enseignant qui en parlera aux parents. Ces mictions répétées peuvent être liées à un problème de santé.

13. C et E : Lors de la sortie pédestre, les adultes portent des gilets fluorescents afin que le groupe soit bien visible. Au moins un adulte est à l'avant et un autre ferme la marche pour assurer que tous les enfants suivent. Le taux d'encadrement est de deux adultes pour 16 élèves, puis un adulte supplémentaire pour 8 élèves. La classe compte 27 élèves, la sortie pédestre nécessite la présence de 3 adultes.

14. B, D, E et F : La gale est une maladie de la peau causée par un parasite, le sarcopte. Elle provoque des démangeaisons. Elle est contagieuse. La contagion se fait par contact ou indirect.

15. A, C, D et E : Pour des raisons évidentes de sécurité, l'ATSEM ne manipule pas de produits d'entretien en présence des enfants. Le local d'entretien est maintenu fermé. L'ATSEM utilise des matériels sécurisés. L'ATSEM ne remet pas en cause, devant les élèves, l'organisation d'une activité.

16. F : Une épistaxis est un saignement de nez.

17. B et C : Si le jouet est visible, l'ATSEM peut tenter de le retirer avec ses doigts. À défaut, il pratique la méthode de Heimlich.

18. F et H : L'ATSEM ne peut pas se substituer à l'enseignant : il ne peut pas prendre seul en charge la classe y compris sur le temps de motricité. La surveillance de la récréation est de la responsabilité d'un enseignant. Sur le temps périscolaire, l'ATSEM surveille la sieste sans être sous la responsabilité d'un enseignant et les enfants sont placés sous la responsabilité de la commune.

19. C, D et G : L'élève qui pleure, doit être rassuré. L'ATSEM peut lui proposer de récupérer son doudou. Il respecte le choix de l'élève de s'isoler ou de participer à une activité avec ses camarades.

20. C, F et H : En cas de saignement de nez, la priorité est d'abord de rassurer l'enfant. L'élève ne doit surtout pas s'allonger ou se pencher en arrière.

Sujet 13
Session 2017

Difficulté : ★ **45 min • Coefficient : 1**

Épreuve concours externe CDG des Hauts-de-France

1. Le comportement de l'enseignant vous pose problème : il / elle vous laisse seul avec tous les élèves… Qui prévenez-vous ?

- ❒ **A.** Les représentants de parents d'élèves.
- ❒ **B.** Le directeur / La directrice.
- ❒ **C.** Votre chef de service à la mairie.
- ❒ **D.** Vous ne prévenez personne, ce n'est pas votre rôle.

2. Une promenade dans le bois situé derrière l'école est organisée par l'enseignante. La classe compte 30 élèves. La sortie est prévue à pied pendant le temps scolaire. Cochez le ou les informations exactes.

- ❒ **A.** Deux adultes en plus de l'enseignante suffisent.
- ❒ **B.** Deux adultes, l'ATSEM et l'enseignante suffisent.
- ❒ **C.** Les adultes qui accompagnent doivent avoir l'agrément.
- ❒ **D.** Comme le bois est à côté de l'école, l'enseignante peut y aller seule.
- ❒ **E.** Le port d'un gilet fluorescent est obligatoire pour tous les adultes.

3. Un enfant de grande section a uriné dans son pantalon. Que ne devez-vous pas faire ?

- ❒ **A.** Le gronder en lui disant qu'à son âge cela ne devrait plus arriver.
- ❒ **B.** Le changer le plus rapidement possible pour qu'il soit rapidement à l'aise.
- ❒ **C.** Le prendre à partie devant ses camarades.
- ❒ **D.** Le réconforter en lui expliquant que ce sont des choses qui arrivent.

4. Paul mange à la cantine tous les jours. Depuis quelques jours, il ne mange presque plus rien.

- ❒ **A.** Vous le forcez à manger le peu que vous lui mettez dans son assiette.
- ❒ **B.** Vous l'encouragez à goûter mais vous ne le forcez pas.
- ❒ **C.** Vous en informez l'enseignante.
- ❒ **D.** Vous le disputez devant tous ses copains et lui expliquez qu'il va tomber malade.
- ❒ **E.** Vous en parlez à la maman quand elle vient chercher son fils en garderie.
- ❒ **F.** Vous en parlez à la grand-mère que vous croisez dans la rue et qui vous demande si son petit-fils mange bien.

5. Qu'est-ce qu'un PPMS ?

- ❒ **A.** Projet pour la Petite et Moyenne Section.
- ❒ **B.** Plan Particulier de Mise en Sécurité.

❒ **C.** Projet Pluriannuel de Mise en Sûreté.

❒ **D.** Prévention et Protocoles pour la Mise en Sécurité.

6. Lors d'une sortie piscine :

❒ **A.** L'ATSEM peut accompagner pour habiller / déshabiller les élèves.

❒ **B.** L'ATSEM n'accompagne pas, ce n'est pas son rôle.

❒ **C.** L'ATSEM peut encadrer un atelier avec des élèves, dans l'eau.

❒ **D.** Pour pouvoir accompagner les élèves, l'ATSEM doit avoir un agrément.

7. Une maman vous apporte un flacon de médicament pour son enfant à prendre à 10 h 30.

❒ **A.** Vous prenez le médicament en lui assurant que vous le donnerez à son enfant.

❒ **B.** Vous la redirigez vers l'enseignant.

❒ **C.** Vous lui conseillez de garder son enfant à la maison.

❒ **D.** Vous prenez le médicament avec l'intention de ne pas le donner.

8. Un enfant s'est coupé en faisant une activité, quelle est la marche à suivre chronologiquement ?

1 Rassurer l'enfant et lui parler

2 Nettoyer la plaie

3 Poser un pansement

4 Imbiber une autre compresse avec un désinfectant non alcoolisé

5 Prévenir l'enseignante

6 Enfiler des gants

7 Nettoyer le contour de la plaie avec une compresse

❒ **A.**	6	4	7	3	1	5	2
❒ **B.**	1	5	6	7	4	2	3
❒ **C.**	1	3	2	4	5	6	7
❒ **D.**	1	5	6	7	3	2	4

9. Le PAI vous indique ?

❒ **A.** Les difficultés scolaires d'un enfant.

❒ **B.** Les problèmes de santé qu'un enfant rencontre.

❒ **C.** Les consignes à suivre en cas de souci de santé d'un enfant.

❒ **D.** Les médicaments prescrits à un enfant.

10. En dehors de l'enseignant(e), quels sont les personnels de l'école maternelle concernés par les élèves en situation de handicap ?

❒ **A.** L'emploi vie scolaire.

❒ **B.** L'auxiliaire de vie scolaire.

❒ **C.** Ceux relevant du réseau d'aides spécialisées aux élèves en difficulté.

❒ **D.** L'enseignant référent.

11. L'enseignante vous confie un atelier de graphisme. Face à cette activité, un élève est en grande difficulté. Quelle est votre réaction ?

- ❒ **A.** Vous le gardez à la table jusqu'à ce qu'il ait terminé l'activité.
- ❒ **B.** Vous lui réexpliquez la consigne.
- ❒ **C.** Vous le mettez de côté avec une activité plus simple.
- ❒ **D.** Vous allez voir l'enseignante pour lui demander ce que vous devez faire.
- ❒ **E.** Vous lui prenez la main et faites le graphisme avec lui.

12. Au moment de la sieste, chez les petits, quel(s)geste(s) contribue(nt) à favoriser l'endormissement ?

- ❒ **A.** Coucher chaque enfant en position latérale de sécurité.
- ❒ **B.** Proposer aux enfants qui le souhaitent de prendre leur « doudou » avec eux.
- ❒ **C.** S'asseoir près d'un enfant qui a des difficultés à s'endormir pour le rassurer.
- ❒ **D.** Découvrir systématiquement les enfants pour qu'ils n'aient pas trop chaud pendant leur sommeil.
- ❒ **E.** Mettre un fond musical apaisant.
- ❒ **F.** Faire boire un verre d'eau à chaque enfant avant qu'il ne se couche.
- ❒ **G.** Isoler un enfant turbulent.

13. Pour nettoyer une classe maternelle, dans quel ordre devez-vous procéder ?

- ❒ **A.** Dépoussiérage humide – balayage humide – lavage sol.
- ❒ **B.** Balayage à sec – dépoussiérage humide – lavage sol.
- ❒ **C.** Balayage humide – lavage sol – dépoussiérage à sec.

14. Vous devez préparer 5 litres de produit désinfectant dilué à 10 %. Quel volume de produit pur devez-vous utiliser ?

- ❒ **A.** 500 cl.
- ❒ **B.** 10 ml.
- ❒ **C.** 50 cl.
- ❒ **D.** 500 ml.
- ❒ **E.** 5 000 ml

15. Quelles sont les missions de l'ATSEM pendant le temps de la restauration scolaire ?

- ❒ **A.** Proposer de goûter en petite quantité différents plats.
- ❒ **B.** Faire de ce moment un temps éducatif sur l'alimentation.
- ❒ **C.** Exiger le calme car vous ne supportez pas le bruit.
- ❒ **D.** Créer un moment de détente pour les enfants.
- ❒ **E.** Aider les enfants à manger en leur coupant la viande.

16. Un exercice de sécurité se déroule dans l'école où vous exercez. Dans la liste suivante, cochez les affirmations exactes :

- ❒ **A.** L'exercice de sécurité doit avoir lieu dans le premier mois suivant la rentrée, chacun applique les consignes qui ont été rédigées.
- ❒ **B.** L'ATSEM veille à habiller tous les enfants de sa classe avant de les emmener au point de ralliement.
- ❒ **C.** Si l'exercice a lieu pendant la sieste des petits, il faut éviter de réveiller les enfants car il s'agit d'une simulation.
- ❒ **D.** Dès que l'alarme se déclenche, toutes les personnes présentes dans l'école se rendent le plus rapidement possible au point de ralliement en appliquant les consignes qui ont été énoncées.
- ❒ **E.** L'ATSEM ne peut participer à l'exercice que lorsqu'elle a effectué le PSC1 (Prévention Sécurité Civique 1er niveau).

17. L'enseignante de votre classe prévoit de partir en classe découverte pendant 3 jours et 2 nuits.

- ❒ **A.** Vous avez obligation d'accompagner votre classe.
- ❒ **B.** Vous pouvez participer à cette classe transplantée avec l'accord de l'autorité territoriale.
- ❒ **C.** Vous pouvez refuser d'y participer car cette tâche dépasse votre temps de travail.
- ❒ **D.** Vous pouvez accompagner la classe mais ne travailler qu'aux horaires scolaires une fois sur place.

18. Vous êtes ATSEM dans une classe de petite section et l'enseignant vous demande de mener une activité peinture avec la main. Un enfant du groupe refuse de participer. Comment réagissez-vous ?

- ❒ **A.** Vous lui prenez la main et l'obligez à frotter sa main sur la feuille car il faut bien qu'il fasse l'activité.
- ❒ **B.** S'il ne veut pas faire vous le laissez de côté.
- ❒ **C.** Vous le sollicitez à plusieurs reprises en faisant passer ses petits camarades avant lui pour lui montrer qu'il peut y arriver comme les autres.
- ❒ **D.** C'est un petit, vous pensez que cela ne sert à rien d'insister car il ne sait rien faire.
- ❒ **E.** Vous lui proposez un contact progressif avec la peinture : un doigt, puis deux, puis trois jusqu'à la main même si cela prend du temps.

19. Le conseil d'école est composé de membres de droit et de membres pouvant y assister mais sans voix délibérative. Un règlement existe qui précise les modalités de fonctionnement et les sujets pouvant être à l'ordre du jour. Cochez les affirmations exactes dans la liste suivante :

- ❒ **A.** Les enseignants de l'école, le directeur, le maire, l'inspecteur et les ATSEM sont membres de droit.
- ❒ **B.** Le Président peut inviter une ou plusieurs personnes dont la consultation est jugée utile en fonction de l'ordre du jour.

- ❒ **C.** La restauration scolaire, les sorties scolaires et le traitement des dossiers des élèves difficiles sont des sujets qui peuvent être évoqués au conseil d'école.
- ❒ **D.** Les ATSEM peuvent participer au conseil d'école avec voix consultative.
- ❒ **E.** Le conseil d'école doit être réuni au moins avant chaque période de vacances scolaires, c'est-à-dire cinq fois minimum dans l'année.

20. Dans la liste suivante, cochez les affirmations fausses :

- ❒ **A.** La mairie a le droit de choisir les enseignants de l'école.
- ❒ **B.** Le directeur organise l'emploi du temps des ATSEM hors temps scolaire.
- ❒ **C.** Le directeur organise l'emploi du temps des ATSEM pendant le temps scolaire.
- ❒ **D.** L'ATSEM fait partie de l'équipe éducative de l'école.

Corrigé

1. **C :** L'interlocuteur privilégié de l'ATSEM est son responsable hiérarchique au sein de la collectivité qui l'emploie.
2. **B et E** : Le taux d'encadrement est de 2 adultes pour 16 élèves dont l'enseignant et un adulte supplémentaire pour 8 élèves. Il y aura donc 4 adultes pour accompagner la promenade. Les adultes portent un gilet fluo.
3. **A et C :** Un élève qui fait pipi sur lui, ne doit pas être grondé mais rassuré au contraire. Il est rapidement pris en charge par l'ATSEM. Il est changé.
4. **B et E :** L'enfant qui refuse de s'alimenter, est encouragé à goûter ce qu'il a dans son assiette. Le parent qui vient le chercher après le temps de garderie du soir, doit être informé de la situation.
5. **B :** Un PPMS est un Plan Particulier de Mise en Sécurité. Il permet de faire face à un évènement majeur et d'en limiter l'impact pour les élèves.
6. **A :** L'ATSEM peut accompagner la classe à la piscine. Il aide les élèves dans les vestiaires. Il n'a pas besoin d'agrément particulier.
7. **B :** L'ATSEM n'est pas habilitée à donner un médicament à un élève. Il oriente la maman vers l'enseignant.
8. **B :** L'ATSEM commence par rassurer l'élève. Ensuite, il prévient l'enseignant. Il va soigner l'enfant. Il enfile des gants, nettoie le contour de la plaie avec une première compresse puis la plaie avec une seconde compresse et finit par poser un pansement.
9. **C et D :** Le PAI concerne la scolarisation des enfants ayant des difficultés de santé. Le document précise le traitement médical et les consignes à suivre en cas d'urgence, mais pas la pathologie de l'élève.
10. **A, B, E et D :** Les élèves en situation de handicap sont pris en charge par des Auxiliaires de Vie Scolaire (AVS) ou un Emploi de Vie Scolaire (EVS). En cas de difficultés scolaires relevant d'un handicap reconnu, l'élève bénéficie d'un enseignant référent

qui aide à la mise en œuvre d'un Projet Personnalisé de Scolarisation (PPS) et éventuellement de l'intervention du RASED (Réseau d'Aides Spécialisée aux Élèves en Difficultés).

11. **B et D :** L'ATSEM qui encadre un atelier peut être amené à réexpliquer/reformuler la consigne concernant le travail à réaliser. Il ne doit pas chercher à faire à la place ou avec l'élève. Il rend compte à l'enseignant de ses observations.
12. **B, C et D :** Pour favoriser l'endormissement lors de la sieste, l'ATSEM peut mettre un fond musical apaisant. Il rassure les enfants qui ont des difficultés à s'endormir et leur propose de prendre leur doudou.
13. **A :** L'entretien s'organise en trois temps : dépoussiérage humide, balayage humide et lavage du sol.
14. **C et D :** Pour obtenir 5 litres de produit dilué à 10 %, 0,5 l de produit pur est nécessaire (ou 50 cl ou 500 ml).
15. **B, D et E :** Sur le temps de restauration scolaire, l'ATSEM fait du repas un temps éducatif et de détente pour les enfants. Elle aide les enfants à couper leur viande si cela est nécessaire.
16. **A, D : Des exercices pratiques d'évacuation doivent avoir lieu au cours de l'année scolaire.** Le premier exercice doit se dérouler durant le mois qui suit la rentrée. L'ATSEM participe à l'exercice même s'il n'a pas été formé aux premiers secours. On ne prend pas le temps d'habiller les enfants avant de rejoindre le point de ralliement.
17. **B et C :** Lorsque l'enseignant organise une sortie scolaire avec nuitée, l'ATSEM n'est pas obligé d'accompagner la classe. Sa participation est conditionnée à l'autorisation de la collectivité qu'il l'emploie.
18. **C et E :** L'ATSEM ne doit chercher à forcer l'élève à participer à l'activité. Il lui montre que les autres élèves parviennent à réaliser l'exercice demandé. Avec patience, il peut accompagner l'élève à mettre progressivement sa main dans la peinture.
19. **B et D :** L'ATSEM n'est pas membre de droit du conseil d'école. L'instance se réunit une fois par trimestre. Elle n'a pas pour objet de traiter la situation des élèves difficiles.
20. **A et B :** Les enseignants ne sont pas gérés par la collectivité territoriale. Ils sont affectés dans une école sur décision de l'Éducation nationale. Le directeur de l'école répartit les ATSEM mis à disposition dans son établissement dans les différentes classes de maternelle. Il ne décide pas de l'organisation de leur temps de travail hors du temps scolaire. Les ATSEM font partie de l'équipe éducative.

Sujet 14
Session 2017

Difficulté : ★ 45 min • Coefficient : 1

Épreuve concours externe CDG des Hautes-Alpes

1. Un enfant souffrant d'énurésie chronique peut-il être admis à l'école ?
   - ❒ **A.** Oui, avec un PAI.
   - ❒ **B.** Oui, c'est dans la charte des ATSEM.
   - ❒ **C.** Non, c'est trop lourd à gérer.
   - ❒ **D.** Oui, si le directeur l'autorise.
2. Un enfant est-il obligé de fréquenter l'école maternelle ?
   - ❒ **A.** Non, il n'y a aucune obligation de scolarisation.
   - ❒ **B.** Oui, car il y a une obligation d'instruction.
   - ❒ **C.** Oui, car il y a une obligation de scolarisation.
   - ❒ **D.** Oui, s'il est inscrit.
3. Au conseil d'école prenez-vous, en tant qu'ATSEM, part aux votes ?
   - ❒ **A.** Oui, j'ai une voix délibérative.
   - ❒ **B.** Non, j'ai une voix consultative.
   - ❒ **C.** Oui, j'ai une voix statutaire.
4. Pour le dépoussiérage, vous ne devez pas utiliser :
   - ❒ **A.** Une lavette humidifiée.
   - ❒ **B.** Un plumeau.
   - ❒ **C.** Un chiffon à poussière.
   - ❒ **D.** Une balayette.
5. Dans le cadre des soins, la méthode de Heimlich permet :
   - ❒ **A.** De remettre en place une articulation sortie de sa cavité.
   - ❒ **B.** De dégager quelqu'un qui s'étouffe.
   - ❒ **C.** D'effectuer un geste de premier secours aux brûlés.
   - ❒ **D.** De calmer les vomissements d'un enfant.
6. Les Ph (potentiel hydrogène) d'une liste de produits d'entretien sont précisés ci-dessous. Citez les 2 PH des produits les plus acides :
   - ❒ **A.** Ph 2.
   - ❒ **B.** Ph 9.

❐ **C.** Ph 7.

❐ **D.** Ph 10.

❐ **E.** Ph 4.

7. Quelle quantité de produit de nettoyage faut-il pour un seau de 5 litres d'eau si le dosage est prévu à 8 % ?

❐ **A.** 40 cl.

❐ **B.** 0,4 litre.

❐ **C.** 4 000 ml.

❐ **D.** 400 ml.

8. La chronobiologie est :

❐ **A.** L'étude des rythmes biologiques auxquels sont soumis les êtres vivants.

❐ **B.** L'étude de la biologie des plantes.

❐ **C.** L'étude de la rapidité de l'enfant pour faire un exercice.

9. Qu'est-ce qu'un jeu symbolique ?

❐ **A.** Un jeu pour apprendre les symboles, les chiffres et les lettres.

❐ **B.** Un jeu pour les enfants où figurent des cartes avec des symboles.

❐ **C.** Un jeu où les enfants font semblant.

10. Que signifie le signe PNNS ?

❐ **A.** Publicité Nationale Nutrition Saine.

❐ **B.** Programme de Nutrition Naturelle Scolaire.

❐ **C.** Programme National Nutrition Santé.

❐ **D.** Produit Naturel en Nutrition Santé.

11. Donnez la définition du « schéma corporel »

❐ **A.** La perception mentale que l'enfant a de son propre corps.

❐ **B.** Une représentation de l'anatomie.

❐ **C.** Un protocole à suivre en cas d'accident corporel.

12. Le conseil départemental a en charge :

❐ **A.** L'école maternelle.

❐ **B.** La PMI.

❐ **C.** Les lycées.

❐ **D.** Les cantines scolaires.

13. Un parent vous dit : « Ne faites pas dormir mon enfant l'après-midi ». Quel est le rôle de l'ATSEM ?

❐ **A.** Elle obéit.

❐ **B.** Elle conseille en professionnelle de l'enfance et discute avec les parents.

❐ **C.** Elle passe outre et fait faire la sieste à l'enfant si elle le juge utile.

14. Parmi ces personnels, lesquels ne font pas partie de la fonction publique territoriale ?

- ❒ **A.** Les animateurs de loisirs.
- ❒ **B.** L'AVS.
- ❒ **C.** Les cuisiniers en restauration scolaire.
- ❒ **D.** Le personnel de la société de lavage des vitres.

15. Dans le cadre de votre emploi vous êtes chargé(e) de :

- ❒ **A.** Assister le personnel enseignant pour l'hygiène de l'enfant.
- ❒ **B.** Assister le personnel enseignant dans la conception des activités scolaires.
- ❒ **C.** Assister le personnel enseignant dans le cadre de la mise en œuvre des activités scolaires.
- ❒ **D.** Assister les enfants au moment du repas.

16. À l'école l'AESH :

- ❒ **A.** Accompagne les élèves pour les sorties hors temps scolaire.
- ❒ **B.** Prend en charge l'enfant porteur de handicap.
- ❒ **C.** Accompagne les élèves dans certains services d'hygiène.

17. Vous êtes en surveillance dans le dortoir, il y a de la fumée, l'alarme incendie se déclenche :

- ❒ **A.** L'air le moins vicié se trouve en hauteur.
- ❒ **B.** L'air le moins vicié se trouve près du sol.
- ❒ **C.** L'air le moins vicié est à mi-hauteur.
- ❒ **D.** Vous allez chercher le directeur.
- ❒ **E.** Vous demandez aux enfants de rejoindre leur classe.
- ❒ **F.** Vous appliquez le protocole d'incendie affiché.

18. Avec quel produit lavez-vous les jouets en petite section ?

- ❒ **A.** Un détergent.
- ❒ **B.** Un abrasif.
- ❒ **C.** Un détartrant.
- ❒ **D.** Un désinfectant.
- ❒ **E.** Un détergent désinfectant à usage alimentaire.

19. Comment apprendre à un enfant à se sécher les mains ?

- ❒ **A.** Inviter l'enfant à secouer ses mains juste au-dessus du lavabo et les sécher avec un essuie tout à usage unique.
- ❒ **B.** Tenir les mains en l'air sans rien toucher et les laisser sécher à l'air libre.
- ❒ **C.** Taper les mains dans la serviette côté paume et côté dos rapidement pour éviter la propagation microbienne.
- ❒ **D.** Inviter l'enfant à se sécher consciencieusement entre les doigts.
- ❒ **E.** Retenir les gouttes des mains mouillées jusqu'à la serviette individuelle de l'enfant.

20. Un enfant de deux ans vous demande constamment d'aller faire pipi :

- ❐ A. Vous l'accompagnez aux toilettes.
- ❐ B. Vous l'y envoyez tout seul.
- ❐ C. Vous lui demandez d'attendre la récréation.
- ❐ D. Vous signalez à la maîtresse une éventuelle énurésie.

Corrigé

1. **A :** Les enfants atteints d'une maladie chronique qui nécessite la mise en œuvre d'adaptations pour faciliter leur scolarisation, bénéficient d'un PAI (Projet d'Accueil Individualisé). L'école ne peut pas refuser la mise en place d'un PAI pour un élève ayant des difficultés de santé.
2. **A et D :** Actuellement, la scolarité est obligatoire à partir de 6 ans. Autrement dit, les enfants n'ont pas l'obligation de fréquenter l'école maternelle. L'élève inscrit doit fréquenter régulièrement l'école.
3. **B :** Lors des réunions du conseil d'école, l'ATSEM peut participer mais ne prend pas part aux décisions. Il assiste avec une voix consultative.
4. **B et C :** l'important est de ne pas faire voler la poussière. Le plumeau et la balayette sont donc à éviter.
5. **B :** La méthode de Heimlich permet de dégager un élément qui obstrue les voies respiratoires d'une personne.

La manœuvre de Heimlich a pour but de comprimer l'air contenu dans les poumons de la victime et d'expulser le corps étranger hors des voies aériennes.

Le poing est placé, horizontalement, dans le creux de l'estomac. Le dos de la main est tourné vers le haut. Poser l'autre main sur la première.

Dans cette position, il faut exercer une pression en arrière et vers le haut. Il faut répéter la manœuvre 5 fois si le corps étranger reste bloqué.

6. **A et E :** Le pH se mesure sur une échelle graduée de 0 à 14 :
   - s'il est inférieur à 7, la solution est acide ;
   - s'il est de 7, la solution est neutre ;
   - s'il est supérieur à 7, la solution est basique.

   Les Ph 2 et 4 sont les plus acides.
7. **A, B, et D** : Un bidon de 1 litre d'un produit à diluer à 8 % permet d'obtenir 12,5 litres de produit dilué. Si un seau contient 5 litres de produit de nettoyage, il faudra donc 0,4 l de produit pur (soit 400 ml, 40 cl, 4 dl).
8. **A :** La *chronobiologie* correspond à l'étude des rythmes biologiques dans l'organisme des êtres vivants.
9. **C :** Le jeu symbolique est aussi appelé jeu d'imitation, « faire semblant », « faire comme si »…
10. **C :** Le **Programme National Nutrition Santé (PNNS)** a pour objectif général l'amélioration de l'état de santé de l'ensemble de la population en agissant sur l'un de ses déterminants majeurs de santé : **la nutrition**.
11. **A et B :** On définit le schéma corporel d'une part, comme étant la conscience que l'enfant a de son corps et d'autre part, la connaissance du vocabulaire du corps et de ses différentes parties.
12. **B :** La PMI (Protection Maternelle et Infantile) est un service du conseil départemental. Les écoles maternelles et les cantines scolaires sont gérées par une commune ou une intercommunalité.
13. **B et C :** L'ATSEM explique aux parents l'importance de la sieste pour les apprentissages de l'enfant. S'il le juge nécessaire, il proposera à l'élève de faire une sieste sans tenir compte de la demande de ses parents.
14. **A et C :** L'employeur de l'AVS est généralement l'Éducation nationale. Le laveur de vitres est salarié de l'entreprise qui l'emploie.
15. **A, C et D** *: L'ATSEM assiste* l'enseignant dans la préparation et/ou l'animation des *activités* pédagogiques, mais pas leur conception. Il prend en charge l'hygiène des très jeunes enfants et aide à la prise du déjeuner.
16. **B :** L'AESH (Accompagnant des Élèves en Situation de Handicap) aide à l'inclusion scolaire des élèves en situation de handicap.
17. **B et F :** En cas d'incendie, l'ATSEM applique le protocole incendie. Si la pièce est enfumée, l'air le moins vicié se trouve près du sol.
18. **E :** En partant du principe que l'enfant peut porter un jouet à la bouche, il sera nettoyé avec un détergent désinfectant à usage alimentaire.

19. A et D : Le séchage des mains doit être soigneux avec idéalement un essuie-mains à usage unique. Il est important de bien sécher les mains, l'humidité favorisant la prolifération microbienne.

20. A : Un enfant de maternelle ne se rend pas seul aux toilettes, il est accompagné. Des mictions fréquentes ne sont pas les symptômes d'une énurésie mais éventuellement d'autres pathologies comme le diabète.

Sujet 15
Session 2016

Difficulté : ★★ 45 min • Coefficient : 1

Épreuve concours externe CDG de la Loire

1. Dans le cadre des temps d'activités périscolaires, vous animez un atelier avec des élèves de trois à cinq ans. Quelles affirmations sont exactes ?

- ❒ **A.** L'effectif de votre atelier ne peut pas excéder 8 enfants.
- ❒ **B.** Vous décidez seul(e) d'utiliser en tant que de besoin le matériel de votre classe pour faire fonctionner votre atelier.
- ❒ **C.** Vous pouvez faire un compte rendu de l'activité aux parents qui vous sollicitent en fin de journée.
- ❒ **D.** Votre salle de classe habituelle peut être utilisée dans le cadre d'une convention signée entre la commune et l'école.
- ❒ **E.** Vous pouvez reproduire des ateliers pédagogiques conçus par l'enseignant(e) afin de renforcer les apprentissages.
- ❒ **F.** Un enfant qui refuse l'activité ne doit pas être contraint.

2. L'étiquette d'un produit d'entretien fait apparaître les pictogrammes reproduits ci-dessous. Indiquez les risques et mesures de sécurité à respecter lors de l'utilisation et du stockage de ce produit :

- ❒ **A.** Ce produit est dangereux pour la santé.
- ❒ **B.** Ce produit est explosif : il doit être stocké séparément des autres.
- ❒ **C.** Ce produit est corrosif : il peut ronger les surfaces et matériaux.
- ❒ **D.** Ce produit doit être stocké en le séparant des produits comburants.
- ❒ **E.** Ce produit doit être manipulé avec des EPI.
- ❒ **F.** Ce produit peut être transvasé dans une bouteille d'eau vide à condition d'y apposer une étiquette avec toutes les informations et précautions d'emploi retranscrites.

3. Que signifie la laïcité à l'école ?

- ❒ **A.** L'interdiction pour les élèves et les personnels d'adhérer à la religion de leur choix.

- ❒ **B.** L'obligation pour les personnels de faire preuve de neutralité sur le plan religieux au sein de l'établissement.
- ❒ **C.** L'interdiction de s'exprimer sur les sujets religieux dans les enseignements, de quelque manière que ce soit.
- ❒ **D.** Le rejet de toutes violences et discriminations liées aux convictions religieuses d'une personne.
- ❒ **E.** L'interdiction du port de signes ou de tenues manifestant ostensiblement une appartenance religieuse.

4. Vous êtes invité(e) à accompagner la classe de grande section pour une sortie occasionnelle au parc zoologique en dépassement du temps scolaire. Quelles sont les affirmations exactes ?

- ❒ **A.** En tant qu'ATSEM, votre participation à cette sortie est obligatoire.
- ❒ **B.** Comme accompagnant(e), vous serez attentif(ve) aux signes éventuels de malaise et à proposer fréquemment de l'eau à boire en cas de forte chaleur.
- ❒ **C.** Le taux d'encadrement requis est de deux adultes pour 16 enfants, et au-delà, un adulte supplémentaire pour 8 enfants.
- ❒ **D.** Vous êtes vigilant(e) quant à l'intérêt pédagogique de la sortie, qui doit venir en appui du programme scolaire.
- ❒ **E.** Comme encadrant(e), vous devez aller reconnaître le site avant la sortie.

5. Parmi ces profils, quels sont les deux élèves qui justifient que vous leur accordiez une attention particulière ?

- ❒ **A.** Odin, trois ans, plein d'énergie et très bavard.
- ❒ **B.** Diego, cinq ans, scolarisé pour la première fois, sage et obéissant.
- ❒ **C.** Madi, quatre ans, bavarde et rieuse, un peu exubérante.
- ❒ **D.** Dino, quatre ans, scolarisé avec un PAI pour asthme.
- ❒ **E.** Éloi, à peine trois ans, qui dit non à tout.

6. Que signifie le sigle PPMS ?

- ❒ **A.** Protocole de Prévention en Milieu Scolaire.
- ❒ **B.** Plan Prévisionnel des Mesures Sanitaires.
- ❒ **C.** Plan de Prévention des Malaises en milieu Scolaire.
- ❒ **D.** Plan Particulier de Mise en Sûreté.

7. Yann, 4 ans, est tombé dans la cour en jouant au foot et s'est fait une écorchure bénigne au genou. L'enseignant(e) vous le confie. Que faites-vous ?

- ❒ **A.** Vous rassurez l'enfant et vous l'emmenez à l'écart pour le soigner.
- ❒ **B.** Vous demandez à l'enseignant(e) d'appeler la famille pour l'informer immédiatement.
- ❒ **C.** Vous lavez la plaie à l'eau et au savon et mettez un pansement sur l'écorchure.
- ❒ **D.** Vous gardez ensuite l'enfant assis à l'intérieur afin d'éviter une autre chute dans la journée.

❐ **E.** Vous reprenez le ballon afin qu'aucun autre enfant ne se blesse.

8. Rémi, quatre ans, est un enfant très agité. Il hurle souvent, se jette au sol, bouscule violemment les autres enfants et exige des câlins et l'attention exclusive des adultes qui l'entourent. Comment gérez-vous la situation ?

❐ **A.** Vous expliquez fermement à Rémi qu'à son âge, il ne peut pas se comporter de la sorte. Il doit apprendre à vivre avec les autres.

❐ **B.** Vous discutez avec l'enseignant(e) des difficultés particulières de cet enfant pour mettre en place le meilleur accueil possible.

❐ **C.** Vous tentez un dialogue apaisé avec la maman autour de faits concrets lorsqu'elle viendra récupérer son fils.

❐ **D.** Si une équipe éducative est créée, c'est dans ce cadre que vous ferez part de vos observations.

9. Pour réaliser le lavage manuel quotidien des sols, vous préparez chaque jour 5 litres de solution détergente à base d'un produit à diluer à 2 %. Indiquez la quantité de produit détergent consommé en 1 mois (4 semaines de 5 jours chacune) :

❐ **A.** 0,2 litre de produit.

❐ **B.** 200 ml de produit.

❐ **C.** 2 litres de produit.

❐ **D.** 20 cl de produit.

❐ **E.** 250 ml de produit.

❐ **F.** 5 litres de produit.

10. Il est 16 h 10. Le signal d'alerte retentit dans l'école : les élèves de votre école sont confinés par décision des autorités. Ce n'est pas un exercice. Quelles sont les affirmations exactes ?

❐ **A.** Le protocole en cas d'accident majeur prévoit et organise ce confinement et fixe précisément le rôle de chacun, les lieux de confinement et les consignes à respecter.

❐ **B.** Les élèves doivent passer la nuit à l'école. Les enseignants devront alors rester avec eux. Les ATSEM n'ont pas cette obligation.

❐ **C.** Les parents ne sont pas autorisés à venir chercher leur enfant.

❐ **D.** Des repas et des lits de camp seront immédiatement livrés par les autorités.

❐ **E.** Vous prévenez les secours pour les informer de la mesure de confinement.

11. Suite à une activité de décoration des vitres pour Halloween, vous procédez à la remise en état des portes vitrées de l'école. Cochez les affirmations correspondant à votre façon de procéder :

❐ **A.** Vous utilisez un seau, un mouilleur, une raclette à vitres et un grattoir.

❐ **B.** Vous montez sur une chaise pour commencer par nettoyer les encadrements de porte.

❐ **C.** Vous détourez la surface avec le mouilleur en insistant sur les angles.

❐ **D.** Vous raclez de bas en haut après avoir mouillé toute la surface vitrée.

- ❒ E. Vous protégez le sol avec une serpillière pour éviter les traces d'eau.
- ❒ F. Vous travaillez la porte ouverte pour permettre le passage des usagers.
- ❒ G. Vous utilisez un produit détergent.

12. L'enseignant(e) organise un atelier pâtisserie. En tant qu'ATSEM, quel est votre rôle ?

- ❒ A. Occuper les enfants pour qu'ils se tiennent au calme pendant 30 minutes.
- ❒ B. Aider les enfants et leur apprendre à nommer et manipuler les ustensiles.
- ❒ C. Répartir le matériel en fonction des consignes données aux élèves par l'enseignant(e).
- ❒ D. Laisser les enfants jouer avec le sucre et la farine car cela leur permet de développer leur sens du toucher.
- ❒ E. Vérifier avant la dégustation qu'aucun enfant n'a de régime alimentaire particulier.

13. Lors de la pause méridienne, Léon et Paul, élèves de petite section, se mettent à vomir. Quelques minutes plus tôt, Adèle avait également été prise de vomissements. Que faites-vous ?

- ❒ A. Vous rassurez les enfants et les accompagnez aux toilettes pour les nettoyer.
- ❒ B. Vous donnez à boire aux enfants.
- ❒ C. Vous proposez aux enfants quelque chose à manger.
- ❒ D. Vous prévenez le directeur (la directrice) et appelez le SAMU.
- ❒ E. Vous insistez auprès des enfants pour savoir ce qu'ils ont bu ou mangé et leur expliquez que les conséquences peuvent être très graves s'ils ne vous disent rien.

14. Qu'est-ce qu'un antipyrétique ?

- ❒ A. Un moyen d'éteindre le feu.
- ❒ B. Un médicament contre les démangeaisons.
- ❒ C. Un médicament utilisé pour le traitement de la fièvre.
- ❒ D. Un trouble du langage.
- ❒ E. Un trouble du comportement.

15. Le conseil d'école se réunit 3 fois par an. Indiquez les réponses exactes :

- ❒ A. Le conseil d'école et le conseil des maîtres sont une seule et même instance.
- ❒ B. Les enseignant(e)s sont membres de droit du conseil d'école.
- ❒ C. Le conseil d'école vote le règlement intérieur de l'école et établit le projet d'organisation pédagogique de la semaine scolaire.
- ❒ D. Les ATSEM sont membres de droit du conseil d'école et ont obligation d'être présent(e)s.
- ❒ E. Le conseil d'école participe au recrutement des ATSEM.

❒ **F.** Le conseil d'école émet un avis sur le contenu des programmes scolaires.

16. Dans le cadre des temps d'activités périscolaires, vous êtes chargé(e) des activités entre 15 h 30 et 16 h 30. Quelle(s) activité(s) proposez-vous aux enfants de la petite section âgés de 3 ans ?

❒ **A.** Une activité autour des contes pour favoriser leur imaginaire.

❒ **B.** Une sieste avant de commencer des activités motrices.

❒ **C.** Une activité sportive collective permettant de prendre conscience des autres et de développer l'esprit d'équipe.

❒ **D.** Une activité de pâte à modeler pour appréhender de nouvelles matières et développer la motricité fine.

17. En tant qu'ATSEM, qu'est-ce qui vous semble important pour favoriser une prise de repas dans de bonnes conditions ?

❒ **A.** La vaisselle doit être adaptée à l'âge de l'enfant : cela favorise son autonomie.

❒ **B.** Le repas est un moment convivial : il doit se faire dans un cadre agréable.

❒ **C.** L'environnement sonore est sans importance : l'important est de proposer à l'enfant ce qu'il aime.

❒ **D.** Il faut éviter de proposer à l'enfant un aliment qu'il ne connaît pas : il risque de développer une néophobie alimentaire.

❒ **E.** Pour contribuer à un bon équilibre alimentaire, l'enfant doit terminer son assiette avant de sortir de table.

18. Les activités d'entretien des locaux et matériaux destinés aux enfants nécessitent l'utilisation de plusieurs produits d'entretien. Cochez les règles de sécurité à respecter lors de ces activités :

❒ **A.** Porter ses EPI lors du dosage.

❒ **B.** Lire l'étiquette du produit et repérer les pictogrammes de danger.

❒ **C.** Sentir les produits purs afin de choisir le plus parfumé.

❒ **D.** Verser le produit dans l'eau et non l'inverse pour éviter tout risque de projection de produit pur.

❒ **E.** Refermer le bidon de produit et le ranger immédiatement après utilisation.

❒ **F.** Reverser le produit dilué restant en fin de nettoyage dans le bidon d'origine, pour éviter le gaspillage.

❒ **G.** Stocker des produits dans la salle de classe pour les avoir à disposition, en cas de nécessité.

19. Vous préparez un atelier pour que chaque enfant confectionne un masque pour le carnaval. Votre atelier est composé de 17 élèves. Il vous faut 15 cm de fil élastique par masque, une feuille A3 cartonnée pour y découper 4 masques et 20 gommettes par enfant pour qu'ils décorent leur réalisation (les gommettes sont disponibles par paquet de 50). Quelle quantité de matériel devez-vous rassembler ?

❒ **A.** 3 feuilles cartonnées A3, 7 sachets de gommettes, 125 cm de fil élastique.

❒ **B.** 4 feuilles cartonnées A3, 6 sachets de gommettes, 255 cm de fil élastique.

- ❐ **C.** 5 feuilles cartonnées A3, 7 sachets de gommettes, 2,55 m de fil élastique.
- ❐ **D.** 5 feuilles cartonnées A3, 7 sachets de gommettes, 25,5 m de fil élastique.
- ❐ **E.** 4 feuilles cartonnées A3, 7 sachets de gommettes, 255 cm de fil élastique.

20. L'équilibre alimentaire des enfants passe par la proposition de menus variés et répondant à plusieurs caractéristiques. Parmi les affirmations suivantes, quelles sont celles qui répondent aux besoins nutritionnels des enfants ?

- ❐ **A.** Les apports en lipides doivent être réduits.
- ❐ **B.** Un yaourt au fruit permet d'apporter à l'enfant du calcium et peut compter comme une portion de fruit.
- ❐ **C.** Des repas bio doivent être obligatoirement proposés aux enfants deux fois par semaine.
- ❐ **D.** Le repas de midi est le principal repas de la journée et représente 40 % de la ration énergétique.
- ❐ **E.** Une portion de 50 g par jour de viande ou de poisson suffit pour un enfant de 4 à 5 ans.
- ❐ **F.** Les féculents peuvent être mangés à chaque repas et selon l'appétit.

Corrigé

1. **C et F :** Le taux d'encadrement pour les activités périscolaires est d'un adulte pour 10 mineurs âgés de moins de 6 ans. L'ATSEM ne peut pas décider seule d'utiliser la classe et le matériel pédagogique : elle le fait avec l'accord de la commune. Il n'y a pas besoin de convention entre la commune et l'école dans la mesure où le Maire peut d'utiliser les locaux et les équipements scolaires après avis du conseil d'école.
2. **A, D et E :** Le produit est inflammable et dangereux pour la santé. Il ne peut pas être stocké avec d'autres produits de type comburant. Il est déconseillé de transvaser les produits d'entretien dangereux dans des contenants de type alimentaire.
3. **B, D et E :** La laïcité n'interdit pas de s'exprimer sur des sujets religieux dans la mesure où les propos tenus sont neutres.
4. **B et C :** La sortie scolaire est organisée par l'enseignant qui peut éventuellement décider de reconnaître préalablement le site. La sortie dépassant le temps scolaire. L'ATSEM peut décider de participer ou pas à la sortie scolaire.
5. **B et D :** L'ATSEM fait attention à tous les élèves. Néanmoins, un élève avec des difficultés de santé et un enfant scolarisé pour la première fois requièrent une vigilance renforcée.
6. **D :** Le PPMS permet de faire face à une situation de crise liée à la survenue d'un accident majeur.
7. **A et C :** Il s'agit d'une blessure bénigne. Après les soins, l'élève peut poursuivre normalement ses activités.

8. B : Sur le temps scolaire, c'est l'enseignant qui décide de la conduite à tenir avec l'élève agité. Elle intervient directement auprès de l'élève. C'est aussi l'enseignant qui échange avec les parents sur les difficultés rencontrées avec leur enfant. L'ATSEM fait partie de la communauté éducative.

9. C : L'ATSEM utilise 100 l de solution détergente sur un mois (5 litres × 5 jours × 4 semaines). Le produit détergent est à diluer à 2 %, soit 2 litres pour 100 litres de solution détergente.

10. A et C : Le PPMS ne nécessite pas nécessairement de dormir sur place. La durée du confinement est variable. Les parents ne doivent pas venir chercher leurs enfants avant la levée de l'alerte.

11. A, E et G : Le grattoir permet de supprimer les taches en relief. L'ATSEM a placé de l'eau et du détergent dans le seau. Il faut racler de haut en bas en commençant par la gauche.

12. B, C et E : Visiblement, l'enseignante n'a pas confié à l'ATSEM l'encadrement de l'activité. Elle prépare, organise la logistique de l'activité et aide les enfants.

13. A et D : Plusieurs enfants sont touchés. Cela ressemble à une intoxication alimentaire. Dans ce cas, l'ATSEM doit impérativement prévenir le directeur de l'école et appeler le SAMU.

14. C : Un médicament utilisé pour le traitement de la fièvre.

15. B et C : L'ATSEM n'est pas membre de droit du conseil d'école. Elle peut participer avec voix consultative. Autrement dit, elle ne participe pas aux votes.

16. A et D : Il n'est pas envisageable d'organiser une nouvelle sieste à 15 h 30 alors que la première s'est terminée vers 14 h 30. Une activité sportive pour développer l'esprit d'équipe ne paraît pas adaptée à des enfants de 3 ans.

17. A et B : Un environnement bruyant est désagréable pour tout le monde y compris les jeunes enfants. On ne force pas les enfants ni à manger ce qu'ils ne veulent pas manger ni à finir leurs assiettes.

18. A, B, D et E : Les produits d'entretien doivent être stockés en dehors de la classe, loin de la portée des enfants. L'ATSEM doit tout mettre en œuvre pour se protéger du risque de projection d'un produit dangereux.

19. C : Pour ce qui est du fil élastique, il faut 15 cm × par 17 élèves, soit 255 cm ou 2,55 m. On peut donc éliminer les réponses A et D. Une feuille cartonnée A3 permet de réaliser 4 masques. Il faut donc 5 feuilles pour le masque des 17 élèves. On élimine les réponses B et E.

20. A, et E : L'apport en liquides et notamment en graisses saturées doit être limité (viennoiseries, charcuterie, fritures, fromages…). Le déjeuner doit représenter 35 % de l'apport énergétique de l'enfant. Un yaourt aux fruits ne remplace une portion de fruits.

Sujet 16
Session 2015

Difficulté : ★ 45 min • Coefficient : 1

Épreuve concours externe CDG de Rhône-Alpes

1. Comme ATSEM, il vous est demandé d'accompagner les enfants dans l'acquisition de l'autonomie. De quoi s'agit-il ?

   ❒ **A.** D'aider les enfants à apprendre à s'habiller seuls.

   ❒ **B.** D'accompagner les enfants dans l'apprentissage des règles d'hygiène.

   ❒ **C.** De repérer et signaler à l'enseignant(e) les situations de maltraitance.

   ❒ **D.** De désinfecter et de protéger les plaies légères.

   ❒ **E.** D'accompagner les enfants dans l'apprentissage des règles de vie.

2. Vous participez à l'animation des Temps d'Activités Périscolaires (TAP) de l'après-midi, déclarés en Accueil de loisirs sans hébergement. Indiquez la ou les affirmation(s) exacte(s) :

   ❒ **A.** Les activités ont un objectif d'épanouissement des enfants et doivent stimuler leur créativité individuelle et collective.

   ❒ **B.** Les activités proposées ont avant tout un objectif de transmission de savoirs et de connaissances aux enfants.

   ❒ **C.** Si la commune dispose d'un Projet Éducatif Territorial (PEDT), vous pouvez encadrer seul(e) un groupe de 20 enfants.

   ❒ **D.** Vous devez avoir accès au fichier des élèves de l'école et à un téléphone afin de faire face aux situations d'urgence.

3. Vous effectuez l'entretien courant des salles de classe dans votre école. Dans la liste ci-dessous, indiquez la ou les affirmation(s) correspondant au mode opératoire correct :

   ❒ **A.** Vous commencez par aérer la pièce en ouvrant une fenêtre.

   ❒ **B.** Vous videz la corbeille et remplacez le sac.

   ❒ **C.** Vous dépoussiérez le mobilier avec un chiffon sec.

   ❒ **D.** Vous dépoussiérez le mobilier avec une lavette humidifiée.

   ❒ **E.** Vous dépoussiérez et lavez le sol.

   ❒ **F.** Vous fermez les fenêtres et quittez la pièce.

   ❒ **G.** Vous quittez la pièce en laissant la fenêtre ouverte pour aérer.

4. Un enfant se réveille de la sieste avec une hyperthermie. Que faites-vous ?

   ❒ **A.** Vous décidez de téléphoner à ses parents pour les prévenir.

   ❒ **B.** Vous lui administrez une dose de paracétamol.

   ❒ **C.** Vous lui posez une poche de glace sur le front.

❐ **D.** Vous le déshabillez légèrement.

❐ **E.** Vous le couvrez car il a froid.

5. Dans la liste suivante, indiquez la ou les affirmation(s) fausse(s) :

❐ **A.** La commune construit et entretient les écoles maternelles et élémentaires.

❐ **B.** L'Éducation nationale recrute et rémunère les enseignants.

❐ **C.** La restauration scolaire à l'école primaire est un service public relevant de la commune.

❐ **D.** Le maire, ou son représentant, participe au conseil d'école.

❐ **E.** Le maire est le supérieur hiérarchique du directeur d'école.

6. Vous êtes ATSEM dans une école de 4 classes. Ce matin, l'enseignant(e) de votre classe est absent(e). Un(e) remplaçant(e) doit arriver dans la matinée. Indiquez la ou les affirmation(s) exacte(s) :

❐ **A.** Vous assurez seul(e) l'accueil dans la classe et vous êtes responsable du groupe jusqu'à l'arrivée du (de la) remplaçant(e).

❐ **B.** Vous demandez au (à la) directeur(trice) d'être aidé(e) par un deuxième ATSEM pour accueillir les élèves en attendant le (ou la) remplaçant(e).

❐ **C.** Le (la) directeur(trice) d'école vous dit où vous rendre en attendant le (la) remplaçant(e).

❐ **D.** Les élèves sont accueillis dans les autres classes. À l'arrivée du (de la) remplaçant(e), vous aidez à rassembler le groupe.

7. Une visite de la boulangerie du père d'un élève est organisée. La classe de moyenne section de votre enseignant(e), qui compte 25 élèves, s'y rend à pied sur le temps scolaire. Indiquez la ou les affirmation(s) exacte(s) :

❐ **A.** Deux adultes, y compris l'enseignant(e), suffisent pour encadrer cette sortie.

❐ **B.** Les adultes se placent en tête de rang pour indiquer le chemin lors du trajet.

❐ **C.** Les adultes portent de préférence un gilet fluo pour être bien visibles sur le trajet.

❐ **D.** Les adultes s'assurent que tous les enfants se déplacent en rang lors du trajet.

❐ **E.** Les adultes comptent régulièrement les enfants.

8. Parmi les possibilités suivantes, indiquez quel serait le petit-déjeuner idéal pour un enfant de 6 ans :

❐ **A.** Deux tartines de pain à la confiture, du lait et un verre de jus de fruit.

❐ **B.** Des céréales au miel et un kiwi.

❐ **C.** Deux barres vitaminées et une orange pressée.

❐ **D.** Une brioche au chocolat, un fruit et un chocolat chaud.

9. En prévision des travaux de remise en état des sols pendant les grandes vacances, vous devez préparer la commande de produit décapant. L'étiquette du produit précise que la concentration est d'1,5 litre pour 40 m^2. Vous devez poser l'émulsion dans les quatre salles, qui mesurent chacune 9 m de long et 5 m de large. Le produit est conditionné en bidon de 2 litres. Indiquez votre consommation de produit décapant et le nombre de bidons à commander :

❒ A. 6,75 l de produit.

❒ B. 7,25 l de produit.

❒ C. 3 l de produit.

❒ D. 2 bidons.

❒ E. 3 bidons.

❒ F. 4 bidons.

10. Le (la) nouvel(elle) enseignant(e) avec lequel (laquelle) vous travaillez comme ATSEM depuis une semaine vous cantonne aux tâches de préparation des activités et d'entretien des locaux :

❒ A. Vous lui demandez de vous laisser l'assister dans l'animation d'activités pédagogiques en expliquant les missions de l'ATSEM.

❒ B. Vous faites un courrier au maire pour lui demander d'intervenir auprès de l'enseignant(e).

❒ C. Vous faites un courrier au (à la) directeur(trice) pour lui demander d'intervenir auprès de l'enseignant(e).

❒ D. Vous le regrettez, mais ne pouvez rien y faire car l'enseignant(e) décide seul(e) de la façon de gérer sa classe.

11. À propos de la sieste à l'école maternelle, il est exact que :

❒ A. La sieste est obligatoire pour tous les enfants.

❒ B. Une séance de jeux animés ou de courses dans la cour de récréation peut-être organisée juste avant la sieste pour fatiguer les enfants.

❒ C. La sieste doit se situer le plus tôt possible après le repas.

❒ D. Un rituel parfaitement établi aide à l'endormissement des enfants.

❒ E. La durée de la sieste ne doit pas dépasser 1 heure, pour ne pas porter préjudice au sommeil nocturne des enfants.

❒ F. La surveillance de la sieste peut être assurée par l'ATSEM afin de libérer l'enseignant(e) pour d'autres activités.

❒ G. Il est opportun de proposer aux enfants un passage par la cour de récréation après leur lever pour faciliter leur réveil.

12. Lucas, 4 ans, butte sur le début des mots. Ce bégaiement l'empêche de se faire comprendre correctement :

❒ A. Vous tâchez de le rassurer et de le mettre en confiance.

❒ B. Vous lui demandez de se calmer et de mieux articuler.

- ❐ **C.** Vous vous moquez avec humour de ses hésitations et lui dîtes de faire des efforts pour parler plus vite.
- ❐ **D.** Vous l'interpellez devant les autres enfants pour l'inciter à prendre plus souvent la parole.
- ❐ **E.** Vous prenez le temps de l'écouter et vous lui parlez lentement pour ne pas le brusquer.

13. Contre quelle(s) maladie(s) le vaccin D.T. POLIO protège-t-il ?

- ❐ **A.** Le tétanos.
- ❐ **B.** La tachycardie.
- ❐ **C.** La dermatose.
- ❐ **D.** La diphtérie.
- ❐ **E.** La poliomyélite.
- ❐ **F.** La pédiculose.

14. Vous êtes consulté(e), avec vos collègues, pour renouveler le stock de produit détergent-désinfectant pour les mobiliers et les sols de la cantine scolaire. Indiquez, dans la liste suivante, le ou les critère(s) à retenir pour le choix de ce produit :

- ❐ **A.** Le produit doit être un détergent-désinfectant agréé pour contact alimentaire.
- ❐ **B.** Le produit doit être conditionné en pulvérisateur.
- ❐ **C.** Le produit choisi doit être le plus cher, gage d'efficacité.
- ❐ **D.** Le produit doit être bactéricide et fongicide selon les normes européennes.
- ❐ **E.** Le produit ne doit porter aucun pictogramme de danger.

15. Vous êtes en charge d'un groupe d'élèves de grande section durant la pause de midi. Il y a une demi-heure d'attente avant le repas et il fait très chaud. Quelle(s) activité(s) pouvez-vous proposer aux enfants ?

- ❐ **A.** Jouer au ballon dans la cour.
- ❐ **B.** Participer à un atelier de mathématiques.
- ❐ **C.** Prendre part à un jeu de construction et de manipulation dans le hall.
- ❐ **D.** Se livrer à une activité de dessin ou de coloriage.
- ❐ **E.** Leur raconter une histoire.

16. La classe de moyenne section dans laquelle vous exercez, accueille un enfant épileptique. Vous êtes de surveillance dans la cour sur le temps de cantine lorsqu'une crise survient. Que faites-vous ?

- ❐ **A.** Vous conservez votre calme et rassurez les autres élèves.
- ❐ **B.** Vous facilitez la respiration de l'enfant en desserrant ses vêtements, surtout autour du cou.
- ❐ **C.** Vous maintenez l'enfant pour empêcher les convulsions.
- ❐ **D.** Vous transposez l'enfant dans une salle de classe, pour l'isoler des autres.
- ❐ **E.** Vous faites une respiration artificielle à l'enfant.

- ❒ **F.** Vous regardez votre montre pour connaître la durée de la crise.
- ❒ **G.** Vous attendez que l'enfant reprenne conscience et restez auprès de lui en lui parlant calmement.

17. Chaque jeudi matin, les deux classes de moyenne section de l'école maternelle sont réunies pour la chorale. Les enseignant(e)s animent l'activité et vous demandent, en tant qu'ATSEM, d'être présent(e). Quel est votre rôle ?

- ❒ **A.** Être attentif(ve) aux situations de conflits entre enfants.
- ❒ **B.** Acheminer les enfants aux toilettes si nécessaire.
- ❒ **C.** Recentrer les enfants sur l'activité.
- ❒ **D.** Repérer les enfants en difficulté et en parler à l'enseignant(e) de votre classe.

18. La méthode HACCP concerne :

- ❒ **A.** Les activités éducatives.
- ❒ **B.** L'entretien des sanitaires.
- ❒ **C.** Les soins d'urgence.
- ❒ **D.** La restauration collective.

19. Lors des opérations de remise en état des locaux, pendant les vacances scolaires, vous utilisez la monobrosse pour décaper les sols en thermoplastique des salles de classe. Indiquez, parmi les affirmations suivantes, celle(s) permettant de travailler en toute sécurité :

- ❒ **A.** L'état du câble électrique doit être vérifié avant et après l'utilisation de la monobrosse.
- ❒ **B.** Vous devez toujours travailler avec la monobrosse en avançant.
- ❒ **C.** Pendant l'utilisation de la monobrosse, le câble électrique doit être positionné sur votre épaule.
- ❒ **D.** Vous devez porter des chaussures de sécurité pendant l'utilisation de la machine.

20. L'apport de la vitamine D est important pendant la petite enfance pour prévenir :

- ❒ **A.** L'anorexie mentale.
- ❒ **B.** Le rachitisme.
- ❒ **C.** La boulimie.
- ❒ **D.** Les maladies infectieuses.
- ❒ **E.** L'anémie.

Corrigé

1. **A, B et E :** L'ATSEM a pour mission d'aider les enfants dans l'acquisition de l'autonomie dans les gestes du quotidien (l'habillage et le déshabillage, le lavage des mains, se servir seul à la cantine) et dans l'apprentissage des règles du vivre ensemble (respect d'autrui et de l'environnement…).
2. **A et D :** L'accueil périscolaire n'est pas une simple garderie. Il s'agit d'un accueil collectif pendant lequel sont pratiquées des activités de loisirs éducatifs et de détente. Le but essentiel est de favoriser la créativité et le plaisir du jeu, de développer le sens critique, l'esprit d'analyse, le besoin d'agir et toute initiative pouvant aider les enfants à s'assumer pleinement.
3. **A, B, D, E et F :** Par mesure de sécurité, il est prudent de fermer les fenêtres avant de quitter définitivement la pièce.
4. **A, C et D :** Une hyperthermie est une fièvre supérieure à 38 °C. L'ATSEM n'est pas habilitée à administrer un médicament. Sur le temps périscolaire, elle prévient les parents. Elle découvre l'enfant et peut mettre une poche de glace sur le front de l'enfant en attendant l'arrivée des parents.
5. **E :** Le directeur d'école est fonctionnaire de l'Éducation nationale, et non salarié de la commune.
6. **C et D :** L'ATSEM n'a pas à assumer seul, ou avec une collègue, l'accueil et la surveillance des élèves. Ils seront donc répartis dans les autres classes en attendant l'arrivée du remplaçant.
7. **C, D et E :** Les sorties scolaires relèvent de la circulaire n° 99-136 du 21 septembre 1999 relative à l'organisation des sorties scolaires dans les écoles maternelles et élémentaires publiques.
8. **A :** Le petit-déjeuner est un repas essentiel. Un produit laitier (lait, yaourt) est indispensable pour son apport en protéines et en calcium. Les viennoiseries sont à éviter car trop grasses. Le jus de fruits contient des vitamines et le pain fournit les glucides riches en énergie.
9. **A et F :** Les travaux de remise en état des sols concernent une surface totale de 4 classes × 45 m^2, soit 180 m^2. Cette surface représente 4,5 × 40 m^2 (180/40). Il faudra donc 4,5 × 1,5 l de produit décapant, soit 6,75 l au total. Le produit étant conditionné en bidon de 2 litres, la commande sera de 4 bidons (6,75/2 = 3,375).
10. **D :** C'est l'enseignant qui détermine son mode de collaboration avec l'ATSEM.
11. **C, D et F :** La sieste n'a pas de caractère obligatoire. Elle est organisée juste après le déjeuner, moment propice à l'endormissement pendant la phase de digestion. Elle peut durer plus d'une heure, le cycle de sommeil du jeune enfant se situant entre 75 à 90 minutes. La durée de la sieste n'impacte pas la qualité du sommeil nocturne. L'ATSEM assure la surveillance de la sieste y compris sur le temps scolaire du début d'après-midi jusqu'au réveil du dernier enfant, afin de permettre à l'enseignant de prendre en charge ceux qui ont déjà réintégré la classe. Les enfants doivent bénéficier d'un endormissement calme d'où l'importance d'établir et de respecter des rituels sur le temps de la sieste. Après la sieste, les enfants regagnent chacun à leur rythme directement la classe et débutent leur après-midi par une activité calme.

12. A, D et E : Pour aider un enfant qui souffre de bégaiement, il convient de lui montrer l'exemple en lui parlant lentement. Il doit être rassuré et mis en confiance sans chercher à lui rappeler trop souvent qu'il doit s'efforcer de bien articuler. La stimulation langagière de l'enfant est importante afin d'éviter l'isolement. Il est hors de question de se moquer de lui, afin de ne pas stigmatiser les difficultés qu'il rencontre.

13. A, D et E : Le D.T. Polio est un vaccin luttant contre la Diphtérie, le Tétanos et la Poliomyélite.

14. A et D : Pour l'entretien des sols et mobiliers de la cantine scolaire, il est impératif d'utiliser un détergent-désinfectant pour contact alimentaire. Il est bactéricide et fongicide. L'utilisation du produit conditionné en vaporisateur est possible car plus pratique, mais pas exclusive. *A minima*, le produit est corrosif et son utilisation nécessite le port de gants.

15. D et E : Il est hors de question de faire jouer les enfants dehors compte tenu de la chaleur. L'idéal est de maintenir les enfants dans leur classe et de leur proposer une activité calme : leur raconter une histoire ou organiser une activité de coloriage.

16. A, B, F et G : Il convient de garder son calme et de mettre l'enfant en sécurité. Il faut veiller à ne pas bouger l'enfant sauf à le mettre en position latérale de sécurité. Desserrez ce qui se trouve autour de son cou afin de faciliter la respiration. Rassurez-le. Il est important de connaître la durée de la crise. Si elle persiste au-delà de 5 minutes, il faut contacter un service d'urgence.

17. B : L'ATSEM est disponible pour assurer l'accompagnement des enfants aux toilettes. L'encadrement de l'activité est du ressort des enseignants.

18. D : C'est une méthode permettant la réduction de risques physiques, chimiques et microbiologiques dans les locaux de restauration.

19. A, C et D : L'état du câble électrique doit être vérifié avant chaque utilisation de la monobrosse. Pendant le travail, ce câble doit être éloigné de la zone de nettoyage : il est mis sur l'épaule. Le port des chaussures de sécurité est recommandé. La monobrosse peut être utilisée en avançant ou en reculant.

20. B : Le rachitisme est une maladie des os qui se manifeste pendant l'enfance en raison d'une carence en vitamine D.

ATSEM
3e Concours
Épreuve d'admissibilité

QRC

- Sujet 17 : Session 2022
- Sujet 18 : Session 2021
- Sujet 19 : Session 2019
- Sujet 20 : Session 2018
- Sujet 21 : Session 2017

2 heures • Coef 1

Sujet 17
Session 2022

Difficulté : ★★★ 45 min • Coefficient : 1

Épreuve concours 3e voie CDG de Rhône-Alpes

Question 1 - Temps de repos des enfants de 2 à 4 ans - Documents 1 et2 (5 points)

1. Reproduisez le tableau ci-dessous **sur votre copie** et complétez-le. (3 points)

	Élève de PS		Élève de MS	
	mange à la cantine au 1er service de 12 h	revient à l'école à 13 h 30	mange à la cantine au 2e service de 12 h 45	revient à l'école à 13 h 30
Heure de sieste, moment du coucher				
Lieu				
Personne en charge de la surveillance				
Commentaire, si nécessaire				

2. Que pouvez-vous proposer pour favoriser l'endormissement des enfants ? Listez au moins 4 propositions. (1 point)

3. Que pouvez-vous proposer sur le temps périscolaire de la pause méridienne pour les enfants qui ne dorment pas ? Listez au moins 4 propositions. (1 point)

Question 2 – Acquisition de la propreté – Document 3 (3,5 points)

Tous les enfants n'ont pas forcément acquis la propreté à leur entrée en maternelle et celle-ci n'est pas une condition à leur accueil à l'école. En tant qu'ATSEM, vous êtes chargé d'accompagner les enfants dans cette acquisition.

1. Qu'est-ce qu'un enfant a besoin de savoir faire pour ensuite pouvoir être propre ? Listez 4 capacités de l'enfant (motrice, physiologique, langagière etc.) nécessaires à sa propreté. (1 point)
2. Quelles sont les attitudes à éviter pour aider l'enfant dans l'acquisition de la propreté ? (1 point)
3. D'une manière générale que pouvez-vous faire pour aider un enfant à devenir propre ? Présentez au moins 4 attitudes ou propositions adaptées à cette situation. (1,5 point)

Question 3 – Encadrement d'une sortie scolaire – Document 4 (5 points)

Plusieurs classes de votre école travaillent actuellement sur le monde du vivant et sur les animaux en particulier. Une sortie occasionnelle à la journée est organisée pour les conduire dans un parc animalier.

1. Avez-vous le droit d'accompagner la classe sur cette journée complète de sortie scolaire ? Quelle démarche particulière est à effectuer auparavant ? (1 point)
2. Cette année, vous travaillez dans une classe de 24 élèves de moyenne section. Combien doit-il y avoir d'adultes au minimum pour encadrer cette sortie ? Qui seraient ces adultes selon vous ? (1 point)
3. L'enseignant vous charge de préparer un sac avant la sortie. Quelles affaires essentielles prenez-vous ? Rédigez cette réponse sous forme d'une liste. (1 point)
4. Les sorties scolaires doivent être en lien avec des apprentissages réalisés en classe. Citez une activité avec les enfants que l'enseignant pourrait vous confier pour préparer la sortie et expliquez quels apprentissages elle accompagnerait. Rédigez votre réponse en 8 lignes maximum. (1 point)
5. Dans le cadre du projet éducatif de territoire (PEDT) de plus en plus de communes confient l'animation des temps périscolaires aux ATSEM. Quelle activité proposeriez-vous aux enfants en complément de la sortie au parc animalier et du travail réalisé en classe ? Rédigez votre réponse en 5 lignes maximum. (1 point).

Question 4 – Assistance pédagogique à l'enseignant : atelier d'arts plastiques – Documents 5 et 6 (3,5 points)

Les arts plastiques font partie des enseignements mis en œuvre dans les classes des écoles maternelles.

1. Citez les 3 couleurs primaires ainsi que les 3 couleurs secondaires en indiquant quels mélanges permettent de les obtenir. (1 point)

2. Pour organiser l'atelier, l'enseignant vous demande de préparer le matériel afin de permettre aux élèves de grande section de découvrir par eux-mêmes les mélanges de couleurs. En 5 lignes maximum, indiquez le matériel que vous préparez et les précautions particulières que vous prenez concernant l'organisation en justifiant votre réponse ? (1,5 point)

3. Expliquez en 2 ou 3 lignes comment vous présentez l'atelier et donnez les consignes aux élèves, mais également à quoi vous êtes attentif pour leur permettre de progresser dans leurs apprentissages au moment de l'activité. (1 point)

Question 5 : Sécurité dans la cour de récréation – Document 7 (3 points)

1. Vous êtes en charge de la surveillance de la cour de récréation pendant la pause méridienne. Les enfants ont accès notamment à une structure de jeux. Reproduisez le tableau ci-dessous **sur votre copie** et complétez-le en indiquant 4 actions et jeux possibles à partir de cette structure (1 point).

Action/Jeux	Partie de la structure concernée

2. Quelles sont les règles de sécurité que vous devez mettre en place et faire respecter aux enfants ? Listez au moins 4 réponses possibles. (1 point)

3. Quel autre matériel est-il intéressant de proposer dans la cour sur le temps méridien et pour quel type d'activité ? Formulez 2 propositions. (1 point)

Document 1

Le temps calme, la sieste à l'école maternelle : des points clés pour une organisation pensée en équipe (extrait)

Groupe maternelle, DSDEN 70, Académie de Besançon, janvier 2017.

Aménagement et organisation possible pour les enfants de 2 à 4 ans : TPS/PS et MS (selon les besoins de sommeil)		
	Des recommandations	**Évolution possible**
L'heure du coucher La durée	Il est souhaitable de ne pas retarder le temps d'endormissement. La sieste doit être la plus rapprochée possible du repas. L'accueil dans la cour en début d'après-midi est à éviter. À partir de 13 h 20 (si horaire d'école à 13 h 30), les élèves devraient pouvoir aller se coucher au fur et à mesure de leur arrivée à l'école. Les parents peuvent participer à ce temps d'accueil en accompagnant les enfants aux toilettes et à l'entrée du dortoir. Les enfants de PS qui déjeunent au restaurant scolaire, devraient pouvoir être couchés à l'issue du repas. Cette organisation nécessite une concertation avec les animateurs en charge de la pause méridienne. La sieste ne doit pas se poursuivre trop tard dans l'après-midi. (Derniers levers vers 15 h 15/15 h 30).	Le besoin de sieste, chez la plupart des enfants, continue à être réel jusqu'à 4 ans. Certains enfants peuvent passer d'un temps de sieste à un temps de repos allongé de 20 à 30 minutes au cours de l'année.
Les locaux	Le dortoir n'est pas systématiquement l'unique réponse ; il sera utilisé en priorité pour les tout-petits et petits. La salle de sieste doit être proche de la classe. Hygiène : la température est adaptée (18-20), la pièce a été préalablement bien aérée, les parents n'y rentrent pas. Chaque enfant doit pouvoir repérer facilement l'endroit où il se repose. Il a une place permanente, son prénom est inscrit sur le lit-couchette. Le matériel de lit (draps, oreillers, couvertures) est attribué nominativement. Il est, soit fourni par l'école et entretenu périodiquement (à chaque vacances), soit fourni par les familles.	
Surveillance	La surveillance exercée doit être constante. L'enseignant reste responsable de ses élèves. Sur le temps scolaire, il veille à l'endormissement des enfants puis confie la surveillance de la sieste à une ATSEM. Les personnes qui sont présentes au dortoir s'expriment en chuchotant. Leurs paroles sont rassurantes et apaisantes envers les enfants.	

L'endor-missement	Les enfants passent aux toilettes et sont couchés au fur et à mesure de leur arrivée. Veiller à ce qu'ils soient à l'aise dans leurs vêtements. L'endormissement est d'autant plus facile que les enfants sont accompagnés par des personnes familières et rassurantes (enseignant et ATSEM). Des rituels sont instaurés comme l'écoute d'une comptine, d'une berceuse ou encore la mélodie d'une boîte à musique. Les objets transitionnels (doudous, nounours, sucettes) font partie des éléments sécurisants de ce moment de repos. À cet âge-là, le temps d'endormissement est très rapide. Si ce n'est pas le cas, l'enfant s'agite. Il doit être levé. L'enseignant peut alors quitter le dortoir avec les enfants qui ne dorment pas au bout de 20 à 30 minutes et rejoindre la classe pour proposer des activités calmes en classe (contes, berceuses, poésie, écoute musicale…).	Pour certains élèves, ces objets pourront être abandonnés au cours de l'année.
Le réveil	L'idéal pour les enfants serait de se réveiller presque spontanément, grâce à des bruits ambiants, non agressifs, qui leur permettent de sortir du sommeil lorsque celui-ci devient léger. Un enfant se réveille tout seul, spontanément, à la fin d'un cycle de sommeil. Si on fixe arbitrairement la durée de la sieste à une heure, l'enfant est réveillé dans une phase de sommeil profond. La sieste ne sera pas bénéfique. Un retour échelonné dans la classe est souhaité après environ 1 h 30 de sieste. Les conditions dans lesquelles se déroule le lever sont à prévoir : prendre le temps pour l'habillage et le passage aux toilettes. Le retour en classe est accompagné. Aucun élève ne rejoint seul sa classe.	
Après la sieste	**L'accueil des enfants qui se réveillent est à penser en équipe.** À leur arrivée progressive en classe, des activités calmes, individuelles ou de groupes sont à proposer. Ces activités ne doivent pas viser de nouveaux apprentissages : prévoir éventuellement une activité de réinvestissement. Proposer aux enfants **de faire la sieste un jour sur deux**, pour mettre en place des situations d'apprentissages en petits groupes est une pratique **à proscrire**, d'autant plus que l'ajout d'une matinée de classe dans la semaine permet de conduire ces apprentissages le matin.	

Après la sieste	**Dans une classe de PS où tous les enfants dorment, l'enseignant prendra en charge un groupe d'enfants d'une autre classe dans le cadre de décloisonnements.** Les activités d'apprentissage peuvent reprendre leur cours une fois les derniers enfants réveillés. Ces derniers sont calmes et disponibles pour au moins 20 minutes. **Proposer une récréation après le lever des enfants est à proscrire.**	

(…)

Document 2

Mieux dormir pour mieux apprendre (extrait)

Synthèse de la recherche et recommandations. CSEN – Mars 2022.

[…]

6.2. Le sommeil n'est pas uniquement une affaire de nuit : la place de la sieste

En France, depuis de nombreuses années, une majorité de professionnels de l'éducation exerçant en cycle 1 est sensible à la nécessité de prendre en charge le besoin de sieste des enfants. Les dispositions et les pratiques en matière de sommeil représentent un défi important pour les équipes éducatives qui doivent composer avec le manque de ressources financières, les contraintes pratiques et les préférences des parents. Certaines écoles ont su trouver cet équilibre et parviennent à offrir une sieste à tous les enfants de la petite à la moyenne section, voire pour certaines d'entre elles aux enfants de grandes sections présentant des besoins particuliers. D'autres, en raison de contraintes d'espace, de personnels, de nombre d'enfants, se voient obligées de supprimer les siestes avant leur arrêt spontané en début de moyenne section de maternelle, sans tenir compte des différences d'âges des enfants ou de leurs différents besoins. Inversement, certaines écoles ont mis en place des siestes obligatoires, auxquelles tous les enfants doivent participer, quels que soient leurs besoins individuels en matière de sommeil. Proposer une sieste à un enfant qui n'en a plus besoin est fréquemment associé à des perturbations du sommeil nocturne, alors qu'une sieste chez ceux qui en ont encore besoin n'impacte pas le sommeil de nuit. De plus, comme nous l'avons vu, l'effet de la sieste sur les apprentissages est surtout présent chez les siesteurs habituels, et une nouvelle fois le sommeil répond à un besoin.

Même si la sieste n'est pas obligatoire, l'organisation de la sieste doit pouvoir se faire avec toute la souplesse nécessaire à la prise en compte des besoins de chaque enfant, qui évoluent entre 2 et 6 ans. Ainsi, celle-ci ne peut pas être imposée à un enfant qui n'en aurait pas besoin, et inversement elle ne peut pas être supprimée de manière collective en cours d'année (il ne faut pas oublier qu'un enfant de moyenne section né en décembre et celui de petite section né en janvier auront des besoins physiologiques proches). Ne l'oublions pas, un enfant qui dort c'est un enfant qui apprend et qui consolide ce qu'il a appris !

Le moment propice pour la sieste se situe en tout début d'après-midi, le plus tôt possible après le déjeuner. L'endormissement est un moment crucial. Celui-ci, lorsqu'il est accompagné par une activité calme et rassurante (lecture, musique…), permettra aux enfants de réduire leur niveau d'éveil et facilitera l'endormissement. Il n'est pas nécessaire que ce rituel de coucher dure longtemps, mais il doit permettre de rassurer l'enfant. Le temps nécessaire pour l'endormissement est variable d'un enfant à l'autre, il est souvent indiqué que l'on peut lever un enfant qui ne dormirait pas au bout de 20 minutes. Il est important de rappeler qu'un endormissement en 20 minutes n'est possible que si l'enfant arrive calme et prêt à s'endormir à la couchette.

Comme nous l'avons vu, un cycle de sommeil dure environ 90 minutes (on ne compte pas ici le temps d'endormissement). En maternelle, la sieste doit permettre un cycle complet. L'environnement est également important, le dortoir doit être confortable et accueillant. Il est toujours plus difficile de dormir en groupe, dans un environnement qui n'est pas familier. Afin de permettre à l'enfant de se sentir bien dans sa couchette, une préparation peut être mise en place pour la personnaliser. Alors que le silence est important dans le dortoir l'obscurité n'est pas nécessaire. La lumière naturelle permettra à l'enfant de différencier le sommeil de nuit et celui de la sieste, cela aidera la mise en place de son rythme circadien. Plus la sieste sera considérée comme normale et surtout bénéfique pour l'équipe éducative, plus l'enfant prendra conscience de l'importance du sommeil. Celui-ci ne doit pas être considéré comme réservé aux « petits » ou comme la solution à des problèmes de comportement, mais plus comme une opportunité de mieux apprendre. Ainsi, il sera important de veiller ce que les enfants qui dorment, ne ressentent pas de frustration à avoir manqué une partie des activités faites dans la classe.

Mieux dormir pour mieux apprendre. Synthèse de la recherche et recommandations. CSEN – Mars 2022. *Texte rédigé sous la direction de Stéphanie Mazza, avec les contributions de Kinga lgloi, Sabine Plancoulaine, Amandine Rey et Rébecca Shankland.*

Document 3

L'étape de la propreté

« Les Lutins verts », service de soins aux enfants, Liège, Belgique.

Document 4

Organisation des sorties scolaires dans les écoles maternelles et élémentaires publiques (extrait)

Bulletin officiel, Hors-série n 7 du 23 septembre 1999

[...] II.2.1. L'encadrement pendant la vie collective, hors périodes d'enseignement

Quels que soient le type de sortie scolaire et les effectifs de la classe, les élèves sont toujours encadrés par deux adultes au moins, dont le maître de la classe. Le deuxième adulte peut être un autre enseignant, un aide éducateur, un agent territorial spécialisé d'école maternelle (ATSEM), un parent ou autre bénévole...

Pour les sorties scolaires régulières et occasionnelles sans nuitée, les adultes qui participent à l'encadrement de la vie collective en dehors des périodes d'enseignement doivent y être autorisés par le directeur d'école. Pour les sorties scolaires avec nuitée(s), la participation de ces adultes est mentionnée dans le dossier de demande d'autorisation à transmettre à l'inspecteur d'académie chargé de délivrer l'autorisation de départ. Il est rappelé, enfin, que la participation des ATSEM à l'encadrement des sorties scolaires doit faire l'objet d'une autorisation préalable du maire. La composition de l'équipe d'encadrement est précisée, en fonction des situations, dans le tableau 1 ci-dessous.

Le taux d'encadrement des élèves, défini pour chacune des catégories de sorties scolaires, s'applique y compris dans le cadre du transport. Le chauffeur n'est, en aucun cas, pris en compte dans le taux d'encadrement.

Toutefois :

à l'école élémentaire, l'enseignant peut se rendre seul, avec sa classe, soit à pied soit en car spécialement affrété pour la sortie scolaire, sur un lieu situé à proximité de l'école pour une durée globale qui ne dépasse pas la demi-journée de classe (par exemple : gymnase, salle de sport, piscine, bibliothèque municipale...) ;

à l'école maternelle, l'enseignant accompagné d'un adulte, peut se rendre, avec sa classe, soit à pied soit en car spécialement affrété pour la sortie scolaire, sur un lieu situé à proximité de l'école pour une durée globale qui ne dépasse pas la demi-journée de classe (par exemple : gymnase, salle de sport, piscine, bibliothèque municipale...).

Dans tous les cas, lorsqu'une classe comporte des élèves de niveau maternel, les taux d'encadrement applicables sont ceux de l'école maternelle. Les activités proposées lors des sorties scolaires occasionnelles, dès lors qu'elles ne relèvent pas des activités physiques et sportives, sont assimilées à la vie collective en ce qui concerne les taux d'encadrement.

Tableau 1

Taux minimum d'encadrement au cours de la vie collective selon les types de sorties scolaires

	Effectif	
	École maternelle, classe maternelle ou classe élémentaire avec section enfantine	École élémentaire
Sortie régulière	2 adultes au moins dont le maître de la classe, quel que soit l'effectif de la classe. Au-delà de 16 élèves, un adulte supplémentaire pour 8.	2 adultes au moins dont le maître de la classe, quel que soit l'effectif de la classe. Au-delà de 30 élèves, un adulte supplémentaire pour 15.
Sortie occasionnelle sans nuitée	2 adultes au moins dont le maître de la classe, quel que soit l'effectif de la classe. Au-delà de 16 élèves, un adulte supplémentaire pour 8.	2 adultes au moins dont le maître de la classe, quel que soit l'effectif de la classe. Au-delà de 30 élèves, un adulte supplémentaire pour 15.
Sortie avec nuitée(s)	2 adultes au moins dont le maître de la classe, quel que soit l'effectif de la classe. Au-delà de 16 élèves, un adulte supplémentaire pour 8.	2 adultes au moins dont le maître de la classe, quel que soit l'effectif de la classe. Au-delà de 20 élèves, un adulte supplémentaire pour 10.

[…]

Document 5

Annexe - Programme d'enseignement de l'école maternelle (extraits)

Bulletin officiel de l'Éducation nationale, de la Jeunesse et des Sports, n 25 du 24 juin 2021

[…]

3.1. Objectifs visés et éléments de progressivité Développer du goût pour les pratiques artistiques

Les enfants doivent avoir des occasions fréquentes de pratiquer, individuellement et collectivement, dans des situations aux objectifs diversifiés. Ils explorent librement, laissent des traces spontanées avec les outils qu'ils choisissent ou que l'enseignant leur propose, dans des espaces et des moments dédiés à ces activités. Ils font des essais que les enseignants accueillent positivement. Ils découvrent des matériaux qui suscitent l'exploration de possibilités nouvelles, s'adaptent à une contrainte matérielle. Tout au long du cycle, ils s'intéressent aux effets produits, aux résultats d'actions et situent ces effets ou résultats par rapport aux intentions qu'ils avaient.

Chaque activité offre aussi l'occasion d'une expression orale, par anticipation, en situation, a posteriori ou de façon décontextualisée. [...]

3.1.1. Les productions plastiques et visuelles

[...]

Réaliser des compositions plastiques, planes et en volume

Pour réaliser différentes compositions plastiques, seuls ou en petit groupe, les enfants sont conduits à s'intéresser à la couleur, aux formes et aux volumes.

Le travail de la couleur s'effectue de manière variée avec les mélanges (à partir des couleurs primaires), les nuances et les camaïeux, les superpositions, les juxtapositions, l'utilisation d'images et de moyens différents (craies, encre, peinture, pigments naturels, etc.). Ces expériences s'accompagnent de l'acquisition d'un lexique approprié pour décrire les actions (foncer, éclaircir, épaissir, etc.) ou les effets produits (épais, opaque, transparent, etc.).

Source : https://eduscol.education.fr/document/20062/download

Document 6

Illustration réalisée à partir du cercle chromatique de Johannes Itten

Wikipédia

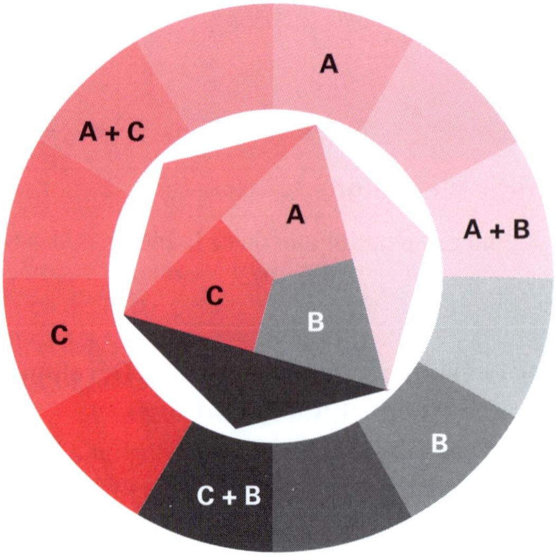

Document 7

Structure de jeux dans une cour de récréation

Banque des Territoires

Corrigé

Question 1

1.

	Élève de PS		Élève de MS	
	Mange à la cantine au 1er service de 12 h	Revient à l'école à 13 h 30	Mange à la cantine au 2e service de 12 h 45	Revient à l'école à 13 h 30
Heure de sieste, moment du coucher	Juste après le déjeuner à partir de 12 h 30-12 h 45, sans temps de récréation.	À partir de 13 h 20, à leur arrivée à l'école.	Juste après le déjeuner à partir de 13 h 15-13 h 30, sans temps de récréation.	À partir de 13 h 20, à leur arrivée à l'école.

	Élève de PS		Élève de MS	
Lieu	Dortoir.	Dortoir.	Dortoir ou autre salle.	Dortoir ou autre salle.
Personne en charge de la surveillance	En dehors du temps scolaire, sous la responsabilité du personnel communal, notamment l'ATSEM.	Sous la responsabilité de l'enseignant, surveillance confiée à l'ATSEM.	En dehors du temps scolaire, sous la responsabilité du personnel communal, notamment l'ATSEM.	Sous la responsabilité de l'enseignant, surveillance confiée à l'ATSEM.
Commentaire, si nécessaire		Les parents peuvent accompagner leur enfant jusqu'au lieu de sieste.		Les parents peuvent accompagner leur enfant jusqu'au lieu de sieste.

2. L'ATSEM peut aider à l'endormissement des enfants en :
   - Mettant en place des rituels (gestion des objets transitionnels, histoire(s)) ;
   - Faisant écouter aux enfants des musiques douces (berceuse), des consignes de relaxation… ;
   - Adoptant une attitude sécurisante : gestes calmes, voix feutrée ;
   - Accompagnant individuellement ceux qui ont des difficultés à s'endormir.
3. La sieste n'est pas obligatoire. Des élèves ne font pas la sieste, d'autres ne parviendront pas à s'endormir. Pour les enfants qui ne font pas la sieste, l'ATSEM peut proposer un temps calme : écoute musicale ou d'un récit enregistré, lecture, jeu de manipulation…

Question 2

1. Pour devenir propre, un enfant doit être en capacité :
   - de contrôler sa vessie et ses sphincters ;
   - d'exprimer son envie de faire pipi ou caca ;
   - de maîtriser des aptitudes motrices tel que monter sur le réducteur des toilettes par exemple ;
   - de devenir plus autonome en lien avec une maturation affective et émotionnelle.
2. La meilleure façon qu'un enfant devienne propre, c'est de ne lui mettre aucune pression. On ne gronde pas et ne punit pas un enfant qui a un « accident de propreté » car cela peut le mettre en situation d'échec. On évite les mots à connotation négative comme « sale » ou « pue ». L'ATSEM change l'élève qui s'est souillé en faisant preuve de discrétion, l'« accident de propreté » n'a pas à être connu des autres élèves.
3. L'ATSEM en tant que professionnel de la petite enfance doit maîtriser le processus d'acquisition de la propreté chez le jeune enfant. Il est attentif aux comportements et aux discours des élèves qui pourraient laisser penser qu'ils ont besoin de passer aux toilettes et les accompagner dans les meilleurs délais. Progressivement, il va repérer

leurs habitudes. Dès que l'enfant exprime une envie, il est important de le conduire rapidement aux toilettes. L'ATSEM valorise la propreté, mais ne sanctionne pas les incidents de propreté.

Question 3

1. Selon les dispositions relatives à l'organisation des sorties scolaires dans les écoles maternelles et élémentaires (bulletin officiel hors-série du 23 septembre 1999), l'ATSEM peut accompagner la classe pour la sortie scolaire avec l'autorisation du directeur de l'école, ce dernier informant la collectivité employeur de l'agent.
2. Pour encadrer la sortie au parc animalier, 3 adultes doivent être présents. Il s'agit de l'enseignant, de l'ATSEM, et d'une troisième personne enseignant ou parent d'élève par exemple.
3. L'ATSEM se charge de la préparation de la sortie scolaire. Il prévoit d'emporter :
   - un téléphone portable et les coordonnées de l'école ;
   - une trousse de secours ;
   - les fiches de renseignements des élèves ;
   - les PAI (Projet d'Accueil Personnalisé) et PPS (Projet Personnalisé de Scolarisation pour les élèves concernés) ;
   - de l'eau, de l'essuie-tout, des mouchoirs et des sacs plastiques.
4. L'ATSEM peut proposer un atelier de reconnaissance des animaux que les élèves vont retrouver lors de la visite du parc animalier. Il serait basé sur un jeu d'images thématiques. L'atelier permettrait de faire travailler les enfants sur la reconnaissance des animaux et leurs caractéristiques physiques, sur un classement par taille, sur la différenciation de leur habitat, … Les élèves développent leurs connaissances sur les animaux, développent leur capacité d'observation et de mémorisation, réalisent des exercices de rangement…
5. L'ATSEM peut, sur le temps périscolaire et en concertation avec l'enseignant, proposer une activité puzzle « animaux à reconstituer ». Cette séquence, très ludique, permet d'apprendre en jouant. Elle participe à l'évolution des connaissances de l'élève sur le monde animalier, développe le langage tout en étant associée à une activité motrice.

Question 4

1. Les trois couleurs primaires sont le rouge, le jaune et le bleu. À partir de ces trois couleurs, on peut obtenir toutes les autres nuances de couleurs existantes. Par exemple, en mélangeant du rouge et du jaune, on obtient la couleur orange, du rouge et du bleu mélangés donnent du violet, du jaune et du bleu, la couleur verte.
2. L'ATSEM prépare le matériel : gouache couleurs primaire, pinceaux, feuilles et assiettes cartonnées, nuancier… Il doit aussi préparer l'espace qui servira à l'atelier, en recouvrant les tables d'un film plastique pour les protéger. Il sort les blouses des élèves. Il prévoit un dispositif pour étendre les créations des enfants, sur une ficelle tendue et des pinces à linge.

3. L'ATSEM présente l'atelier aux élèves, le matériel dont ils disposent et le travail à réaliser. « Mettez un peu de deux couleurs différentes dans une assiette, mélangez les deux couleurs avec un pinceau et tracer un trait sur la feuille blanche ». « Recommencez en mélangeant deux autres couleurs ». L'ATSEM est attentif à ce que les élèves expriment le nom des couleurs mélangées et celle de la couleur obtenue par le mélange. Il veille au respect de la consigne. Il est vigilant à ce que les enfants n'ingèrent pas de peinture.

Question 5

1.

Jeux/Actions dans la structure

Actions/Jeux	Partie de la structure concernée
Se cacher	Cabane
Glisser	Toboggan
Grimper	Filet
Garder l'équilibre	Passerelle

2. L'ATSEM fait attention à ce que les élèves aient bien lacé/attaché leurs chaussures et qu'ils n'ont pas de vêtements amples qui pourraient d'accrocher aux éléments de la structure. Les enfants ne doivent pas se pousser ou se bousculer dans l'aire de jeux. La règle du « chacun son tour » doit être rappelée si nécessaire.

3. L'ATSEM peut mettre à disposition des élèves :

- un kit de jeu de cour, qui permet de créer un parcours ;
- des ballons, à utiliser seul ou en groupe. Jouer au ballon développe les aptitudes motrices et cognitives des jeunes enfants.

Sujet 18
Session 2021

Difficulté : ★★★

45 min • Coefficient : 1

Épreuve concours 3e voie CDG de Loire-Atlantique

Question 1 – Animation d'un atelier pédagogique : Le Verger – Document 1 (6 points)

1. Quels sont les intérêts, selon vous, de pratiquer des jeux à règles en école maternelle ? (1 pt – 0,5 x 2)
2. En vous appuyant sur ce document et vos connaissances personnelles, citez quelques compétences que permet spécifiquement de développer la pratique du jeu du verger. (1 pt)
3. L'enseignant.e de la classe de MS vous demande de préparer et d'animer la séance de découverte de ce jeu pour un groupe de 6 élèves. Listez les précautions et attentions à prendre en amont, pendant et après cette séance ? (3 pts)
4. Quel est l'intérêt de prévoir d'autres séances du jeu du verger après cette première séance ? (1 pt)

Question 2 – Soin aux élèves : crise d'épilepsie – Document 2 (3,5 points)

Un élève souffrant d'épilepsie bénéficie d'un Protocole d'Accueil Individualisé prévoyant l'administration de la molécule « midazolam » en cas de crise.

1. Donnez une brève définition de l'épilepsie (1 pt)
2. Quel est le mode d'administration de cette molécule ? (1 pt)
3. Le protocole prévoit de placer l'enfant en PLS. Donnez la signification de cet acronyme (0,5 pt) et son utilité (0,5 pt)
4. Que devez-vous faire de la seringue après avoir administré le médicament à l'élève ? (0,5 pt)

Question 3 – Restaurant scolaire : encadrement du temps de restauration – Document 3 (5 points)

Le service de restauration scolaire propose les menus présentés en document 3.

1. Classez les plats du menu du 21 janvier par famille d'aliments. Répondez sous forme de tableau. (1,5 point)
2. En vous appuyant sur vos connaissances, expliquez le rôle des féculents dans l'alimentation. (0,5 pt)

3. Un élève refuse de manger son entrée car il vous dit ne pas connaître ce plat. Quelle réaction adoptez-vous ? (1 pt)
4. Le temps de restauration constitue un temps éducatif important pour le jeune enfant. En tant qu'ATSEM, quels types de compétences veillez-vous à développer sur ce temps ? (2 pts)

Question 4 - Santé et sécurité au travail : exposition au radon - Document 4 (2 points)

1. À quel type de risques professionnels l'exposition au radon peut-elle être assimilée ? (0,5 pt)
2. Quelle est l'origine du radon ? (0,5 pt)
3. Quelle procédure pouvez-vous mobiliser en cas d'exposition à un risque pour votre santé dans le cadre professionnel ? Répondez en vous appuyant sur vos connaissances personnelles (0,5 pt)
4. En qualité d'ATSEM, quel est votre point de vigilance dans le cadre de la prévention des risques liés au radon ? (0,5 pt)

Question 5 - Participation à la communauté éducative : rapport de L'IGEN - Document 5 (5 points)

En vous appuyant sur ce document et sur vos connaissances personnelles, répondez aux questions suivantes :

1. Ce rapport réaffirme la participation de l'ATSEM à la communauté éducative. Donnez une définition de la communauté éducative. (0,5 pt)
2. En tant qu'ATSEM, qu'est-ce que cela implique ?
3. Donnez 2 exemples. (0,5 pt)
4. Citez 4 membres de cette communauté éducative à l'école maternelle. (1 pt)
5. Expliquez en quoi les ATSEM sont devenus les « adultes de référence » au sein de l'école maternelle. Rédigez votre réponse (1,5 pt)

Document 1

Le Verger (Obstergarten – éditions HABA)

Type de jeu / description

Jeu de coopération – 2 à 4 joueurs.

Contenu de la boîte

Un plateau de jeu représentant un verger (4 arbres fruitiers), 10 pommes, 10 poires, 10 prunes, 10 cerises, 4 paniers, 1 dé avec couleurs et symboles, 1 puzzle représentant un corbeau.

Règle du jeu

Pour gagner, les joueurs doivent cueillir tous les fruits avant l'arrivée du corbeau. Le dé détermine les actions des joueurs. Lorsque la face obtenue est une face « couleur », le joueur ramasse un fruit correspondant. Lorsque la face obtenue porte le symbole « panier », le joueur ramasse deux fruits de son choix. Et enfin, lorsque la face obtenue porte le symbole « corbeau », le joueur place une pièce du puzzle (image du corbeau). Si le puzzle est reconstitué avant que tous les fruits ne soient cueillis, c'est le corbeau qui gagne.

Objectif Langage

Utiliser, par exemple, des constructions infinitives (*il faut essayer de ramasser... / tu dois cueillir...*) et des constructions circonstancielles : des hypothèses (*si on ne ramasse pas tous les fruits...*), des temporelles (*on doit ramasser les fruits avant que le corbeau ne soit complété...*).

Déroulement de la première séance

- Avant de jouer : découverte du jeu par les enfants

➢ Nommer et disposer les éléments du jeu

« Sur le plateau de jeu, on peut voir un verger, avec des arbres fruitiers : un pommier, un poirier, un cerisier et un prunier. Pour installer le jeu, je place les fruits dans les arbres. Vous utiliserez les paniers pour récolter les fruits. Il y a aussi un dé avec des faces de couleurs ou des dessins et un puzzle de neuf pièces qui représente un corbeau ».

➢ Expliquer la règle / le but du jeu

« Le corbeau a vu que les fruits du verger étaient bien mûrs, il a très envie de les manger. Pour gagner, vous devez ramasser tous les fruits avant son arrivée. Chaque joueur à son tour lancera le dé. S'il obtient une face de couleur, il peut cueillir un fruit de la même couleur (si la face du dé est « rouge » il cueille une cerise…) et il le mettra dans son panier. Si la face du dé indique « panier », le joueur pourra choisir deux fruits. Mais attention, le corbeau s'approche à chaque fois qu'un joueur obtient la face « corbeau » et dans ce cas, il doit mettre une pièce du puzzle ».

➢ Expliquer la finalité du jeu

« Nous pourrons gagner tous ensemble si nous avons ramassé les fruits avant l'arrivée du corbeau, c'est-à-dire avant que le puzzle ne soit fini ».

- Au cours du jeu

➢ « C'est à ton tour de jouer, lance le dé. C'est la face jaune : que vas-tu ramasser ? Tu prends une poire, tu peux la mettre dans ton panier ».

➢ « Que dois-tu faire quand le dé tombe sur la face qui porte le dessin du panier ? »

➢ « Le dé indique le corbeau : tu vas devoir ajouter une pièce du puzzle, attention si tu tombes encore sur le corbeau tu vas perdre ».

- À la fin du jeu

➢ « Qui a gagné ? Avez-vous eu le temps de ramasser les fruits avant l'arrivée du corbeau ? »

➢ « Nous avons perdu : c'est le corbeau qui a été le plus rapide ».

Déroulement des séances suivantes

Reformulation de la règle par les enfants

1. Nommer les éléments du jeu

Adulte : Nous n'avons pas joué à ce jeu depuis un certain temps. Qui peut nous rappeler ce qu'il y a dans cette boîte ?… Comment s'appellent ces fruits / ces arbres / cet oiseau ?

Enfant(s) : Il y a des cerises… Il y a le corbeau qui veut manger les fruits…

2. Disposer les éléments du jeu

Adulte : Que faut-il faire pour commencer le jeu ?

Enfant(s) : Il faut mettre les fruits dans les arbres / sur les mêmes dessins…

3. Expliquer les grandes phases du jeu

Adulte : Que doit-on faire pour gagner à ce jeu ?…

Enfant(s) : Il faut ramasser les fruits et les mettre dans son panier…

Adulte : Alors c'est facile : on n'est pas pressé…

Enfant(s) : Non ! il faut faire attention au corbeau. On doit tout ramasser avant qu'il arrive… **Adulte :** Que se passe-t-il si on ne ramasse pas tous les fruits avant que le corbeau soit terminé ? **Enfant(s) :** c'est le corbeau qui gagne !

4. Expliquer la finalité du jeu

Adulte : A la fin comment on sait qui a gagné ?…

Enfant(s) : Si le puzzle du corbeau est fini, on a perdu. Si on a tout ramassé / ramassé tous les fruits alors on a gagné, on a été plus rapide que le corbeau…

AsFoRel
ASsociation de FOrmation et de REcherche sur le Langage

« Jouer pour parler, parler pour jouer… Le langage en jeu » ©

- Lien vers le document « Jouer pour parler, parler pour jouer... Le langage en jeu » proposé par L'ASFOREL
- Lien vers la vidéo « Le verger ».

Ministère de l'Éducation nationale, de l'Enseignement supérieur et de la Recherche, Ressources maternelle – Jouer et apprendre Les jeux à règles, http://eduscol.education.fr/ressources-maternelle

Document 2

Crise généralisée (grand mal)
Crise partielle Absence (petit mal)

- **Crise partielle = focale** = mouvement incontrôlé d'une partie du corps (par exemple mâchonnement ou répétition incessante d'un mot) RAS mais à signaler aux parents (1)
- **Absence** = rupture de contact = suspension soudaine, passagère et généralement très brève de la conscience. On remarque les absences si elles sont fréquentes et dans ce cas fort impact sur la qualité des apprentissages, à signaler aux parents (3)
- **Crise généralisée tonico-cloniqu**e, perte de connaissance brutale donc chute (et risque de blessure), extension tonique des membres, du tronc, souvent perte d'urines et/ou morsure de la langue avec une phase postcritique à respecter (stupeur, fatigue, douleurs musculaires…) (3)

= Très impressionnante mais le plus souvent ce n'est pas une urgence médicale et le pronostic vital n'est pas en jeu. Penser à noter l'heure du début de la crise et sa durée ; ne jamais laisser seule la personne « en crise » mais veiller à sa dignité en la protégeant des regards en éloignant les pairs.

- **Si PAI** l'appliquer avec possibilité d'administrer un médicament par voie orale = le buccolam (seringue pré remplie d'un médicament à introduire dans la bouche du patient) suivant les recommandations écrites dans le PAI (après mise en PLS et protection de la personne).

- **Si la crise dure plus de 5 minutes** ou si survenue d'une deuxième crise ou si la personne se blesse = 

Guide par étapes pour l'administration de produit (midazolam, solution buccale)

Étape 1

Prenez un tube en plastique, brisez la bague d'inviolabilité et sortez la seringue.

Étape 2

En cas de crise convulsive, il est important de laisser le corps de l'enfant bouger librement ; ne tentez pas d'empêcher ses mouvements. Sauf en cas de danger immédiat, ne déplacez pas l'enfant pendant la crise. En présence d'autres personnes, préservez le calme et l'espace autour de l'enfant. Expliquez qu'il présente une crise convulsive.

Étape 3

Avant utilisation, retirez et éliminez le capuchon rouge de la seringue pour éviter tout risque d'étouffement. Ne fixez pas d'aiguille sur la seringue pour l'administration orale. Le produit ne doit pas être injecté par voie intraveineuse. Chaque seringue pour administration orale préremplie contient la dose exacte que vous devez administrer pour UN traitement.

Étape 4

Pour administrer le produit, protégez la tête de l'enfant en la reposant sur un objet souple.

Si l'enfant est assis, vous pouvez poser sa tête contre vous ; les mains libres, l'administration est plus facile.

Étape 5

Tirez doucement la joue de l'enfant. Insérez l'extrémité de la seringue sur le côté de sa bouche, entre la gencive et la joue (dans la cavité buccale). Inclinez la seringue pour garantir l'insertion de son extrémité à l'intérieur de la cavité buccale.

Étape 6

Appuyez lentement sur le piston de la seringue pour délivrer lentement la dose complète de médicament dans l'espace entre la gencive et la joue. Le produit doit rester entre la gencive et la joue et veillez à ce que le produit ne ressorte pas de la bouche. Si nécessaire, administrez lentement la moitié de la dose d'un côté de la bouche, puis l'autre moitié de l'autre côté.

Étape 7

Conservez la seringue vide dans le tube en plastique, car vous pourriez avoir besoin de la montrer à un professionnel de santé afin qu'il sache quelle dose le patient a reçue. Notez l'heure d'administration du produit et la durée de la crise convulsive dans le carnet patient. Surveillez les symptômes spécifiques, comme par exemple, une modification du rythme respiratoire. Après l'administration du produit, afin d'éviter tout risque d'étouffement, il est important de ne pas toucher la bouche de l'enfant, et de ne rien y introduire [y compris de l'eau ou un médicament antiépiléptique].

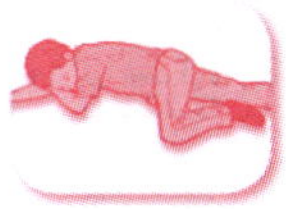

Étape 8

Installez l'enfant en position confortable. Si ce n'est déjà fait, desserrez les vêtements au niveau de la ceinture et du col. Restez calmement auprès de l'enfant jusqu'à l'arrêt total de la crise. Il est possible qu'il se sente fatigué, confus ou gêné. Rassurez le pendant son temps de repos.

Appelez immédiatement un service d'urgences si :

- Vous ne pouvez pas administrer le produit.
- Vous ne pouvez pas administrer tout le contenu de la seringue pour administration orale.
- La respiration du patient ralentit ou s'arrête.
- La crise convulsive n'a pas cessé dans les 10 minutes après administration orale de la seringue.

La plupart des crises épileptiques ne sont pas des urgences médicales

PAS URGENCES

- La crise cède en 1 à 2 minutes
- Ne nécessite pas d'aller aux urgences

- Si la crise dure plus de 5 minutes

- survenue d'une 2 crise
- Si la personne s'est blessée

Région académique ÎLE-DE-FRANCE

Document 3

Menu du 6 au 31 janvier 2020
(sous réserve d'approvisionnement)

	LUNDI	MARDI	MERCREDI	JEUDI	VENDREDI
Du 6 au 10 janvier	Terrine de campagne et cornichons Steak haché et sauce ketchup Rösties de légumes Fromage Cocktail de fruits	Salade de pâtes Œufs durs gratinés à la polonaise (choux-fleurs) Compote de pommes	Soupe de poireaux Sauté de dinde aux olives Pommes de terre vapeur Fromage Fruit de saison	Coleslow Paupiette de veau au jus Haricots au beurre Petit-suisse nature Galette des rois	Salade verte Filet de lieu sauce dieppoise Blé et brunoise Fromage Fruit de saison
[illegible]			Yaourt arômatisé Biscuit		
Du 13 au 17 janvier	Betteraves Émincé de porc à la napolitaine Purée de potiron Fromage Cocktail de fruits	Carottes râpées Lasagnes Ricotta aux épinards Fromage blanc arômatisé	Velouté de légumes Poulet rôti Gratin de choux-fleurs Galette des rois	Haricots verts sauce vinaigrette Boulettes de bœuf à la sauce tomate Semoule Fromage Compote de fruits	Tarte au fromage Filet de colin sauce citronnée brocolis Fruit de saison
[illegible]			Yaourt nature Pain et chocolat		
Du 20 au 24 janvier	Macédoine sauce mayonnaise Pâtes sauce carbonara et fromage rapé Fruit de saison	Pois chiches sauce vinaigrette Rôti de dinde sauce aux échalotes Poêlée de légumes Petit-suisse nature Abricots au sirop	Soupe de légumes Chili con carne (haricots rouges, riz et sauce tomate) Fromage Fruit de saison	Salade verte Hachis parmentier Fromage Fruit	Coleslow Poisson pané et citron Petits pois et carottes Fromage Mousse au chocolat
[illegible]			Fromage blanc Pain et confiture		
Du 27 au 31 janvier	Cœurs de palmiers et maïs Rôti de porc à la dijonnaise Lentilles Yaourt nature Fruit de saison	Salade de pâtes Omelette Épinards Fromage Compote de pommes	Soupe de légumes Sauté de bœuf Farfalles Fromage Fruit de saison	Pizza au fromage Filet de poulet au jus Haricots plats Fromage Fruit de saison	Taboulé Hoki à la bordelaise Gratin de poireaux Fruit de saison
[illegible]			Yaourt aux fruits Brioche		

Produit bio — Produit fait-maison — Produit local — Repas végétarien

Document 4

Observatoire national de la Sécurité et de l'Accessibilité des établissements d'enseignement

Mise à jour : 12 février 2019

Acteurs de la prévention

L'agent territorial spécialisé des écoles maternelles (Atsem)

L'agent territorial spécialisé des écoles maternelles est chargé de l'assistance au personnel enseignant pour l'accueil, l'animation et l'hygiène des très jeunes enfants (de 2 à 6 ans) ainsi que de la préparation et la mise en état de propreté des locaux et du matériel servant directement à ces enfants.

Il participe à la communauté éducative et assiste au conseil d'école pour les affaires le concernant.

Il peut également être chargé de la surveillance des jeunes enfants dans les lieux de restauration scolaire et/ou dans les accueils de loisirs (hors temps scolaire).

C'est le maire, employeur, qui nomme l'Atsem et met fin à ses fonctions après l'avis du directeur ou de la directrice d'école. L'Atsem relève, pour la gestion administrative, des services communaux. Mais pendant le temps scolaire, il est placé sous l'autorité du directeur/directrice d'école.

D'une manière générale, l'autorité territoriale est chargée de veiller à la sécurité et à la protection de la santé des agents placés sous son autorité. Le directeur doit aussi veiller au respect de la réglementation relative aux conditions de travail du personnel municipal placé sous sa responsabilité et, de son côté, l'Atsem doit se conformer aux consignes d'hygiène et de sécurité établies par le directeur.

Dans le cadre du document unique d'évaluation des risques professionnels (DUERP) de la mairie, l'employeur recense les risques professionnels encourus par les Atsem. Le programme annuel de prévention doit être élaboré par l'employeur et des actions de prévention et de formation doivent être proposées. Comme les autres usagers, les Atsem ont accès au registre de santé et sécurité au travail de l'école.

QUESTIONS RÉPONSES

Quelles sont les activités et les responsabilités de l'Atsem ?

L'Atsem apporte une assistance éducative et technique à l'enseignant dans l'école. Il assiste le professeur dans la préparation des activités, il y participe et les anime sous la responsabilité de l'enseignant. Il applique les règles d'hygiène et de sécurité, le protocole d'entretien des locaux et d'usage des produits (voir fiche prévention de l'ONS sur l'accès aux produits dangereux).

Quels types de risques professionnels doit-on prendre en compte ?

Il existe quatre types de risques particuliers liés à l'environnement professionnel pouvant être considérés comme des risques professionnels :

– physiques : bruit, travail debout, manutention, gestes répétitifs… ;

– chimiques : utilisation de produits chimiques ;

– infectieux : contamination possible du personnel par les enfants ;

– psychiques : disponibilité continue, conflit…

Risques particuliers

Le radon

Le radon (de symbole chimique Rn) est un gaz radioactif d'origine naturelle, incolore, inodore et dense. Il est issu des roches granitiques et volcaniques et des sols. Il peut provenir de certains matériaux de construction.

Le radon constitue le second facteur de risque du cancer du poumon.

Dans les espaces clos où l'air est confiné, le radon a tendance à s'accumuler et atteindre des concentrations élevées qu'il est possible de faire diminuer par des actions simples (aération des locaux, vérification du système de ventilation). Toutefois, des travaux peuvent être nécessaires, notamment quand l'activité volumique est élevée.

La cartographie du potentiel radon a été revue. Antérieurement 31 départements étaient concernés. Désormais, l'échelle a été affinée jusqu'au niveau de la commune.

Les communes sont réparties en trois catégories, dont la liste est fixée par arrêté.

Le décret entré en vigueur le 1er juillet 2018 divise le territoire national en trois zones définies en fonction des flux d'exhalation du radon des sols :

– Zone 1 : zones à potentiel radon faible ;

– Zone 2 : zones à potentiel radon faible mais sur lesquelles des facteurs géologiques particuliers peuvent faciliter le transfert du radon vers les bâtiments ;

– Zone 3 : zones à potentiel radon significatif.

Les établissements d'enseignement, y compris les bâtiments d'internat, sont concernés par la réglementation sur le radon au titre du code de la santé publique, en tant qu'établissement recevant du public (ERP). Les ERP concernés sont ceux qui sont situés en zone 3 et dans les zones 1 et 2 lorsque des mesurages existant dans ces établissements dépassent le niveau de référence de 300 $Bq.m^{-3}$. Cette fiche se concentre sur cet aspect, Des dispositions sont également prévues au titre du Code du travail pour les travailleurs exposés. L'ensemble de la réglementation sur le radon a évolué récemment, notamment avec les décrets du 4 juin 2018.

QUESTIONS RÉPONSES

Mon école est concernée par la question du radon, à qui dois-je m'adresser ?

Il convient de se rapprocher du propriétaire du bâtiment, le plus souvent il s'agit de la commune dans le cas des écoles publiques.

Qui procède au contrôle ?

Des organismes agréés dont la liste est publiée au Journal officiel procèdent au mesurage de l'activité volumique en radon. L'Institut de radioprotection et de sûreté nucléaire (IRSN) peut lui-même intervenir comme prestataire de services.

Que fait-on dans le cas d'une concentration trop importante ?

La réglementation fixe un niveau de référence à 300 $Bq.m^{-3}$, activité volumique moyenne annuelle en radon au-delà de laquelle des actions correctives doivent être mises en œuvre. En cas de dépassement du niveau de référence, les actions correctives à mener visent à l'amélioration de l'étanchéité du bâtiment ou au renouvellement de l'air des locaux. L'efficacité des actions engagées doit être vérifiée. Lorsque l'activité volumique reste supérieure ou égale au niveau de référence, ainsi que dans des situations le justifiant, une expertise doit être menée et des travaux doivent être engagés sur un ou plusieurs aspects : assurer l'étanchéité du bâtiment, augmenter le renouvellement d'air et traiter le soubassement. Un arrêté formulant des recommandations à diffuser aux personnes concernées par le risque radon sera publié début 2019. Il précisera quelles sont les situations justifiant l'expertise et les travaux, et détaillera les actions à mener en fonction de l'activité volumique moyenne mesurée par l'organisme agréé ou l'IRSN.

Document 5

Les missions des agents territoriaux spécialisés des écoles maternelles (ATSEM)

Inspection générale de l'Éducation nationale N 2017-068

Inspection générale de l'administration N 17030-R

igen
Inspection générale de l'Éducation nationale

Liberté • Égalité • Fraternité
RÉPUBLIQUE FRANÇAISE

- Juillet 2017 -

Établi par

Sabine CAROTTI
Inspectrice générale de l'Éducation nationale

Benoît FALAIZE
Inspecteur général de l'Éducation nationale

Viviane BOUYSSE
Inspectrice générale de l'Éducation nationale

Michèle WELTZER
Inspectrice générale de l'Éducation nationale

Philippe DEBROSSE
Inspecteur général de l'administration

Damien REBERRY
Inspecteur de l'administration

SYNTHÈSE

Depuis la création de l'école maternelle sous la IIIe République, les enseignants ont à leurs côtés un personnel qui ne relève pas de l'Éducation nationale et dont la mission originelle fut de prendre en charge l'hygiène des enfants et la bonne tenue des locaux scolaires. D'abord nommées « femmes de service », les personnes concernées, devenues des agents territoriaux spécialisés des écoles maternelles (ATSEM), se sont vu confier d'autres missions relevant de plus en plus du domaine éducatif.

Aujourd'hui, près de 50 000 ATSEM œuvrent dans les classes maternelles ou enfantines[1]. La part des « faisant fonction » (qui peuvent être ou non titulaires du CAP « Petite enfance »), 5 000 agents environ, a toujours été importante, notamment en milieu rural.

1. L'appellation « classe enfantine » date de la création des écoles maternelles sous la Troisième République ; les classes enfantines accueillaient alors des enfants de moins de six ans au sein d'écoles primaires et non d'écoles maternelles. Bien qu'appliquant le programme des classes maternelles, elles étaient gérées autrement et se trouvaient sous l'autorité des inspecteurs primaires et non des inspectrices départementales des écoles maternelles. L'appellation persiste dans le code de l'éducation pour désigner encore aujourd'hui des classes préélémentaires souvent multi-niveaux (accueillant des enfants de toutes les sections) dans les petites écoles rurales.

Dans l'exercice de leurs fonctions, les ATSEM sont placés sous une double hiérarchie. En effet, à l'autorité hiérarchique de la collectivité territoriale-employeur s'ajoute celle, fonctionnelle, des directeurs d'école qui doivent, sur le temps scolaire, organiser leur contribution au bon fonctionnement des classes dans lesquelles ils travaillent en fonction des besoins des activités pédagogiques conçues par les enseignants. Sur le temps périscolaire, les ATSEM relèvent en revanche de la seule autorité communale.

Le cadre d'emploi dont dépendent les ATSEM – qui peuvent être des femmes et des hommes (dans une très faible proportion pour ces derniers néanmoins) – a connu des modifications significatives et récentes. L'accès à ce cadre d'emploi requiert la réussite à un concours et une qualification spécifique (le CAP « Petite enfance » qui devient « Accompagnant éducatif Petite enfance »[1]). La part des « faisant fonction » travaillant aujourd'hui dans les écoles maternelles ou les classes enfantines reste importante, notamment en milieu rural.

L'augmentation du temps de présence des enfants dans les écoles maternelles en dehors des horaires scolaires stricto sensu, depuis les années 1980, a conduit à une plus grande mobilisation des ATSEM dans des missions nouvelles, d'abord essentiellement de l'ordre de la surveillance et de la garderie. La réforme des rythmes scolaires de 2013 ayant induit un fort besoin d'encadrement et d'animation d'activités périscolaires, les ATSEM ont souvent été sollicités pour tenir ce rôle nouveau. Dès lors, ils sont devenus les adultes de référence pour les enfants au long de la journée ; ils le sont aussi pour les parents qui, le matin et/ou le soir, n'ont plus affaire à l'enseignant mais à l'ATSEM chargé du périscolaire, qui est, le plus souvent, celui affecté à la classe de leur enfant.

Il apparaît néanmoins une grande diversité de situations concernant les missions des ATSEM, en fonction des écoles, des communes et des territoires. Le temps de présence et de travail journalier peut couvrir une forte amplitude horaire, de l'accueil des enfants le matin avant la classe jusqu'à la fin des activités périscolaires, voire au temps de ménage qui peut se placer en fin de journée. La nature des tâches se diversifie : de moins de moins d'entretien des locaux pour les uns mais aucun changement dans ce domaine pour d'autres, de plus en plus d'activités d'assistance à l'enseignant pour la majorité, des activités éducatives nouvelles dans le cadre du temps périscolaire pour beaucoup. Ces personnels sont sollicités chaque fois que des nouveautés affectent l'école : aussi ont-ils été mobilisés récemment aux côtés des enseignants pour assurer la sécurité des locaux et des enfants.

Agents des collectivités territoriales mais considérés comme membres de la communauté éducative par le code de l'éducation, leur contribution est reconnue par de nombreux textes officiels du ministère de l'Éducation nationale. Comme ils assurent aujourd'hui *de facto* dans une grande proportion de situations un accompagnement

1. Par commodité, la mission désigne tout au long du rapport ce certificat d'aptitude professionnelle « CAP petite enfance » bien que son appellation ait désormais évolué en « CAP accompagnant éducatif petite enfance ».

éducatif complet sur l'ensemble de la journée, leur participation aux réunions qui impliquent la communauté éducative (conseil d'école, par exemple, mais pas uniquement) serait importante ; la majorité le revendique. L'introduction d'un capital-temps, intégré à leur service, pourrait permettre cette participation, plus systématique qu'elle ne l'est à l'heure actuelle, quand les sujets traités requièrent leur présence. Sans fixer un quota horaire qui ne correspondrait pas aux réalités locales, la mention de cette possibilité dans leur fiche de poste permettrait de répondre à cette revendication et d'officialiser ainsi leur place dans l'école.

La diversité et l'importance pour le bien-être des enfants des fonctions que les ATSEM assurent, justifient par ailleurs que leur formation soit renforcée, dès l'accès au cadre d'emploi et tout au long de leur carrière. Des formations communes enseignants/ATSEM comme il commence à en exister sont à encourager. Par ailleurs, la formation des professeurs des écoles devrait pouvoir mieux préparer les enseignants des classes maternelles ou enfantines à une collaboration spécifique avec les ATSEM, au bénéfice des élèves. De même, la formation à la prise de fonctions des ATSEM devrait mettre l'accent sur les modalités de coopération avec les enseignants.

Au-delà de ces adaptations souhaitables du temps de travail et de la formation, il est devenu nécessaire et légitime de clarifier les missions et le rôle des ATSEM. En raison des évolutions de leur métier, une modification de l'article 2 du statut du décret 92-850 du 30 août 1992 modifié pourrait répondre à leur demande de reconnaissance. En outre, la revalorisation et l'évolution de leur carrière doivent pouvoir être encouragées, notamment par les marges de manœuvre qui existent dans le régime indemnitaire à disposition et à discrétion des collectivités territoriales, mais aussi en la possibilité statutaire d'accéder à des fonctions de responsabilité. Par ailleurs, du fait de la pénibilité du travail et de l'inaptitude éventuelle des agents après des années d'exercice, la question de leur reclassement devrait également pouvoir être envisagée au sein des administrations territoriales. C'est pourquoi la mission préconise l'élaboration d'un document d'engagement signé par l'Association des maires de France (AMF) et les ministères concernés.

Corrigé

Question 1

1. Le jeu à règle est une activité collective. Il impose des contraintes et nécessite de collaborer ou de s'opposer. Les joueurs doivent respecter des règles communes : attendre son tour, apprendre à perdre et à gagner… Les jeux de société procurent des émotions. Ils donnent l'occasion d'interagir et ainsi de développer son langage. Ils participent au développement intellectuel, l'enfant apprenant progressivement les possibilités et les limites du jeu.
2. La pratique du jeu du verger permet de travailler des compétences autour de :
   - la collaboration avec un objectif commun ;
   - l'apprentissage et l'utilisation d'un vocabulaire spécifique : fruits, corbeau… ;
   - la compréhension et le respect de règles du jeu ;
   - la mémorisation du jeu, de sa finalité, de ses éléments, de ses règles… ;
   - la motricité fine pour déplacer les éléments, lancer le dé et monter le puzzle.
3. La liste des précautions est la suivante :
   - Avant l'activité :
   - vérifier que le jeu soit complet, prêt à être utilisé,
   - se remémorer les règles du jeu
   - prendre connaissance des attendus de l'enseignant pour cette activité, échanger avec lui si nécessaire,
   - préparer un espace adapté et agréable pour le jeu.
   - Pendant l'activité :
   - veiller à nommer et disposer les éléments du jeu,
   - expliquer les règles et la finalité du jeu,
   - encourager les élèves à interagir pour leur permettre d'acquérir du vocabulaire.
   - Après l'activité ;
   - ramasser les éléments du jeu et les ranger dans leur boîte,
   - remettre en état l'espace utilisé pour le jeu,
   - rendre compte à l'enseignant du déroulement du jeu, des difficultés rencontrées par les élèves.
4. L'enseignant va programmer d'autres séances autour du jeu du verger pour consolider la compréhension du jeu, faire appel aux informations mémorisées, réemployer le vocabulaire acquis et développer leurs aptitudes à collaborer.

Question 2

1. Le terme d'épilepsie évoque une maladie neurologique qui se manifeste par des convulsions, des absences brèves ou des crises généralisées avec perte de connaissance brutale.
2. Le Midazolam est une solution administrée par voie orale. Il est contenu dans une seringue placée dans la bouche, entre la gencive et la joue à l'intérieur de la cavité buccale.
3. P.L.S. signifie Position Latérale de Sécurité. Il s'agit d'une position de premiers secours qui consiste à placer une personne inconsciente sur le côté pour éviter qu'elle ne s'étouffe.
4. Il est important que la seringue soit conservée dans son tube plastique afin d'être montrée à un professionnel de santé ou de secours en cas de besoin.

Question 3

1.

Familles d'aliments

Féculent/légumineux	Œuf/viande/poisson	Produits laitiers	Fruits/légumes
Pois chiches	Rôti de dinde	Petit suisse nature	Poêlée de légumes Abricots au sirop

Les féculents sont les aliments qui donnent de l'énergie. Ils contiennent des sucres lents. Ils sont indispensables à notre activité quotidienne.

2. Il est habituel qu'un enfant refuse de manger un plat qu'il ne connaît pas. L'ATSEM prend le temps d'expliquer ce que contient le plat proposé et invite l'élève à goûter. En goûtant, il déterminera s'il aime ou pas l'entrée du jour. L'enfant n'est ni forcé, ni sanctionné parce qu'il refuse de manger un plat. S'il accepte de goûter, l'ATSEM le félicite.
3. Le temps de restauration collective est effectivement un temps éducatif important au cours duquel l'ATSEM intervient :
   - pour sensibiliser les enfants aux règles d'hygiène (Se laver des mains, manger proprement…) ;
   - pour leur permettre de gagner en autonomie (mettre leur serviette de table, se servir…) ;
   - pour travailler sur la notion de gaspillage alimentaire (on ne prend dans son assiette que ce que l'on peut manger) ;
   - pour favoriser le respect, le calme et l'écoute, les règles de vie collective. Le déjeuner doit être, dans la mesure du possible, un moment calme et convivial ;
   - pour développer le langage, en travaillant sur le vocabulaire en lien avec l'alimentation et le moment du déjeuner et en incitant les enfants à interagir entre eux ; …

Question 4

1. L'exposition au radon entre dans la catégorie des risques chimiques.
2. Le radon est d'origine naturel, issu des roches granitiques/volcaniques ou présent dans certains sols.
3. L'ATSEM est exposé à plusieurs formes de risques dans son exercice professionnel (physiques, chimiques, psycho-sociaux, biologiques…). L'ensemble des risques sont recensés dans un document spécifique qui contient aussi les mesures/précautions à prendre pour éviter/limiter leur impact sur la santé de l'agent. L'ATSEM doit prendre connaissance de ce document et adopter les bons gestes préventifs.
4. L'ATSEM prévient le risque d'exposition au radon en aérant régulièrement les locaux.

Question 5

1. La notion de communauté éducative regroupe aussi les élèves et leurs parents, les professionnels de l'école, les intervenants et les partenaires… tous ceux qui participent à la réalisation des missions de l'école.
2. Les ATSEM exercent un rôle éducatif en direction des enfants accueillis en classe maternelle sur le temps scolaire et périscolaire. Il participe notamment à l'apprentissage des règles d'hygiène et de la vie collective. Il peut participer à la mise en œuvre des activités pédagogiques prévues par l'enseignant et sous la responsabilité de ce dernier. Il peut également assister les enseignants accueillant des enfants à besoins éducatifs particuliers. L'ATSEM peut assister et intervenir lors de des réunions du Conseil d'école mais sans droit de vote.
3. Font partie de la communauté éducative : l'élève, le parent d'élève, l'enseignant, l'ATSEM.
4. L'ATSEM est un adulte de référence pour les enfants qui fréquentent l'école. Il adopte une attitude bienveillante et rassurante. Il développe une relation de confiance avec les élèves. Il fait la liaison et guide les élèves entre les différents temps de l'école : garderie, temps scolaire, temps de restauration… Il accompagne la séparation de l'enfant et son parent, au moment de l'accueil, le matin.

Sujet 19
Session 2019

Difficulté : ★★★ 45 min • Coefficient : 1

Épreuve concours 3e voie CDG du Cher

Question 1 - Document 1 (6 points)

1. Détaillez les missions de l'ATSEM et les qualités requises pour exercer cette profession.
2. Détaillez sur une année scolaire l'ensemble des tâches que vous allez effectuer concernant l'entretien des locaux :
   - au quotidien
   - pendant les petites vacances
   - pendant les congés d'été.

Question 2 - Documents 2 et 3 (4 points)

Malgré une attention particulière, un élève possédant un P.A.I. ingère un aliment allergène lors de la restauration scolaire.

1. Définissez ce qu'est un P.A.I. et son utilité.
2. Vous êtes l'ATSEM présent au côté de l'élève au moment des faits. Comment réagissez-vous ?

Question 3 - Document 4 (3 points)

Lors d'une activité en classe, un élève de petite section vient vous voir en disant : « J'ai fait caca dans ma culotte. » Quelle est votre réaction et quelles sont les étapes du change de cet élève ?

Question 4 - Document 5 (3 points)

1. En prévention, quels sont les gestes à effectuer en période de canicule, vis à vis des enfants et concernant les locaux ?
2. Quels sont les signaux d'alerte ?

Question 5 - Document 6 (4 points)

En vous appuyant sur la fiche de préparation de moyenne section en compositions plastiques que vous confie l'enseignant(e), décrivez les différentes étapes de préparation de l'activité.

Document 1

FICHE DE POSTE

AGENT SPÉCIALISÉ DES ÉCOLES MATERNELLES (ATSEM)

→ Filière : Sociale

→ Catégorie : C

→ Cadre d'emplois : Agents territoriaux spécialisés des écoles maternelles

→ Grade : Agent territorial spécialisé des écoles maternelles principal de 2ème ou de 1ère classe

→ Lieu de travail : École

→ Temps de travail : *(à préciser)*

→ Horaires de travail : *(à préciser)*

Missions du poste

→ Missions principales

Temps scolaire : sous la directive du Directeur / Direc trice d'école

Participe à l'accueil des enfants et des parents ou substituts parentaux avec l'enseignant(e)

Aide l'enfant dans l'acquisition de l'autonomie (vestimentaire, alimentaire, motrice…)

Veille à la sécurité et à l'hygiène des enfants

Assiste l'enseignant(e) dans la préparation et/ou l'animation d'activités pédagogiques

Assure l'aménagement et l'entretien des locaux et des matériels destinés aux enfants

Temps périscolaire : sous la responsabilité du Maire

Encadre les enfants avant, pendant et après le repas

Participe à la surveillance et à l'animation des temps de garderie et/ou temps d'activités périscolaires

→ Activités complémentaires

Accompagne l'enseignant(e) pendant les sorties scolaires

Participe à la préparation de la fête de l'école

Gestion des stocks de produits d'entretien et de l'armoire à pharmacie

→ Moyens mis à disposition :

- Vêtements professionnels adaptés,
- Matériel nécessaire à la préparation des activités
- Produits d'entretien

Spécifications du poste

Horaires fractionnés avec une amplitude variable en fonction des événements

Manutention, gestes répétitifs et postures contraignantes

Positionnement hiérarchiq[ue]

→ Supérieurs directs :

- L'Autorité Territoriale (responsabilité hiérarchique)
- et le(la) directeur(trice) d'école sur le temps scolaire (responsabilité fonctionnelle)

→ Encadrement d'agents :

☐ oui ☑ non

Relations internes et extern[es]

→ Internes

- Collabore avec les agents de la collectivité (ATSEM, animateur, secrétaire de mairie...)
- Échange des informations avec le Maire

→ Externes

- Relations quotidiennes avec les parents et les enfants
- Collaboration directe et quotidienne avec l'enseignant(e)

Compétences requises par le pos[te]

→ Savoirs :

- Connaissance du développement (physique et psychologique) de l'enfant à partir de 2 ans
- Notions liées aux handicaps
- Maîtrise des techniques d'hygiène et de sécurité
- Maîtrise des gestes d'urgence et de secours
- Connaissance des techniques d'animation et d'éveil de l'enfant
- Connaissance des règles d'hygiène des locaux et de stockage des produits
- Connaissance des gestes et postures de travail à adopter dans le cas de port de charge ou d'entretien locaux
- Connaissance des projets éducatifs et pédagogiques de l'école...

→ Savoir faire :

- Rigueur
- Réactivité, notamment dans le cadre de situations d'urgence
- Polyvalence
- Disponibilité

→ Savoir être :

- Patience
- Qualités relationnelles
- Sens pratique
- Capacité d'écoute

Document 2

RÉPONDRE AUX BESOINS ÉDUCATIFS PARTICULIERS DES ÉLÈVES : quel plan pour qui ?

- Le projet d'accueil individualisé (PAI)
- Le projet personnalisé de scolarisation (PPS)
- Le plan d'accompagnement personnalisé (PAP)
- Le programme personnalisé de réussite éducative (PPRE)

Liberté • Égalité • Fraternité
RÉPUBLIQUE FRANÇAISE

MINISTÈRE
DE L'ÉDUCATION
NATIONALE, DE
L'ENSEIGNEMENT
SUPÉRIEUR ET DE
LA RECHERCHE

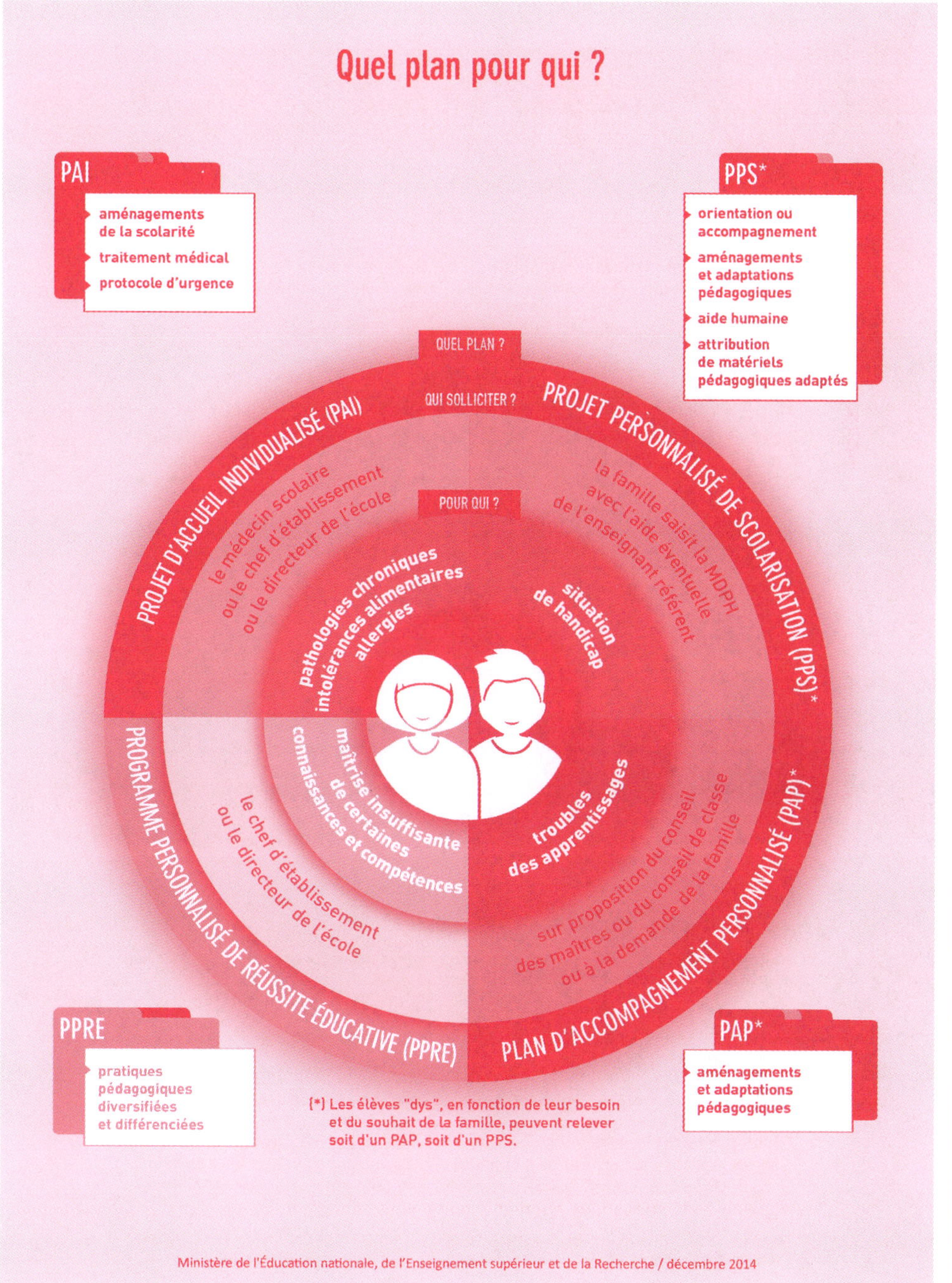

RÉPONDRE AUX BESOINS ÉDUCATIFS PARTICULIERS DES ÉLÈVES : quel plan pour qui ?

PAI
Projet d'accueil individualisé

LES ÉLÈVES CONCERNÉS

Le projet d'accueil individualisé (PAI) concerne les élèves atteints de maladie chronique (asthme par exemple), d'allergie et d'intolérance alimentaire. Il leur permet de suivre une scolarité normale. Chaque élève titulaire d'un PAI peut ainsi bénéficier de son traitement ou de son régime alimentaire, assurer sa sécurité et pallier les inconvénients liés à son état de santé.

LES OBJECTIFS DU PAI

Le PAI est un document écrit qui précise pour les élèves, durant les temps scolaires et périscolaires, les traitements médicaux et/ou les régimes spécifiques liés aux intolérances alimentaires. Il comporte, le cas échéant, les aménagements de la scolarité en lien avec l'état de santé, par exemple pour un contrôle régulier de la glycémie.

Ce document précise également comment, en cas de périodes d'hospitalisation ou de maintien à domicile, les enseignants de l'école veillent à assurer le suivi de la scolarité.

Il peut comporter un protocole d'urgence qui est joint dans son intégralité au PAI.

LA PROCÉDURE

La demande de PAI est faite par la famille, ou par le directeur d'école, le chef d'établissement, toujours en accord et avec la participation de la famille :

- à partir des besoins thérapeutiques, précisés dans l'ordonnance signée du médecin qui suit l'enfant dans le cadre de sa pathologie, adressée sous pli cacheté au médecin de l'institution ou désigné par la collectivité d'accueil,
- en concertation étroite avec, selon le cas, le médecin scolaire, de la PMI, ou le médecin et l'infirmier(ère) de la collectivité d'accueil.

Le PAI est rédigé par le médecin scolaire ou de PMI, puis signé par le directeur d'école ou le chef d'établissement et la famille, ainsi que par le représentant de la collectivité territoriale en tant que de besoin. De même, chaque personne s'engageant à participer à son application est invitée à le signer. L'infirmière scolaire apporte sa contribution en tant que de besoin.

Le médecin scolaire, veille au respect du secret professionnel et à la clarté des préconisations pour des non-professionnels de santé.

Ce PAI est actualisé si nécessaire à la demande de la famille.

CE QUE PERMET LE PAI

Le PAI facilite l'accueil de l'enfant ou de l'adolescent malade à l'école. Il précise le rôle de chacun dans le cadre de ses compétences. Pour ce faire, il appartient au médecin de l'éducation nationale de bien expliquer à tous la prescription et les gestes nécessaires. Dans certains cas, les soins et/ou les médicaments sont nécessaires à l'élève porteur de maladie chronique et/ou allergique. Les enseignants sont alors sollicités pour dispenser certains soins ou réaliser les gestes nécessaires en cas d'urgence.

Le PAI prévoit éventuellement la mise en place d'un régime alimentaire et de connaître l'attitude à adopter lorsque l'enfant présente des manifestations allergiques.

RÉPONDRE AUX BESOINS ÉDUCATIFS PARTICULIERS DES ÉLÈVES : quel plan pour qui ?

Il permet enfin la mise en place d'aménagements spécifiques dans la classe et en ce qui concerne la vie scolaire. Il convient de tenir compte de l'enseignement de l'éducation physique et sportive, des classes transplantées, des déplacements scolaires, de l'adaptation du mobilier...

À savoir :

Le PAI ne permet pas de :
- réaliser des gestes de soins outrepassant les compétences de personnels non soignants (par exemple interpréter des résultats d'analyse) ;
- envisager l'administration d'un traitement autre que par la voie inhalée, orale ou par auto-injection ;
- se substituer à la responsabilité de la famille.

La décision de révéler des informations couvertes par le secret « médical » appartient à la famille. Il importe de rappeler l'obligation de discrétion professionnelle aux personnels des établissements scolaires.

Selon la nature du trouble de santé, il appartient au médecin prescripteur d'adresser au médecin de la collectivité, avec l'autorisation des parents :
- l'ordonnance qui indique avec précision le médicament qu'il convient d'administrer : nom, doses et horaires ;
- les demandes d'aménagements spécifiques qu'il convient d'apporter dans le cadre de la collectivité ;
- la prescription ou non d'un régime alimentaire.

POUR ALLER PLUS LOIN

Le PAI est défini à l'article D. 351-9 du code de l'éducation

***Félix a 6 ans et entre au cours préparatoire.** Félix est allergique à l'arachide : il ne peut pas manger de cacahuètes, mais surtout il ne doit pas consommer d'huile d'arachide. Ses parents s'inquiètent car Félix doit déjeuner à la cantine : ils décident de rencontrer dès la rentrée la directrice de l'école afin de l'informer de ces difficultés. Ils demandent que soit mis en place un **PAI** pour leur fils.*

*> La directrice informe le médecin de l'EN qui rencontre les parents de Félix : avec les précisions apportées par le médecin qui suit Félix, ils rédigent ensemble le document qui décrit les adaptations nécessaires à la vie de l'enfant en milieu scolaire. Sur son **PAI** il est indiqué le régime alimentaire qu'il doit suivre, à la cantine notamment. Le **PAI** de Félix comporte également la description des mesures à mettre en œuvre en cas d'urgence, la composition de la trousse d'urgence et le lieu où elle est entreposée.*

*> Lorsque le **PAI** est rédigé, la directrice réunit avec les parents et le médecin de l'EN les personnes concernées par l'accueil de Félix : sa maîtresse, l'ATSEM, et les personnels de cantine, ainsi que le responsable de la mairie. Chacun prend connaissance du document et des mesures décrites. Le médecin de l'EN peut à cette occasion faire la démonstration de gestes spécifiques (auto-injection).*

> Tous signent ce document, qui reste, avec la trousse d'urgence, accessible à l'école pour les personnes susceptibles d'intervenir.

*> Ce **PAI** suivra Félix tout au long de sa scolarité en tant que de besoin. Ses parents devront informer des modifications éventuelles et veiller chaque année à ce que le nouvel enseignant de Félix en soit informé.*

RÉPONDRE AUX BESOINS ÉDUCATIFS PARTICULIERS DES ÉLÈVES : quel plan pour qui ?

Document 3

ACADÉMIE ______________________ tampon de l'école

DIRECTION DES SERVICES
DÉPARTEMENTAUX DE L'ÉDUCATION
NATIONALE

CENTRE MÉDICO-SCOLAIRE
Adresse
Tél.
Mail :

PROJET D'ACCUEIL INDIVIDUALISÉ

POUR ENFANTS ET ADOLESCENTS ATTEINTS DE TROUBLES DE LA SANTÉ
CIRCULAIRE N° 2003-135 du 8 septembre 2003 B.O. N° 34 du 18 septembre 2003

ANNÉE SCOLAIRE : 2018 - 2019

L'ÉLÈVE CONCERNÉ :

NOM : AAAAA
Prénom : Bbbbb
Date de naissance : JJ/MM/AAAA
Adresse :
Classe: MS

PARTIES PRENANTES :

Nom de l'école ou de l'établissement: École maternelle
Ville :
Nom des parents et adresse:
Nom du directeur ou chef d'établissement: M. DIRECTEUR
Nom et adresse du médecin scolaire: Dr MÉDECIN1
Nom de l'infirmière scolaire: Infirmières PMI
Nom et adresse du médecin traitant : Dr MÉDECIN2
Nom et adresse du médecin spécialiste : Dr MÉDECIN3
Représentants des associations :

RÉFÉRENTS À CONTACTER : (numéro de téléphone)

Parents: téléphone domicile:
Tél portable père: **Tél portable mère :**
Tél travail père: **Tél travail mère :**
Médecin traitant: Dr MÉDECIN2
Médecin spécialiste: Dr MÉDECIN3
Service spécialisé hospitalier pouvant être contacté :
SAMU : 15
Si appel sur portable des pompiers : 112

BESOINS SPÉCIFIQUES RÉGULIERS DE L'ÉLÈVE DANS LE CADRE SCOLAIRE :

Prise de médicaments : selon prescription médicale du Dr MÉDECIN3

Soins particuliers : ALLERGIES Kiwi, céleri cru

Restauration : est demi-pensionnaire

Régime alimentaire :

PROTOCOLE D'INTERVENTION EN CAS D'URGENCE

SITUATIONS	SIGNES D'APPEL	CONDUITE À TENIR
Cf. protocole de soins d'urgence du Dr MÉDECIN3		

Pour tous les enfants concernés

➢ **Trousses d'urgence contenant les médicaments prescrits par le médecin**

- Lieux où sont déposées les trousses d'urgence :

- Les trousses sont fournies par les parents et doivent contenir un double de ce document.
- Les parents fournissent les médicaments.
- Il est de la responsabilité des parents de vérifier la date de péremption des médicaments et de les renouveler dès qu'ils sont périmés.
- Les parents s'engagent à informer le médecin de l'éducation nationale en cas de changement de la prescription médicale.

➢ **En cas de déplacement scolaire : classes transplantées ou sorties**
- Informer les personnels de la structure d'accueil de l'existence du PAI et l'appliquer.
- Prendre la trousse d'urgence avec le double de ce document.
- Noter les numéros de téléphone d'urgence du lieu du déplacement à l'étranger.

➢ **En cas de changement d'enseignant**
- Faire suivre l'information de façon prioritaire.

➢ **Pour les temps périscolaires et la restauration scolaire**
- Ces temps sont placés sous la responsabilité du maire ou d'associations : il est important que leurs représentants soient associés à la rédaction du PAI.

➢ **Restaurant scolaire** :

☐ Paniers repas seuls autorisés
☐ Non autorisé
☐ Régimes spécifiques garantis par le distributeur de restauration scolaire,
☑ Menus habituels avec éviction simple (lecture des menus par les parents) :
Kiwi, céleri cru. ....

☐ Autre :

➢ **Les goûters** :

☐ Goûters habituels autorisés :
☑ Gouters avec éviction simple :
☐ Goûters personnels :

Protocole de soins d'urgence pour allergie

À renseigner par le médecin qui suit l'enfant

NOM : AAAAA
Prénom : Bbbbb
Date de naissance :
Classe : MS
Etablissement : École maternelle

Allergie
à : Kiwi, céléri cru

Composition de la trousse d'urgence (déposée à l'école) : l'ordonnance détaillée pour les soins et la liste des médicaments à faire figurer dans la trousse d'urgence sont joints en annexe.

- ☑ Antihistaminique :
- ☑ Corticoïdes :
- ☐ Broncho-dilatateur :
- ☐ Adrénaline injectable :
- ☐ Autres:

Dès les premiers signes, prévenir les parents et le médecin traitant
Appeler le SAMU (15 ou 112 sur portable) et pratiquer :

Situations	Signes d'appel	Conduite à tenir
Urticaire aiguë	Démangeaisons, boutons comme des piqûres d'ortie, plaques rouges	PRIMALAN 3 cuillères à café Prévenir parents
Conjonctivite Rhinite	Yeux rouges, gonflés Eternuements, écoulement du nez	
Œdème sans signe respiratoire	Gonflement des lèvres, du visage ou d'une partie du corps	CELESTENE 170 Gouttes Prévenir parents
Troubles digestifs	Douleurs abdominales, vomissements	
Crise d'asthme	Toux sèche, gêne respiratoire, sifflements audibles, l'enfant se plaint de ne pas pouvoir respirer correctement	
Œdème avec signes respiratoires	Toux rauque, voix modifiée Signes d'asphyxie, d'étouffement	PRIMALAN 3 cuillères à café CELESTENE 170 gouttes Prévenir parents
Choc ou malaise	Malaise avec démangeaisons, gêne respiratoire, douleurs abdominales, nausées, vomissements	

Noter la date, l'heure des signes et des médicaments donnés
Rester à côté de l'enfant ou de l'adolescent
Dès les premiers signes, prévenir les parents et le médecin traitant
Tout adulte présent, après avoir appelé le 15, appliquera les consignes données par le médecin du SAMU.

Date :

Signature et cachet du médecin

[...]

Document 4

Commune de ATSEMVILLE Charte des ATSEM

[...]

Hygiène et propreté des enfants

En tout état de cause, les enfants sont toujours placés sous la responsabilité du directeur de l'établissement scolaire.

Les ATSEM donnent les soins à tous les enfants indistinctement Ils les traitent avec douceur et leur parlent poliment.

L'ATSEM est chargé avec l'enseignant et, éventuellement avec les parents, d'aider à l'habillage et au déshabillage, à l'arrivée, au départ, à l'heure de la sieste, au moment des récréations ou autres sorties à l'extérieur.

L'ATSEM assiste le personnel enseignant pour s'occuper des enfants lors du passage *aux sanitaires*.

Il peut être amené à changer un enfant qui s'est accidentellement sali. La toilette d'un enfant doit être effectuée dans le respect de son intimité et sans propos vexants tenus à son égard.

Il peut être appelé, pendant les heures de classe, à conduire un enfant ou un groupe d'enfants aux sanitaires ou aux lavabos.

En cas d'incident, l'ATSEM s'assure de la toilette de l'enfant ainsi que du nettoyage des locaux et du matériel éventuellement sali.

Sous la responsabilité de l'enseignant, il veille sur les enfants indisposés ou malades pendant le temps scolaire. En aucun cas, les ATSEM ne peuvent avoir la responsabilité de reconduire un enfant dans sa famille.

L'administration de médicaments n'est jamais de la responsabilité de l'ATSEM. Elle lui est donc interdite. En cas de Plan d'Accueil Individualisé (P.A.I.), les ATSEM seront informés des prescriptions médicales.

Tout ATSEM soupçonnant de la maltraitance sur un enfant se doit de le signaler sans délai au directeur ou à la directrice ainsi qu'au coordonnateur technique de secteur, sans préjudice des dispositions de l'article 40 du Code de Procédure Pénale qui fait obligation à tout fonctionnaire ayant connaissance d'un crime ou délit de le signaler au procureur de la République.

[...]

Document 5

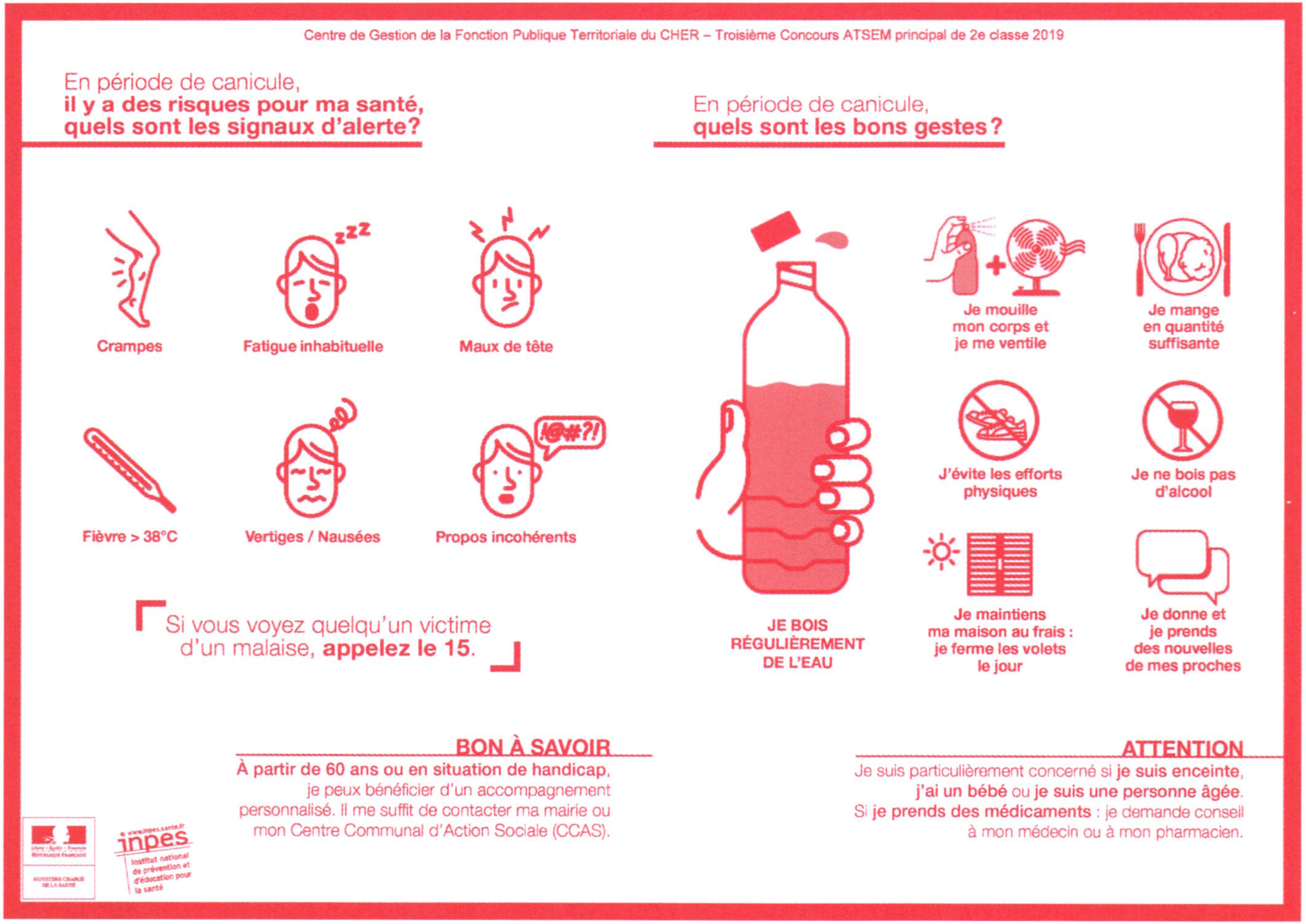
Centre de Gestion de la Fonction Publique Territoriale du CHER – Troisième Concours ATSEM principal de 2e classe 2019
En période de canicule,
il y a des risques pour ma santé,
quels sont les signaux d'alerte?
Crampes
Fatigue inhabituelle
Maux de tête
Fièvre > 38°C
Vertiges / Nausées
Propos incohérents
!@#?!
Si vous voyez quelqu'un victime d'un malaise, appelez le 15.
En période de canicule,
quels sont les bons gestes?
JE BOIS RÉGULIÈREMENT DE L'EAU
Je mouille mon corps et je me ventile
Je mange en quantité suffisante
J'évite les efforts physiques
Je ne bois pas d'alcool
Je maintiens ma maison au frais : je ferme les volets le jour
Je donne et je prends des nouvelles de mes proches
BON À SAVOIR
À partir de 60 ans ou en situation de handicap, je peux bénéficier d'un accompagnement personnalisé. Il me suffit de contacter ma mairie ou mon Centre Communal d'Action Sociale (CCAS).
ATTENTION
Je suis particulièrement concerné si je suis enceinte, j'ai un bébé ou je suis une personne âgée.
Si je prends des médicaments : je demande conseil à mon médecin ou à mon pharmacien.
www.inpes.sante.fr
inpes
Institut national de prévention et d'éducation pour la santé

Document 6

MANIPULER LA COULEUR ET LA MATIÈRE

MS

10 - 15 mn

TOURNER

Matériel

- Des cercles de feuilles cartonnées (2 ou 3 par enfant)
- Peinture de différentes couleurs
- Un pinceau par couleur (ou un flacon)
- Une essoreuse à salade

Objectifs

- Détourner un objet pour créer
- Construire le rapport entre le geste et la trace
- Reconnaître en nommant les couleurs
- Remplir un espace
- Enrichir ses formes d'expression

Tâche de l'enfant :

Projeter de la peinture sur un support à l'aide d'un objet technique détourné de sa fonction

Consignes :

1) Place la feuille au centre de l'essoreuse à salade
2) Choisis une couleur de peinture et dépose une grosse goutte sur le support
3) Ferme l'essoreuse et tourne la manivelle le plus vite possible
4) Renouvelle plusieurs fois cette opération en changeant de couleur
5) Recommence avec une nouvelle feuille

Rôle de l'adulte :

- Faire nommer les couleurs
- Inciter l'enfant à varier les couleurs
- Aider à tourner en cas de difficultés

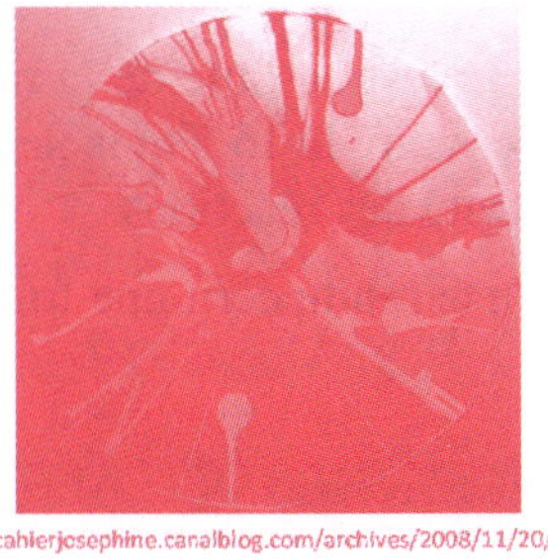

image : http://cahierjosephine.canalblog.com/archives/2008/11/20/11415482.html

Corrigé

Question 1

1. Le métier d'ATSEM se caractérise par deux missions principales. La première est l'aide pédagogique au quotidien dans la classe avec l'enseignant. L'ATSEM peut ainsi gérer un atelier, assurer la sécurité pendant un atelier de motricité, effectuer un change ou un soin… La seconde est l'entretien des locaux.

   Afin de réaliser à bien ces missions, l'ATSEM doit faire preuve de patience, de disponibilité, d'organisation, d'écoute vis-à-vis des usagers, de qualités relationnelles, de réactivité et de polyvalence.

2. Au quotidien, l'ATSEM doit nettoyer la classe (à savoir les tables, les chaises, les sols), les couloirs, les sanitaires, la salle de motricité et la salle de repos. Il doit en parallèle aérer les locaux et nettoyer le matériel pédagogique utilisé (pinceaux, outils de pâte à modeler…).

   Pendant les petites vacances, en plus du nettoyage quotidien, l'ATSEM nettoie les locaux de manière un peu plus soutenue comme le matériel de sport, les draps, parfois les vitres.

   Pendant les grandes vacances, c'est le grand nettoyage. Les classes sont vidées et tout ce qu'elles contiennent doit être minutieusement nettoyé : matériel pédagogique, mobilier, sols, tables, chaises, murs, vitres…

Question 2

1. Un PAI est un Projet d'Accueil Individualisé. Il concerne les élèves atteints de maladie chronique, d'allergie ou d'intolérance alimentaire. Le PAI facilite l'accueil de l'enfant malade à l'école et précise le rôle de chacun dans le cadre de ses compétences propres. Il comporte souvent un protocole d'urgence.

2. Malgré toutes les précautions prises, l'enfant a ingéré l'aliment allergène. Il faut être très réactif et suivre le protocole d'urgence à la lettre.

   Dans ce cas, l'ATSEM prévient le responsable de la restauration scolaire et sera sans doute amené à prévenir la famille, voire le 15. On isole l'enfant. Les médicaments sont administrés en fonction de la gravité des réactions.

   Il est préférable d'établir un compte rendu écrit une fois que l'enfant est pris en charge par les services de secours.

Question 3

L'ATSEM peut être amené à changer un enfant qui s'est accidentellement sali.

Il est nécessaire dans un premier temps de rassurer l'enfant, de lui dire que cela peut arriver puis de l'isoler du regard des autres.

Le change peut alors avoir lieu (déshabillage puis nettoyage de l'enfant et rhabillage).

Les affaires souillées seront placées dans un sac plastique pour être remises aux parents. L'enseignant est informé du déroulement du change.

Question 4

1. En période de canicule, des gestes importants sont à effectuer auprès des enfants :
   - veiller à ce qu'ils restent au maximum au frais ;
   - les hydrater très régulièrement ;
   - effectuer des jeux d'eau, les mouiller fréquemment ;
   - ne pas les exposer aux fortes chaleurs :
   - éviter les efforts physiques ;
   - veiller à ce qu'ils soient habillés correctement ;
   - veiller à ce qu'ils mangent en quantité suffisante.

   Concernant les locaux, je ferme les volets toute la journée afin d'essayer de garder une température adéquate.
2. Une vigilance accrue permet d'éviter les risques pour la santé. Les signaux d'alerte sont des maux de tête, de la fièvre, des nausées, des propos incohérents, une fatigue inhabituelle et des crampes.

   Il ne faut pas hésiter à appeler le 15 pour tout malaise ou signe inquiétant.

Question 5

Dans un premier temps, l'ATSEM doit préparer le matériel nécessaire à la réalisation de l'activité.

Il faut prévoir ici 2/3 cercles de feuilles cartonnées par enfant, de la peinture de différentes couleurs, un pinceau par couleur et une essoreuse à salade.

Ensuite, il faut protéger les tables, faire mettre une blouse aux enfants et écrire le prénom des enfants sur les futures productions.

La réalisation de l'activité commence, l'ATSEM peut reformuler la consigne et aider l'enfant en cas de difficultés.

À la fin de l'activité, les productions sont mises à sécher et les enfants vont se laver les mains avec l'aide de l'ATSEM. Il nettoie ensuite les tables et le matériel utilisé.

La liaison avec l'enseignant est très importante : l'ATSEM lui expliquera le déroulement de l'activité.

Sujet 20
Session 2018

Difficulté : ★ ★ 2 heures • Coefficient : 1

Épreuve concours 3e voie CDG de la Loire

Question 1 – La sieste à l'école (4 points)

À partir des documents 1 et 2 et en faisant appel à vos connaissances, répondez aux questions suivantes :

1. Quelles sont les différentes phases d'un cycle de sommeil et quelles sont leurs caractéristiques ? (1 point)
2. Quelles sont les conditions optimales qui favorisent l'endormissement des enfants lors de la sieste à l'école ? (1,5 point)
3. Quelles informations apporte un tableau d'observation de la sieste ? Quels sont les objectifs d'utilisation d'un tel outil ? (1,5 point)

Question 2 – Gestion d'un atelier d'apprentissage durant le temps scolaire : le loto des lettres (4 points)

Dans le cadre des activités d'apprentissage conçues par l'enseignant de la classe, un jeu de loto de lettres est proposé aux élèves de moyenne section. Le document 3 représente la fiche de l'élève permettant de laisser une trace des apprentissages. Vous avez en charge l'organisation matérielle de l'atelier ainsi que son animation.

1. Quels sont les deux objectifs d'apprentissage de l'activité ? (1 point)
2. Décrivez l'organisation matérielle de l'activité. (1 point)
3. Un élève éprouve des difficultés à tracer certaines lettres en capitale d'imprimerie. Comment pouvez-vous l'aider ? Donnez deux exemples. (2 points)

Question 3 – Accompagnement des élèves à besoins éducatifs particuliers (4,5 points)

À partir de la lecture du document 4 et en mobilisant vos connaissances :

1. Indiquez le plan dont relève chacun des enfants présentés ci-dessous. (1,5 point)
2. Quel rôle pourra avoir l'ATSEM qui accompagnerait chacun de ces enfants dans sa classe ? (3 points)

Répondez au moyen d'un tableau de cette forme, à reconstituer sur votre copie :

Prénom de l'enfant	Plan	Rôle de l'ATSEM

Sami, 5 ans, est à l'école depuis la petite section et vient de rentrer en grande section de maternelle. Il est porteur de trisomie 21. L'annonce du diagnostic est intervenue à sa naissance, depuis il bénéficie d'un suivi médical et paramédical. Sami est toujours content de retrouver sa classe, sa maîtresse et est très affectueux avec ses camarades. Il a le contact facile et sa bonne humeur est contagieuse. Malgré cela, son développement psychomoteur est retardé ainsi que son langage, ses acquisitions se font plus lentement. Sami progresse à son rythme, mais ses parents s'inquiètent pour son passage en cours préparatoire.

Félix a 3 ans, il vient d'être scolarisé en petite section. Félix est allergique à l'arachide : il ne peut pas manger de cacahuètes, mais surtout il ne doit pas consommer d'huile d'arachide. Ses parents s'inquiètent car Félix doit déjeuner à la cantine : ils décident de rencontrer dès la rentrée la directrice de l'école afin de l'informer de ces difficultés.

Paula aime bien aller à école, mais depuis son entrée en cours préparatoire, elle éprouve des difficultés en lecture. Elle lit très lentement, inverse ou confond des sons, oublie même des mots, ce qui la gêne dans la compréhension. La maîtresse, accompagnée du médecin scolaire, rencontre ses parents qui sont d'accord pour qu'un bilan soit effectué par un médecin compétent (orthophoniste, psychologue, psychomotricien). Au vu des résultats des bilans réalisés, en particulier par l'orthophoniste, le médecin de l'Éducation nationale fait alors le constat que les difficultés de Paula sont la conséquence d'un trouble des apprentissages.

Question 4 – L'enfant qui mord (4 points)

Thaïs et Émilie, 2 ans et demi, sont scolarisées en classe de Toute Petite Section. Thaïs se met à hurler alors qu'elle est installée dans le coin cuisine : elle vient d'être mordue par Émilie, qui convoitait le même objet qu'elle, et porte de fortes traces de dents sur l'avant-bras gauche.

À partir du document 5 et en mobilisant vos connaissances, répondez aux questions suivantes :

1. Quelles explications peut-on donner au comportement d'Émilie ? (1 point)
2. En tant qu'ATSEM, quelle posture adopter face à Émilie, l'enfant mordeur ? (2 points)
3. Quelle attitude adopter face à Thaïs, l'enfant mordue ? (1 point)

Question 5 - Protocole de nettoyage de salle de classe (3,5 points)

À partir de la lecture du document 6 et de vos connaissances :

1. Quel type de produit faut-il utiliser pour le lavage de vitres ? Quelles en sont les propriétés chimiques ? (1 point)
2. Repérez et citez précisément les trois paramètres du cercle de Sinner à respecter pour effectuer un nettoyage de qualité des tables et bureaux (plateaux et pieds). (1,5 point)
3. Calculez le volume de solution détergente à préparer pour le lavage des sols de 5 salles de classe de 40 m2 chacune. (1 point)

Document 1

Les cinq atouts de la sieste

Chez tout le monde, enfants comme adultes, il survient une baisse de vigilance en tout début d'après-midi. Juste après le repas, il existe un besoin quasi physiologique de se reposer. Les Romains suivaient au plus près cette exigence de la nature : chaque jour, quand sonnait la sixième heure après le lever – *sexte hora*, origine étymologique du mot sieste – ils s'accordaient un temps de repos, après ledéjeuner.

Si les adultes réussissent à se passer de ce petit somme, ce n'est pas le cas des enfants.

La très grande majorité des enfants a impérativement besoin d'une sieste jusqu'à 5 ans pour son bien-être, sa stabilité émotionnelle, la qualité de ses apprentissages.

Si un enfant ne fait pas la sieste alors qu'il en a besoin, il se montre agité, agressif, irritable et enclin aux caprices en fin d'après-midi. Il arrive donc au moment du coucher dans un état de grande excitation.

La sieste est la meilleure alliée d'une nuit tranquille ! Elle offre une coupure salvatrice… à condition de ne pas être trop longue.

Le simple fait de se coucher permet à l'enfant de reposer son corps, occupé le reste de la journée à maintenir la position verticale. Couché, il est libéré de toutes ces contraintes.

La sieste est essentiellement composée de sommeil lent profond, très rarement de sommeil paradoxal, donc le risque de rêves et de cauchemars est pratiquement nul. La sieste s'effectue à la lumière du jour ou dans une très légère pénombre – jamais dans le noir absolu, pour ne pas perturber l'alternance jour/nuit – donc une cause d'inquiétude en moins pour l'enfant.

Quand un enfant ne fait pas la sieste, il risque de souffrir d'une carence en sommeil lent profond qu'il compensera par une augmentation du sommeil lent profond au début de la nuit suivante, donc pas de phase de sommeil paradoxal, ce qui favorise la survenue de terreur nocturne en première partie de nuit, l'enfant se met à hurler, et dont il n'aura aucun souvenir le lendemain.

Experts : Dr Marie-Josèphe Challamel, pédiatre et spécialiste du sommeil. Auteur avec le Dr Marie Thirion du livre « Le sommeil, le rêve et l'enfant » aux Éditions Albin Michel.

Sources : www.enfant.com

Document 2

ÉCOLE PRIMAIRE LES ÉRABLES
ANNÉE SCOLAIRE 2018/2019
SEMAINE DU ……… AU ……… OCTOBRE 2018
NIVEAU DE CLASSE :

Tableau d'observation du temps de sieste (Couchage à heure fixe après le repas)

Prénom – Initiale du nom	lundi…		mardi…		jeudi…		vendredi…		Remarques
//////////////////////	Durée de l'endormissement en min	heure de réveil	Durée de l'endormissement en min	heure de réveil	Durée de l'endormissement en min	heure de réveil	Durée de l'endormissement en min	heure de réveil	//////////////////

Document 3

L'écrit : découvrir le principe alphabétique

ATTENDU : Reconnaître les lettres de l'alphabet et connaître les correspondances entre les différentes manières de les écrire.

Consigne : « Je joue au jeu du loto des lettres. Je reconnais la lettre nommée par l'adulte ; si je n'ai pas la carte, j'écris la lettre en capitale d'imprimerie sur une étiquette et la place sur ma planche de jeu. »

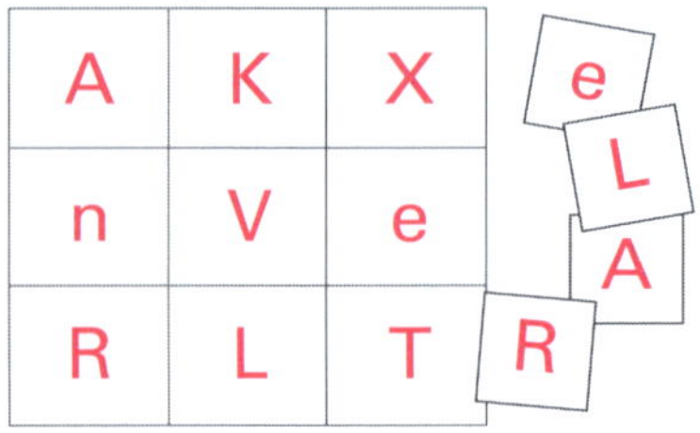

Document 4

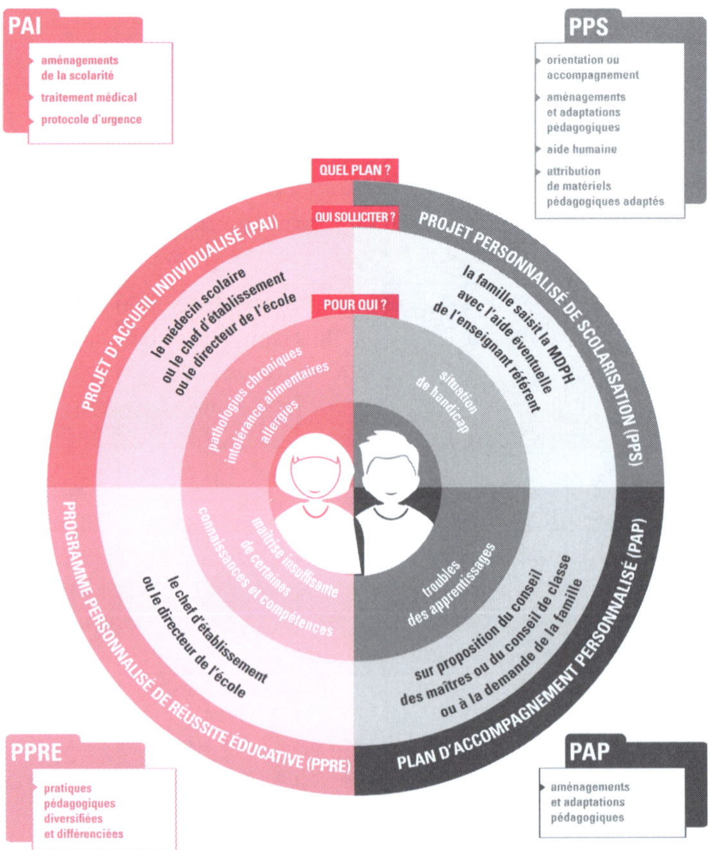

Document 5

Pourquoi un enfant mord-il ?

Ce n'est pas de la violence

Ni la morsure, ni les griffures, ni les coups ne sont des actes de violence, ni de méchanceté. Un jeune enfant n'a pas l'intention ni la compréhension de faire mal à l'autre ! Ces manifestations peuvent avoir différentes origines. Ces conduites peuvent être la manifestation d'une pulsion, d'une excitation positive comme négative. Cela peut être une manière pour l'enfant de se décharger d'une frustration, mais aussi de communiquer avec un autre enfant.

Il découvre le monde par la bouche

Si la morsure est aussi récurrente, c'est en partie parce que la bouche est pour l'enfant un organe de découverte du monde qui l'entoure, un peu comme une troisième main.

Il ne peut contrôler ses pulsions

Il ne faut pas oublier qu'un jeune enfant n'est pas encore en capacité d'inhiber ses pulsions, ni ses émotions, et encore moins de les raisonner. Certaines parties de son cerveau ne sont pas assez matures pour cela, notamment la partie frontale. À ce titre, sachez qu'un cerveau n'est pas pleinement mature avant l'âge de… 25 ans !

C'est son moyen d'expression

Plus la parole va se développer, moins l'enfant aura besoin de mordre pour s'exprimer ou entrer en communication. Cela dit, en cas de grande frustration, l'enfant s'exprime avec l'outil qu'il maîtrise le plus : son corps ! En effet, bien souvent quand il est sous l'emprise d'une émotion forte, il sollicite spontanément sa main, sa bouche ou son pied, et non de la parole comme on pourrait l'espérer.

Il a besoin d'attention

Il faut savoir que de nombreux comportements « inadaptés » du jeune enfant en section, comme à la maison, sont le résultat d'un manque d'attention ou de contenance de la part de l'adulte. C'est en partie pour cette raison qu'un enfant se comporte souvent différemment quand un adulte lui accorde toute son attention, à l'occasion d'une observation soutenue et individualisée.

Une phase temporaire

Cette phase de « morsures » est temporaire. Elle peut durer quelques jours comme quelques mois. Celle-ci dépend de nombreux facteurs, dont le développement de l'enfant, sa vie à la maison mais aussi et surtout, de votre propre manière d'accompagner l'enfant et le groupe durant la journée. La collectivité peut être une source de stress importante pour les très jeunes enfants, d'autant plus s'ils sont nombreux à se déplacer dans un même espace et si les professionnels sont eux-mêmes stressés.

Source : site les pros de la Petite enfance

Document 6

Protocole de nettoyage d'une salle de classe

Surface	Produit	Matériel	Méthode
Tableau	Détergent neutre	MOP*	 Nettoyage des tableaux au manche télescopique et microfibre
Étagère, meuble, porte, poignet, interrupteur, radiateur, contour fenêtre, plinthes, corbeille	Détergent neutre ou bombe aérosol	Lavette Bleue Microflex, queue de rat	 Éliminer les résidus 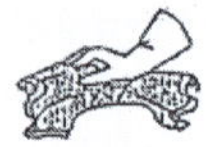 Nettoyer
Vitrages ouvrants (intérieur et exterieur) Vitrages fixes et coulissants (intérieur)	Détergent neutre	MOP Mouilleur raclette	 Appliquer la solution  Racler
Informatique		Lavette bleue	 Nettoyage à sec 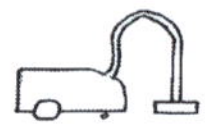 Dépoussiérer le calvier et l'UC avec la brosse mobilier. Sur un écran plat, aucun entretien
Table, bureau et pieds	Détergent neutre (pour entretien quotidien) Détergent puissant (pour remise en état ou taches difficiles)	Pulvérisateur grattoir lavette bleue	 Pulvériser  5 min  Gratter les traces de colles  Nettoyer **En cas de salissure ou tache difficile, utiliser le détergent puissant juste sur la tache**
Balayage, lavage	Détergent neutre	MOP verte et bleue	 1 litre de solution pour 5 franges 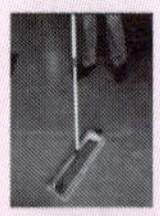 1 frange pour 20 m², soit 2 à 3 franges par classe  Rassembler les franges sales pour lavage

OPTION MONOBROSSAGE ET LUSTRAGE

MOP* = FRANGE

Source : Extrait de « Charte des ATSEM - Ville de La Rochelle ».

Création graphique © Direction de la communication - Texte © Direction des écoles et de la vie scolaire - Photo © Julien Chauvet - ImpriMairie LR - Juin 2016.

Corrigé

Question 1

1. Un cycle comprend plusieurs types de sommeil : **lent léger** (50 % du temps de sommeil, favorise le repos nerveux), **lent profond** (20 à 25 %, sommeil récupérateur) et **paradoxal** (20 à 25 %, phase des rêves).
2. De nombreux facteurs influent sur l'endormissement des enfants lors de la sieste, notamment :

   – l'heure de la sieste : elle doit être la plus rapprochée possible du déjeuner ;

   – l'attitude de l'ATSEM, rassurante et bienveillante ;

   – l'instauration de rituels d'endormissement : écoute d'une comptine/berceuse, lecture d'une histoire par exemple ;

   – la présence des objets transitionnels (doudou, nounours…) qui sont sécurisants pour les enfants pendant la sieste ;

   – la pièce n'est pas plongée dans le noir dans la mesure où la pénombre inquiète certains enfants.
3. Le tableau d'observation de la sieste permet de collecter quotidiennement deux données sur le sommeil de l'enfant : le temps qu'il met à s'endormir et son heure de réveil. Les élèves étant couchés à heure fixe, il est possible de déterminer assez précisément le temps de sommeil de chacun.

   Les données recueillies permettent :

   – de repérer le rythme de sommeil de chaque enfant et son évolution au cours de l'année scolaire ;

   – d'identifier des difficultés éventuelles d'endormissement ;

   – de répondre aux questions des parents sur la sieste de leur enfant.

Question 2

1. Le loto des lettres permet de faire travailler les élèves sur la reconnaissance des lettres de l'alphabet et les correspondances entre les trois manières de les écrire : cursive, script, capitales d'imprimerie.
2. L'ATSEM est chargé de l'organisation matérielle de l'activité. Il prépare des planches de lettres qui seront remises aux élèves, des cartes lettres qui seront tirées au sort par l'enseignant, un contenant pour mettre les cartes lettres et des étiquettes sur lesquelles les élèves écriront les lettres non présentes sur leur planche. Il positionne le matériel avant le début de l'activité.
3. L'ATSEM peut aider l'élève, à écrire en lettres capitales, de deux manières :

   – tracer la lettre devant lui en décomposant le mouvement ;

   – verbalisez le mouvement : on monte ; on descend…

Question 3

1. Sami est porteur d'un handicap. Il bénéficie d'un PPS (Plan Personnalisé de Scolarisation). Félix présente une difficulté de santé qui nécessite la mise en place d'un PAI (Projet d'Accueil Individualisé). Paula présente des difficultés d'apprentissage prises en charge dans le cadre d'un PAP (Plan d'Accompagnement Personnalisé).
2.

Prénom de l'enfant	Plan	Rôle de l'ATSEM
Sami	PPS	L'ATSEM assiste l'enseignant notamment au niveau de l'animation et l'hygiène des jeunes enfants. Ses missions ne diffèrent pas qu'un ou plusieurs élève(s) de la classe soit(ent) porteur(s) d'un handicap. Il doit adapter ses modalités d'intervention ou de communication aux capacités de l'enfant ou des enfants concernés.
Félix	PAI	L'ATSEM participe à l'élaboration du PAI, connaît son contenu et applique les recommandations médicales ainsi que le protocole de soins en cas d'urgence.
Paula	PAP	L'ATSEM participe à la mise en place du PAP en qualité de membre de l'équipe éducative. Il respecte et met en œuvre les aménagements pédagogiques définis.

Question 4

1. La morsure est une manière de s'exprimer et de « décharger », à un moment donné, une tension. Dans la situation décrite, il semblerait qu'elle soit la conséquence d'une frustration, celle d'Émilie de ne pouvoir accéder à un objet convoité et utilisé par sa camarade, Thaïs.
2. L'ATSEM doit garder son calme et dédramatiser. L'enfant mordeur ne doit pas être grondé ou puni. La posture la plus adaptée est d'engager un dialogue avec lui pour qu'il puisse exprimer son ressenti avec ses propres mots, se libérer de sa frustration. Il convient également de lui rappeler qu'il est interdit de faire du mal à un autre enfant.
3. L'enfant mordu doit être rassuré et éventuellement consolé. L'ATSEM lui explique la situation, pourquoi Émilie l'a mordu. Il rappelle que faire du mal et lui faire mal est interdit. Il peut également lui proposer de passer son avant-bras sous l'eau pour limiter la douleur.

Question 5

1. Les vitres sont nettoyées avec un détergent neutre, dont le taux d'acidité correspond à un Ph compris entre 6 et 8.
2. Un nettoyage de qualité des tables et des bureaux dépend de trois facteurs :
   - une action mécanique par le frottement des traces de colles ;
   - une action chimique, celui du produit détergent utilisé ;
   - l'action du temps, les 5 minutes pendant lesquelles on laisse agir la solution détergente.
3. La surface totale à nettoyer est de 200 m^2 (5 salles de 40 m^2). À raison d'une frange pour 20 m^2, il faudra donc utiliser 10 franges pour laver les sols sur 200 m^2. Pour 10 franges, l'ATSEM doit préparer 2 litres de solution détergente.

Sujet 21
Session 2017

Difficulté : ★★★

2 heures • Coefficient : 1

Épreuve concours 3ᵉ voie CDG de la Loire

Question 1 – Un élève en crise (4,5 points)

L'enseignant(e) a demandé à Julie, élève de moyenne section, de mettre ses chaussons pour aller en salle de gymnastique. Julie se met en colère, les jette violemment dans le couloir et hurle en disant qu'elle ne « mettra jamais des chaussons aussi moches ». Elle n'arrive plus à se calmer et commence à se taper la tête contre le sol.

L'enseignant(e) vous demande d'essayer de l'apaiser pendant qu'elle continue à gérer la classe et à rejoindre la salle de gymnastique.

À partir de la lecture du **document 1** :

1. Définissez les mots empathie et sollicitude (0,5 point)
2. Selon vous, quelles peuvent être les raisons d'une crise de colère chez un enfant à l'école ? (2 points)
3. Décrivez l'(les) attitude(s) que vous adopteriez dans la situation décrite. (2 points)

Question 2 – Le passage aux toilettes (3 points)

1. Précisez les apprentissages réalisés par les enfants lors du passage aux toilettes en termes :
   - d'hygiène (1 point)
   - de langage (0,5 point)
   - de vivre ensemble (0,5 point).
2. Que signifie la phrase du document 2 : « les adultes respecteront les besoins de chaque enfant » ? (1 point)

Question 3 – Activité « vider les paniers » (3,5 points)

Dans le cadre des activités périscolaires, la commune qui vous emploie a fait le choix de libérer une demi-journée par semaine. Sur ce temps-là, vous êtes en charge d'un groupe de 10 enfants âgés de 3 à 5 ans.

Vous décidez de proposer aux enfants le jeu « Vider les paniers » (document 3).

1. Ce jeu est-il adapté aux enfants de votre groupe ? (0,5 point)
2. Quel(s) apprentissage(s) favorise-t-il ? (0,75 point)
3. Ce jeu se pratique-t-il en intérieur ou en extérieur ? (0,5 point)

4. De quel matériel avez-vous besoin ? (0,75 point)
5. Vous voulez faire évoluer le jeu. Quelle(s) variable(s) permet(tent) de complexifier la tâche des lanceurs et des ramasseurs ? (1 point)

Question 4 – Plan de nettoyage et de désinfection en cuisine (4,5 points)

1. Pour nettoyer les surfaces alimentaires en cuisine, vous vous conformez au protocole de nettoyage et désinfection affiché au mur, reproduit dans le document 4, respectant le principe HACCP.
2. Repérez le type de produit recommandé pour l'entretien des tables, chaises, portes et interrupteurs et expliquez brièvement ses deux actions. (1 point)
3. Le plan de nettoyage désinfection précise la nécessité de rincer les surfaces après désinfection. Expliquez l'importance de ce rinçage. (0,5 point)
4. Repérez le dosage recommandé pour le produit utilisé pour le nettoyage des sols puis calculez la quantité de produit (en millilitres) à diluer pour préparer 5 litres de solution. (1 point)
5. Citez deux précautions à respecter lors de l'utilisation des produits d'entretien et deux précautions à respecter lors du stockage des produits d'entretien. Répondez en recopiant et complétant sur votre copie le tableau suivant : (1 point = 4 × 0,25).

Précautions d'utilisation	Précautions de stockage
1.	1.
2.	2.

6. À partir du **document 4**, relevez les 4 paramètres du cercle de Sinner à respecter lors du bio-nettoyage des sols de la cuisine de cette école. Répondez sur votre copie en reportant le numéro correspondant à votre réponse. (1 point = 4 × 0,25)

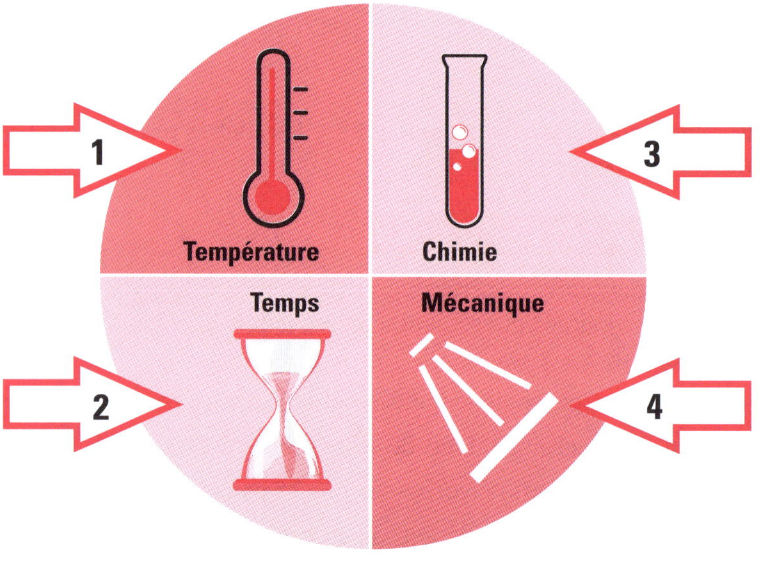

Question 5 - Sécurité en EPS (4,5 points)

Vous êtes présent(e) aux côtés de l'enseignant(e) pour cette séance de parcours gymnique qui comprend un « atelier poutre » à gauche et un « atelier espalier » à droite.

1. Où vous placez-vous dans la salle ? Justifiez votre réponse. (1 point)
2. Le petit garçon à droite de la photo va rester coincé en haut de l'espalier. L'enseignant(e) est occupé(e).

   Le petit garçon semble calme. Que faites-vous ? (0,75 point)

   Si le garçon panique, comment vous comportez-vous ? (0,75 point)
3. Quelles sont les règles à instaurer dans cet atelier pour garantir son bon fonctionnement et la sécurité des élèves ? (2 points)

Document 1

Qu'est-ce qu'une crise de colère ?

Il n'existe pas de recette infaillible pour prévenir ou neutraliser une crise de colère. Le savoir-faire et le savoir-être de l'équipe éducative jouent un rôle décisif dans de telles circonstances. Un jeune enfant qui fait une crise de colère lance souvent un appel à l'aide qui témoigne dans bien des cas, de ses difficultés d'adaptation. **L'empathie et la sollicitude** des adultes et en particulier des enseignants constituent les outils premiers pour venir en aide à un jeune en état de crise. L'intervention physique est à envisager en tout dernier ressort lorsque l'élève met sa vie ou la vie d'autrui en danger. (…)

La colère est déclenchée par des émotions négatives ressenties en amont : douleur, exaspération, solitude, ennui, peur, rejet, jalousie, déception, embarras, dépression, humiliation, frustration… Il est plus facile de comprendre et de traiter ces émotions que la colère qu'elles engendrent. Le problème est qu'au moment où la colère de l'enfant s'exprime, celui-ci est rarement conscient de ses émotions. Sa réaction aux sentiments négatifs est trop rapide et extrême pour qu'il puisse prendre conscience de ce qui la déclenche.

Souvent, l'enfant refuse d'admettre l'existence de ses émotions sous-jacentes, c'est pourquoi il est important d'apprendre aux élèves à identifier leurs émotions. La colère de l'élève peut se manifester de diverses manières : taper du pied, froncer les sourcils, lancer son crayon, hurler, proférer des menaces, attaquer physiquement l'enseignant ou un camarade. La colère peut aussi se manifester par un refus silencieux de répondre à une consigne, par l'insolence, le sarcasme.

Dans certaines circonstances, la colère semble normale et appropriée : par exemple, si elle permet d'estomper la douleur d'une jeune victime qui se révolte à la suite d'injustices répétées de la part de ses camarades. Dans d'autres cas, elle est le reflet d'une immaturité : par exemple, lorsqu'un jeune enfant n'obtient pas ce qu'il veut de la part de ses parents. Il arrive aussi que la colère provienne de causes biologiques : trauma crânien, diabète, allergies… Toutes ces causes privent les enfants de leur sérénité.

Une crise de colère suit habituellement trois phases.

Schéma des trois phases de la crise de colère

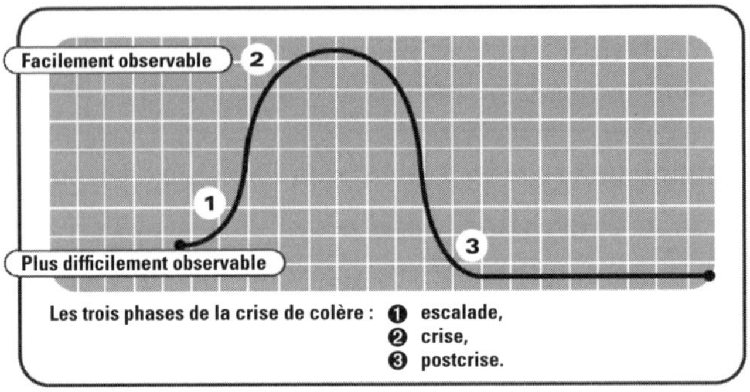

La phase d'escalade

Repérer les signes précurseurs observables de l'escalade.

Ce qu'il faut faire en phase d'escalade ou de crise

Ce qu'il ne faut pas faire en phase d'escalade ou de crise

Savoir accompagner un élève qui fait une crise de colère – Stratégies utiles pour les intervenants du milieu scolaire (extraits de la synthèse de Betty Bouchoucha, ASH, 2016) – Alberta Learning – 2003

source : http://www.ac-grenoble.fr/ais74/IMG/pdf/contention_et_colere_canada.pdf

Document 2

Passage aux toilettes

– Collectif ET individuel suivant l'âge et l'emplacement des toilettes dans l'école. En TPS et PS c'est un moment collectif encadré par l'enseignant et l'ATSEM. Les adultes respecteront les besoins de chaque enfant.

– Veiller à l'hygiène : faire laver les mains après.

– Veiller à la sécurité.

– Mettre en place un rituel pour le déplacement et le déroulement : une chanson, une manière de se déplacer et d'attendre.

Source : site de l'Académie de Grenoble – juillet 2017

Document 3

Vider les paniers (ou la maison)

Activité support : jeu collectif (lancer/renvoyer) Cycle 1 (PS)

Compétences :

– coopérer et s'opposer individuellement ou collectivement ;

– accepter les contraintes collectives.

Objectifs pour le maître : amener l'élève à réaliser des enchaînements d'actions (déplacement, préhension, course, évitement), à s'informer des espaces libres et à ajuster son action en fonction de la cible et de l'engin. L'amener à participer à une action collective à comprendre et respecter la règle, à courir, transporter, lancer et à repérer les espaces de jeu.

But pour l'élève :

– pour les « videurs de panier » : vider les paniers le plus rapidement possible en envoyant les objets (balles, ballons, anneaux, comètes…) le plus loin possible dans l'espace d'action ;

– pour les « ramasseurs » : ramasser le plus rapidement possible les objets pour les replacer dans les différents paniers et éviter ainsi qu'un panier soit complètement vide.

Matériel : carton ou corbeille, nombreuses balles, ballons, anneaux, comètes.

Organisation : dans une salle, ou dans une petite cour clôturée. L'enseignant est au centre d'un terrain avec une corbeille dans laquelle se trouvent de nombreux objets. Chaque partie dure 1 à 3 minutes.

Déroulement/consigne :

– Deux ou trois enfants doivent vider le plus rapidement possible un ou plusieurs paniers contenant des objets dans un espace d'action clairement identifié. Ils ne peuvent prendre qu'un objet à la fois dans le panier.

– Les autres enfants doivent ramasser les objets au fur et à mesure et les replacer dans les différents paniers.

– Au bout d'une (ou 3) minute(s), s'il n'y a plus d'objet dans le panier, ce sont les « videurs de panier » qui gagnent, sinon, ce sont les « ramasseurs ».

Critères de réussite :

– vider le panier pour les videurs de paniers ;

– faire en sorte qu'il reste toujours au moins un objet dans le panier pour les autres enfants.

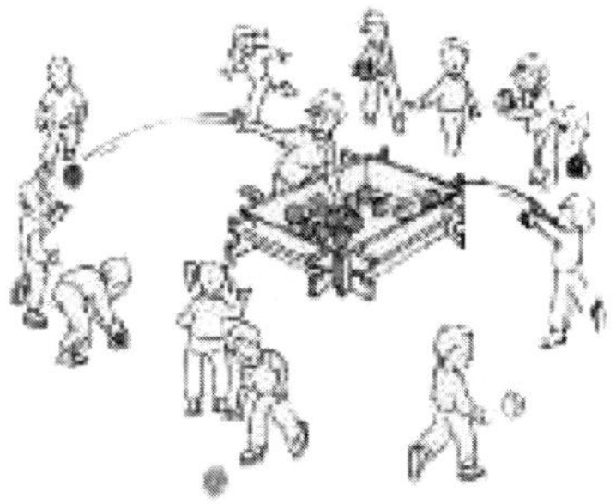

Comportements attendus :

– pour les videurs de paniers, lancer loin ;

– pour les autres enfants, se placer tout autour du panier pour recevoir les objets et les ramasser le plus vite possible.

Source : site dessinemoiunehistoire.net consulté en juillet 2017.

Document 4

Protocole de nettoyage et désinfection d'une cuisine d'école

ÉTABLISSEMENT

CUISINE

démarche qualité HACCP

QUOI	FRÉQUENCE	PRÉPARATION	PRODUIT	DOSE	ACTION	CONTACT	RINÇAGE	SÉCHAGE RACLAGE	OBSERVATION
SOLS	1 fois/jour	Ranger la zone	Anios 3 en 1 	1 %	Laver avec 1 frange imprégnée de solution 	5 min	Laisser sécher		
TABLES CHAISES PORTES INTERRUPTEURS	1 fois/jour	Ranger la zone	Anios nettoyant désinfectant multisurfaces 	Prêt à l'emploi	Pulvériser & essuyer 	5 min	Rincer avec 1 lavette essorée à l'eau claire		
VITRES	1 fois/ semaine	Ranger la zone	Anios TSV 	Prêt à l'emploi	Pulvériser & essuyer 	5 min	Laisser sécher		
RÉFRIGÉRATEUR MICRO-ONDES	1 fois/jour	Ranger la zone	Anios désinfectant alimentaire 	Prêt à l'emploi	Pulvériser & essuyer 	5 min	Laisser sécher		

- Rincer et sécher obligatoirement après chaque opération de désinfection.
- Température de dilution des produits : eau tiède.
- Se laver les mains efficacement et fréquemment (ongles courts et propres, blessures proétgées).

Corrigé

Question 1

1. L'empathie est la capacité d'un individu à identifier et à comprendre les ressentis, les émotions… d'une autre personne. Il parvient à se mettre à la place de cette dernière. La sollicitude est la manifestation d'attentions, de marques de prévenance à l'égard d'une autre personne. On peut parler de bienveillance.

2. L'article d'ASH nous apprend qu'une crise de colère est consécutive à une émotion négative. À l'école, lieu de vie collective, l'élève dans ses rapports aux autres, peut ressentir de la jalousie, de l'impatience, de la frustration, de l'exaspération… même s'il ne fera pas consciemment le lien entre ces pensées négatives et son sentiment de colère.

3. Face à l'élève en crise, ma priorité serait de procéder à une immobilisation physique en le prenant dans les bras d'une manière douce. En effet, Julie risque de se blesser en se frappant la tête contre le sol. L'objectif est avant tout de la protéger.

   Ensuite, je ne chercherais pas à traiter la situation « à chaud ». J'engagerais un échange avec l'enfant pour la calmer et la rassurer. Je répondrais ainsi à la demande de l'enseignante.

   Enfin, j'aiderais l'élève, dans la phase post-crise, à s'exprimer sur la situation vécue afin d'essayer d'identifier la source de la colère.

   Dès que cela est possible, l'élève rejoint ses camarades en classe en ayant mis ses chaussons et poursuit le cours de sa journée.

   Par la suite, je rapporterais à l'enseignant(e) mes observations et les informations recueillies afin de lui permettre de donner suite à cet incident.

Question 2

1. Lors des passages aux toilettes, l'enseignant(e) et l'ATSEM vont apprendre aux enfants les règles élémentaires d'hygiène : se laver les mains, se brosser les dents, aller aux toilettes, se laver le visage, respecter la propreté des lieux… et à devenir progressivement de plus en plus autonomes dans ces gestes de la vie quotidienne.

   Les élèves apprennent aussi, grâce à la verbalisation des adultes, tous les noms des équipements et accessoires que l'on trouve aux sanitaires (le lavabo, le savon, la serviette…) et l'usage de ce lieu. Cela peut aussi être l'occasion de parler du corps humain.

   Lors des passages aux toilettes, les élèves travaillent sur les règles liées au vivre ensemble : attendre son tour, s'entraider ou bien encore respecter l'intimité d'autrui.

   La phrase « les adultes respecteront les besoins de chaque enfant » concernant le passage aux toilettes, sensibilise les professionnels sur la nécessité de ne pas différer un besoin exprimé par l'enfant comme de ne pas lui imposer l'usage des toilettes s'il dit ne pas avoir envie d'uriner.

Question 3

1. Le jeu « Vider les paniers » est recommandé pour les élèves de PS. Il peut donc être proposé à des enfants âgés de 3 à 5 ans.
2. Le jeu proposé est en premier lieu une activité physique qui implique une coordination d'actions, des capacités d'analyse de l'environnement et d'adaptation de la part des enfants. Il nécessite aussi de travailler en équipe (les videurs et les ramasseurs) en respectant des règles préétablies.
3. Le jeu peut être organisé en intérieur (dans une salle) comme en extérieur (dans une cour clôturée).
4. Le jeu nécessite peu de matériels : une corbeille ou un carton servant de panier, des objets tels que des balles, des ballons, des anneaux et des comètes.
5. Il existe plusieurs moyens de complexifier le jeu. La tâche sera rendue plus difficile pour les videurs si le nombre d'objets est plus important ou si l'on fait varier la nature/forme des objets à lancer. Côté ramasseurs, il est possible de leur compliquer la tâche en augmentant la surface du terrain de jeu ou leur imposant de ramener deux objets à la fois.

Question 4

1. Le produit recommandé pour l'entretien des tables, chaises, portes et interrupteurs est un nettoyant désinfectant. Il a une action détergente qui nettoie les surfaces (élimination des micro-organismes par une action mécanique), et désinfectante qui détruit les micro-organismes présents (germes, bactéries, champignons).
2. Les surfaces sont rincées à l'aide de lavettes essorées à l'eau claire. Cette étape du plan de nettoyage est indispensable pour éviter les intoxications liées au contact entre les composants des produits d'entretien et les denrées alimentaires.
3. Le dosage recommandé pour le produit utilisé pour le nettoyage des sols est de 1 %, soit 1 litre de produit pour 100 litres de solution. Pour 5 litres de solution, il faudra donc 0,05 l de produit ($1 \times 5/100$) ou 50 ml.

Précautions d'utilisation	Précautions de stockage
Bien respecter les préconisations en matière de dosage pour un résultat optimal et pour limiter le risque de toxicité pour l'utilisateur.	Les produits d'entretien sont stockés dans un local ou une armoire fermé(e) à clé.
Porter des équipements de protection recommandés (gants…) sur la fiche des données de sécurité.	Les produits doivent être maintenus dans des contenants étiquetés.

4. Les 4 paramètres du cercle de Sinner pour le nettoyage des sols sont :

   1 – Eau tiède ;

   2 – Temps d'action de 5 minutes ;

   3 – Actions du détergent et du désinfectant ;

   4 – Frottement exercé sur le sol.

Question 5

1. Je me place à l'atelier « Espalier » car l'enseignant(e) est à l'atelier « Poutre ».
2. Face à cette situation, je pense important de laisser du temps à l'élève afin qu'il poursuive sa réflexion. Je l'encourage. Si la situation persiste, je peux l'aider à trouver une solution pour poursuivre le parcours.

   Si l'enfant panique, j'interviens immédiatement. Je le rassure pour le calmer et je l'aide à poursuivre le parcours.
3. Les enfants passent chacun leur tour et doivent attendre la fin du passage de l'élève précédent avant de s'engager.

   Ils doivent conserver au moins trois points d'appui tout au long du passage de l'espalier.

   Lors de la préparation de l'activité, il faut vérifier le bon positionnement des tapis ainsi que la stabilité de la rampe et de l'espalier.

   La surveillance humaine est indispensable.

ASEM
Épreuve
d'admissibilité

Élaborer son dossier d'admissibilité

1 Inscription et présentation

Les candidats au concours ASEM de la Ville de Paris s'inscrivent :

- sur internet sur le site www.paris.fr/recrutement en sélectionnant le concours correspondant ;
- ou en retirant un dossier papier en le demandant ou en le retirant à l'adresse suivante pendant les horaires d'ouverture (de 9 h à 17 h tous les jours sauf les week-ends et les jours fériés).

MAIRIE DE PARIS
Direction des ressources humaines - Bureau du recrutement
2, rue de Lobau - 75004 PARIS

Le dossier dument rempli est à adresser par voie postale ou sous format numérique.

Depuis 2018, le concours ASEM ne prévoit plus qu'une seule épreuve, un entretien avec le jury. L'écrit d'admissibilité a été supprimé et remplacé par une sélection sur dossier.

La sélection sur dossier permet de vérifier que les candidats remplissent les conditions pour participer au concours mais par uniquement. En effet, le dossier d'inscription comprend une lettre de motivation et un document type à remplir qui permet d'apprécier l'expérience et le parcours professionnel des postulants.

Le dossier à remplir comprend **deux parties** :

- **une présentation des parcours de formation et professionnel ;**
- **la réponse à 5 questions concernant l'ASEM et son environnement professionnel.**

Dans les pages suivantes, sont présentés les éléments de ce dossier à renseigner et nos conseils pour réussir cette étape du concours.

Nom d'usage : ....

Nom de famille : ....

Prénom(s) : ....

Important

Le nom d'usage est le nom d'épouse pour les femmes mariées. Le nom de famille est le nom de jeune fille pour les femmes mariées. N'omettez pas d'indiquer les différents prénoms figurant sur votre état civil.

2 Parcours de formation et parcours professionnels (expérience)

1. DIPLÔMES OBTENUS et FORMATIONS SUIVIES		
Autre(s) diplôme(s) obtenu(s) et/ou formation(s) suivie(s)	Année et pays d'obtention	Observations éventuelles

Important

Ne mentionnez pas dans ce tableau le CAP Petite Enfance ou le CAP AEPE mais bien les autres diplômes détenus ainsi que les formations suivies. Compte tenu du nombre de lignes contenues dans le tableau, mettez l'accent sur les diplômes/formations les plus pertinents au regard du concours ASEM. La colonne « Observations éventuelles » vous permet de préciser les spécialités, les mentions, le type de validation (examen ou VAE), ….

2. PARCOURS PROFESSIONNEL			
ATTENTION : indiquer en commençant par l'expérience la plus récente. Si plusieurs expériences professionnelles recouvrent les mêmes fonctions, merci d'indiquer par exemple dans « Détailler les fonctions assurées » : « *idem* poste n° 3 ».			
Période d'emploi (du … au …)	Poste occupé	Employeur	Détailler les fonctions assurées
	n° 1 :		
	n° 2 :		
	n° 3 :		
	n° 4 :		

Important

Le bureau de recrutement attend une information exhaustive sur votre parcours professionnel. Vous avez la possibilité de dupliquer le tableau autant de fois que nécessaire.

Prenez votre temps et soyez méthodique afin d'être lisible et clair.

Détaillez les missions sur les postes occupés en vous servant de vos fiches de poste par exemple.

3 5 questions concernant l'ASEM et son environnement professionnel (dossier 2021)

Vous répondrez aux cinq questions à réponse courte impérativement au maximum en 15 lignes manuscrites ou 10 lignes dactylographiées.

1 – Vous participez au repas des enfants. Quels types de difficultés pouvez-vous rencontrer avec les enfants pendant ce temps ? Quelles solutions adoptez-vous pour y répondre au mieux ?

....

....

....

....

....

....

Important

- Sur la forme, respectez bien la consigne quant à la longueur de la réponse à donner. À défaut, vous pourriez ne pas être sélectionné(e). Faites preuve de concision.
- Sur le fond, les difficultés potentiellement rencontrées sur le temps de restauration sont nombreuses : un enfant qui refuse de manger, un enfant qui se salit, la prise en compte d'une allergie alimentaire, une fausse route, la gestion du bruit… Pour chacune de situation évoquée, proposez en quelques mots la conduite à tenir.

2 – Vous animez un atelier périscolaire. Quel atelier proposez-vous et quel aspect éducatif mettez-vous en avant pendant cet atelier ?

....

....

....

....

....

....

Important

Quel que soit le thème de l'atelier que vous choisirez de présenter, l'important est de démontrer qu'il ne s'agit pas d'un temps purement occupationnel mais bien d'une activité éducative, c'est-à-dire qui apprend quelque chose aux enfants. Insistez dans votre réponse sur le comment vous allez présenter l'atelier aux participants.

3 – Quel entretien des locaux quotidien, un (ou une) ASEM doit-il (doit-elle) apporter à une classe ? Décrivez cet entretien.

....

....

....

....

....

....

Important

La question aborde l'entretien de la salle de classe. On peut distinguer dans la réponse, la préparation de la classe le matin avant l'arrivée des élèves, le nettoyage de la classe en fin d'après-midi après la classe et la gestion des remises en état de la classe après des ateliers plus ou salissants. Proposez des descriptions assez détaillées.

4 – Au lever de la sieste, l'enfant est souillé. Comment gérez-vous cette situation ?

....

....

....

....

....

....

Important

La question porte sur la gestion d'un incident de propreté. Il faut prendre en charge l'enfant en ne négligeant pas la sécurité du dortoir. Il est important d'évoquer l'échange avec l'élève sur ce qui a conduit à cet incident et proposer éventuellement une solution. Enfin, il ne faut pas oublier la gestion de la couchette/lit souillé.

5 – Vous êtes à l'accueil des parents. L'un d'entre eux s'inquiète de l'évolution de son enfant sur le plan pédagogique et au sein de la classe. Comment procédez-vous ?

....

....

....

....

....

....

Important

La question porte sur les prérogatives enseignant/ASEM. L'ASEM ne peut pas prendre l'initiative de répondre aux questionnements du parent, dans la mesure où ils ne concernent pas son champ de compétences. Elle doit donc orienter le parent vers l'enseignant. Si ce dernier n'est pas disponible au moment de l'accueil, une prise de rendez-vous est toujours possible.

4 La lettre de motivation

Votre lettre de motivation doit faire état de votre souhait de devenir ASEM en démontrant votre intérêt pour cette profession, votre connaissance du métier, vos aptitudes à l'exercer d'une part et en situant votre démarche dans un projet professionnel plus global, d'autre part.

Ce courrier doit être personnalisé, livré un peu de vous-même tout en n'oubliant pas l'objectif visé : **convaincre le jury de la convergence entre votre profil et celui recherché par la Ville de Paris.**

La lettre de motivation vient en complément du dossier administratif à renseigner. Évitez les redites entre ces deux documents. Insérez les seules informations susceptibles d'intéresser les recruteurs. Développez votre propos en apportant arguments et exemples.

Accordez de l'importance à la forme autant qu'au fond. Faites des phrases simples, claires et surtout sans faute d'orthographe. La lettre ne doit pas dépasser une page, être bien structurée et aérée.

Prenez soin de rappeler dans votre courrier vos nom, prénom et coordonnées, de le dater, de rédiger une formule de politesse et de terminer par votre signature.

Pour vous aider, suivez le « canevas » proposé ci-après, sachant qu'il vous faudra développer, pour chaque paragraphe, une argumentation personnelle et suffisante pour convaincre le jury.

Nom Prénom
Adresse
Tél.
Email

Mesdames et Messieurs les Membres du Jury

À ....,
Le ....

Objet : candidature au concours ASEM
Ville de Paris

Mesdames, Messieurs,

Je présente ma candidature au concours d'ASEM dans la mesure où ce métier..

Je me suis documenté(e) sur la profession et je pense avoir une représentation réaliste du métier, notamment ....

J'ai des aptitudes pour devenir ASEM, à savoir ....

Par ailleurs, je suis ....

....

Le métier d'ASEM répond à mes aspirations professionnelles. Il me permettra d'œuvrer, à mon niveau, ...

En vous remerciant de l'attention portée à ma candidature,

Je vous prie d'agréer, Mesdames, Messieurs, l'assurance de ma considération distinguée.

Signature

ATSEM / ASEM
Épreuve
d'admission

8 questions possibles pour l'oral

1 Les menus de la restauration scolaire prennent en compte les préconisations du PNNS. De quoi s'agit-il ?

Votre réponse

Notre corrigé

Le PNNS (Plan National Nutrition-Santé) a pour objet d'améliorer l'état de santé de l'ensemble de la population en agissant sur l'alimentation. Il émet des recommandations sur la consommation alimentaire.

Les collectivités territoriales en charge d'un service de restauration scolaire sont attentives aux préconisations du PNNS. Ainsi, elles proposent un déjeuner comprenant généralement une entrée, un plat principal avec une garniture, un produit laitier et un dessert. L'eau et le pain sont en libre-service. Elles favorisent la consommation de fruits et légumes et *a contrario*, limitent les apports en sel et en préparations grasses et sucrées.

Les menus des écoles sont élaborés en lien avec un diététicien, garant du respect des normes nutritionnelles recommandées par le PNNS.

Les repas respectent des conditions d'hygiène et de sécurité optimales : tous les aliments sont tracés depuis la fabrication jusqu'à la consommation.

2 Quelles conditions favorisent l'endormissement des enfants au moment de la sieste ?

Votre réponse

Notre corrigé

Plusieurs facteurs concourent à faciliter l'endormissement des élèves au moment de la sieste :

- **le moment** : le sommeil vient après le repas. Il convient donc de coucher les enfants juste après le déjeuner ;
- **le lieu** : Température adaptée (18-20), pièce préalablement bien aérée, chaque enfant dispose d'une place permanente et personnelle, limitation du bruit environnant, faible luminosité mais pas forcément une obscurité totale afin de permettre les déplacements… ;
- **les rituels de passage de l'état d'éveil au sommeil** : lecture d'un livre/album, comptine, berceuse… ;
- **les enfants peuvent disposer de leur doudou, nounours ou sucette** qui constituent des éléments sécurisants.

L'endormissement est d'autant plus facile que les enfants sont accompagnés par des personnes familières et rassurantes.

Les adultes se placent auprès des enfants agités afin de leur permettre de se détendre : lecture, massage…

3 Comment l'ATSEM/ASEM accompagne-t-il la séparation parent-enfant au moment de l'accueil du matin ?

Votre réponse

Notre corrigé

L'ATSEM fait le lien entre la famille et l'école. Il est souriant. L'accueil est personnalisé, en saluant l'élève personnellement et chaleureusement.

L'ATSEM se met à la hauteur de l'enfant pour faciliter la communication. Ses paroles sont compréhensives et rassurantes. Il accompagne l'élève vers une activité, généralement des jeux ou un atelier dessin.

En cas de difficultés au moment de la séparation, il est possible de lui proposer de prendre avec lui un objet transitionnel rassurant (doudou), L'ATSEM indique à l'enfant qu'il comprend ce que cela soit difficile pour lui. Il le prend dans ses bras et lui laisse le temps de se repérer. Il explique la situation de façon sécurisante : le départ du parent et son retour en fin de journée. Il lui propose de débuter un jeu ou une activité qu'il poursuivra seul, une fois calmé. C'est une façon de détourner son attention.

L'enjeu est de gérer au mieux la séparation. Certains enseignants acceptent que le parent reste un moment, déshabille son enfant, joue quelques instants avec lui… pour accompagner la séparation.

4 L'enseignant vous demande d'être présent pour une sortie scolaire au parc zoologique organisé de 7 h 30 à 19 h 30, trajets aller et retour inclus. Que lui répondez-vous ?

Votre réponse

____

____

____

____

____

____

____

____

____

____

____

____

____

____

____

____

____

____

Notre corrigé

La participation à la sortie au parc zoologique implique un dépassement de mon cadre horaire habituel. Je suis néanmoins disposé à me libérer afin d'être disponible pour cet évènement qui représente un temps fort pour les élèves, d'autant plus s'il s'inscrit dans un projet d'école et/ou dans le cadre d'une action initiée par la communauté éducative dont je fais partie.

Je suis volontaire mais ma participation est conditionnée à l'autorisation de la collectivité qui m'emploie dans la mesure où je dépasse mes horaires habituels de travail.

5 La classe dans laquelle vous êtes affecté, accueille un enfant à besoins éducatifs particuliers. Quel peut être son profil et quel est votre rôle auprès de lui ?

Votre réponse

Notre corrigé

La notion d'« enfants à besoins éducatifs particuliers » regroupe les élèves porteurs d'un handicap mais aussi les enfants en grande difficulté d'apprentissage ou d'adaptation, malades, intellectuellement précoces, allophones (dont la langue maternelle est une langue étrangère) nouvellement arrivés, issus de familles itinérantes ou du voyage…

Mon rôle est d'accompagner l'enfant à « besoins éducatifs particuliers » comme les autres élèves, en veillant à favoriser sa socialisation et son développement dans le respect :

- du PPS (Plan Personnalisé de Scolarisation) pour les enfants en situation de handicap ;
- du PAP (Plan d'Accompagnement Personnalisé) pour ceux présentant des troubles de l'apprentissage ;
- du PPRE (Programme Personnalisé de Réussite Éducative) en cas de difficultés scolaires ;

qui peuvent prévoir des intervenants spécifiques.

6 Un parent vous pose des questions sur le déroulement de la journée scolaire de sa fille. Quels sont les sujets que vous pouvez aborder ?

Votre réponse

Notre corrigé

Je peux rendre compte au parent de la journée scolaire de son enfant mais seulement pour ce qui concerne la vie à l'école : la sieste, les repas à la cantine, les activités périscolaires, les questions de santé, les effets personnels de l'élève…

En dehors de ces sujets, je dois orienter le parent d'élève vers l'enseignant. Tout ce qui est lié aux apprentissages et au comportement de l'enfant en classe, n'entre pas dans mes prérogatives. Je n'en parle donc pas sauf si l'enseignant m'a expressément demandé de relayer un message particulier à un ou plusieurs parents.

Dans le cadre de mon obligation de discrétion professionnelle, je ne communique aucun renseignement personnel sur les autres élèves de la classe ou les professionnels de l'école et je garde par-devers moi toutes les informations jugées confidentielles.

7 Décrivez la journée-type d'un ATSEM/ASEM ?

Votre réponse

Notre corrigé

La journée-type de l'ATSEM/ASEM peut se présenter comme suit :

Matin	Tâches	Après-midi	Tâches
À partir de 7 h 30	Peut être affecté au service de garderie : accueille, surveillance, encadre le temps de garderie du matin.	12 h 30 14 h 00	Surveille la sieste. Prépare les activités de l'après-midi. S'il a surveillé le temps de cantine, bénéficie d'une pause de 45 minutes.
8 h 20 8 h 40	Assiste pour l'accueil des enfants auprès de l'enseignant. Aide les enfants à se déshabiller. Surveille les enfants dans la classe. Accompagne les enfants aux toilettes. Pointe les élèves qui déjeunent à la cantine.		

Matin	Tâches	Après-midi	Tâches
8 h 40 10 h 05	Assiste/surveille/encadre des ateliers.	14 h 00 15 h 00	Assiste/surveille/encadre des ateliers.
10 h 05 10 h 35	Aide au passage aux toilettes. Range et nettoie suite ateliers. Prépare les ateliers suivants. Surveille éventuellement la récréation.	15 h 00 15 h 30	Aide au passage aux toilettes. Range et nettoie suite ateliers. Prépare les ateliers suivants. Surveille éventuellement la récréation.
10 h 35 11 h 10	Assiste/surveille/encadre des ateliers.	15 h 30 16 h 15	Colle les mots dans les cahiers de liaison. Range et nettoie. Prépare le départ des élèves.
11 h 10 11 h 30	Range, nettoie et prépare les ateliers de l'après-midi.	16 h 15 16 h 30	Assiste l'enseignant pour la remise des enfants Conduit des élèves à la garderie.
11 h 30 11 h 45	Aide au passage aux toilettes Accompagne les élèves à la cantine.	16 h 30 19 h 00	Peut être affecté au service de garderie : remise des enfants, surveillance, encadre le temps de garderie du matin. Peut réaliser des travaux d'entretien des locaux.
11 h 45 12 h 30	Surveille/encadre le déjeuner (ou en pause). Aide au passage aux toilettes.		

8 Quelles sont les missions éducatives de l'ATSEM/ASEM ?

Votre réponse

Notre corrigé

L'ATSEM a un rôle éducatif mais pas de responsabilité pédagogique :

- il gère des activités éducatives d'accueil, de soutien et de soins corporels incontournables pour la sécurité et le bien-être des élèves ;
- il apprend à l'enfant à devenir autonome dans les gestes de la vie quotidienne (passage aux toilettes, habillage/déshabillage, prise alimentaire, …) ;
- il participe à l'apprentissage du vivre ensemble ;
- il aide à la mise en place des supports pédagogiques, entretient et range les matériels ;
- il participe à la gestion des enfants dans les activités/ateliers organisés par l'enseignant et sous la responsabilité de ce dernier ;
- il rend compte de ses observations sur les réussites/difficultés des élèves à l'enseignant ;
- il prépare et anime des activités sur le temps périscolaire, dans le cadre d'un projet éducatif.

Les sigles à connaître

A

AESH : Accompagnant des Élèves en Situation de Handicap
ALSH : Accueil de Loisirs Sans Hébergement
APDE : Agent Polyvalent des Écoles
APC : Activités Pédagogiques Complémentaires
APE : Association des Parents d'Élèves
ASEM : Agent Spécialisé des Écoles Maternelles
ATSEM : Agent Territorial Spécialisé des Écoles Maternelles
ASE : Aide Sociale à l'Enfance
AVS : Auxiliaire de Vie Scolaire

B

BAFA : Brevet d'Aptitude aux Fonctions d'Animateur
BCG : Bacille Calmette et Guérin

C

CAP AEPE : Certificat d'Aptitude Professionnelle Accompagnant Éducatif Petite Enfance
CAP Petite Enfance : Certificat d'Aptitude Professionnelle, spécialité Métiers de la Petite Enfance
CCAS : Centre Communal d'Action Sociale
CDG : Centre De Gestion
CE1 : Cours Élémentaire 1re année
CE2 : Cours Élémentaire 2e année
CM1 : Cours Moyen 1re année
CM2 : Cours Moyen 2e année
CNFPT : Centre Nationale de Fonction Publique Territoriale
CP : Cycle Préparatoire
CRIP : Cellule de Recueil des Informations Préoccupantes

D

DASEN : Direction Académique des Services de l'Éducation Nationale
DTP : Diphtérie Tétanos Poliomyélite

E

EANA : Élève Allophone Nouvellement Arrivé
EPCI : Établissement Public de Coopération Intercommunale
EPI : Équipement de Protection Individuelle
EPS : Éducation Physique et Sportive

F

FCPE : Fédération des Conseils des Parents d'Élèves de l'enseignement public
FDS : Fiche de Données de Sécurité

G

GS : Grande Section

H

HACCP : Hazard Analysis and Critical Control Point
HLM : Habitation à loyer modéré

I

IA : Inspecteur d'Académie
IEN : Inspecteur de l'Éducation nationale

M

MDPH : Maison Départementale des Personnes Handicapées
MS : Moyenne Section

N

NAP : Nouvelles Activités Périscolaires

P

PAI : Projet d'Accueil Individualisé
PAP : Plan d'Accompagnement Personnalisé
PEdT : Projet Éducatif Territorial
PEEP : fédération des Parents d'Élèves de l'Enseignement Public
PH : Personne Handicapée
PLS : Position Latérale de Sécurité
PMI : Protection Maternelle et Infantile
PND : Plan Nettoyage et Désinfection
PNNS : Plan National Nutrition Santé
PPMS : Plan Particulier de Mise en Sécurité
PPRE : Programme Personnalisé de Réussite Scolaire
PPS : Projet Personnalisé de Scolarisation
PS : Petite Section
PSC1 : Premiers Secours Civiques niveau 1

R

RASED : Réseau d'Aides Spécialisées aux Élèves en Difficulté
REP : Réseaux d'Éducation Prioritaire
ROR : Rougeole – Oreillons – Rubéole
RPI : Regroupement Pédagogique Intercommunal
RPS : Risques Psycho-Sociaux

S

SAMU : Service d'Aide Médicale Urgente
SIVOS : Syndicat Intercommunal à Vocation Scolaire
SIVU : Syndicat Intercommunal à Vocation Unique
SMA : Service Minimal d'Accueil
SMUR : Service Mobile d'Urgence et de Réanimation
SNATED : Service National d'Accueil Téléphonique de l'Enfance en Danger

T

TAP : Temps d'Activités Périscolaires
TIAC : Toxi-Infection Alimentaire Collective
TMS : Troubles Musculo-Squelettiques
TPS : Très Petite Section
TSL : Troubles Spécifiques du Langage

Z

ZEP : Zone d'Éducation Prioritaire

84876 - (I) - OSB 80° - PMS Rubine Red - BPA - BTT

DUPLIPRINT
733, rue Saint-Léonard, 53100 MAYENNE
N° 2979856A
Dépôt légal : février 2023

Imprimé en France

Armoire à pharmacie

- Pince à échardes
- Paire de ciseaux
- Thermomètre frontal
- Couverture isothermique
- Coussin réfrigérant ou compresses watergel
- Lampe de poche
- Savon de marseille
- Éosine disodique aqueuse non colorée
- Héomédine® solution à 1 %
- Compresses individuelles purifiées
- Pansements adhésifs hypoallergéniques
- Sparadrap
- Bandes de gaze de 5 cm, 7 cm et 10 cm
- Filets à pansement
- Écharpe de 90 cm de base
- Sérum physiologique oculaire en unidose

TABLEAU DE CONVERSION DES UNITÉS DE MESURE

	k	h	Da	unité	d	c	m
	kilo	hecto	Déca	unité	déci	centi	milli
Mètre (m)	km	hm	Dam	m	dm	cm	mm
Litre (l)	kl	hl	Dal	l	dl	cl	ml
Gramme (g)	kg	hg	Dag	g	dg	cg	mg
				5	0	0	0
	2	0	0	0			
					0 ,	7	0

LES SYMBOLES

Le lavage

	Le textile peut être nettoyé en machine.		Les deux petits traits indiquent qu'il faut préférer un lavage délicat.
	Le textile ne se lave pas à l'eau.		Les deux traits superposés indiquent qu'il faut préférer un lavage modéré.
	Le textile se lave à la machine à la température maximale indiquée.		Le textile se lave à la main.
	Le trait en dessous indique le programme.		Le textile peut être nettoyé à sec avec des solvants type perchloroéthylène ou aux hydrocarburants.
	Le textile peut être nettoyé à sec aux hydrocarbures.		Le textile doit être nettoyé à sec.
	Le textile supporte le nettoyage à l'eau professionnel.		Le textile ne doit pas être nettoyé à sec.
	Le textile ne supporte pas le nettoyage à l'eau professionnel.		Le textile peut être blanchi à l'eau de Javel.
	Le textile ne peut pas être blanchi.		Le textile peut être blanchi à l'oxygène/sans chlore uniquement.

Boite à outils 3

Le séchage

	Le textile peut être séché en machine.		Le textile doit être mis à sécher sans essorer.
	Le textile peut être séché en machine. Programme linge délicat ou basse température (60 °C max.).		Le textile ne peut pas être séché en machine.
	Le textile peut être séché en machine. Programme température normale (80 °C max.).		Le textile doit sécher à l'ombre.
	Le textile ne peut pas être séché en machine.		

Le repassage

	Le textile ne peut pas être repassé.		Le textile est repassé à fer chaud – température maximale 200°.
	Le textile est repassé à fer chaud – température maximale 150°.		Le textile est repassé à fer chaud – température maximale 110°.

Les pictogrammes de danger

	Danger		Comburant		Corrosif
	Toxique		Explosif		Inflammable
	CMR (Cancérogène, Mutagène, Toxique pour la Reproduction)		Gaz sous pression		Néfaste pour l'environnement

LE TRI DES DÉCHETS

Les consignes de tri des déchets peuvent varier selon les communes en France. Voici les 4 catégories principales de recyclage.

Papier, cartons

- Journaux
- Magazines
- Prospectus
- Papiers
- Boîtes en cartons...

Verre

- Bouteilles
- Pots et bocaux en verre...

Plastique

- Bouteilles en plastique
- Flacons
- Boîtes de conserves
- Cannettes
- Aérosols
- Briques alimentaires...

Les autres déchets

- Films plastique d'emballage
- Sacs plastiques
- Papiers salis
- Articles d'hygiène : couches, mouchoirs, essuie-tout...
- Pots de produits laitiers
- Vaisselle brisée...

Boite à outils 5

Organiser son chariot de ménage

- ❑ un sac de poubelle neuf
- ❑ toutes les recharges nécessaires (papier-toilette, savon, gants, etc.)
- ❑ des chiffonnettes, gazes et franges
- ❑ les pulvérisateurs de produit d'entretien remplis
- ❑ bac de désinfection préparé
- ❑ balais et autres matériels de ménage.

Rappels :

- Positionner sur le plateau supérieur les matériels, produits et fournitures utilisés fréquemment afin de limiter les mouvements de flexion et extension pour prendre quelque chose dans la partie basse du chariot.
- Vérifier le bon état des matériels.
- Ne pas trop charger le chariot afin qu'il reste facilement manipulable.

CONSIGNES DE SÉCURITÉ EN CAS D'INCENDIE

1. Donner l'alarme en appuyant sur le déclencheur le plus proche.

2. Prévenir le directeur afin qu'il ferme les vannes d'arrivée des fluides.

3. Appeler les sapeurs-pompiers.

18

4. Évacuer dès l'audition du signal en se dirigeant vers la sortie la plus proche :
   - laisser vos affaires sur place ;
   - quittez le local rapidement mais sans précipitation.

5. Avant de quitter les lieux :
   - fermer les fenêtres et les portes (sans verrouiller les serrures) ;
   - s'assurer qu'il n'y a plus personne dans les locaux.

6. Dans la fumer, se baisser : si les couloirs et escaliers sont complètement envahis par la fumée, restez dans le local. Une porte mouillée et bien calfeutrée, protège longtemps. Allez aux fenêtres et manifestez-vous.

7. Ne jamais revenir en arrière.

8. Rejoindre le point de rassemblement.

9. S'assurer que l'appel est fait.

LES POSTURES LORS DE L'ENTRETIEN ORAL

Penché en arrière, bras droit pendant, regard en l'air.

Mauvaise posture : trop « décontracté ».

Assis sur le bout de la chaise, tête baissée vers la table.

Mauvaise posture : mal à l'aise, vous êtes prêt à quitter l'entretien.

Accoudé sur la table, la tête reposant sur la main.

Mauvaise posture : « Mais qu'est-ce que je fais là ? »

Assis, bras croisés, remuant les pieds.

Mauvaise posture : attitude défensive, « vous vous débattez pour survivre ».

Assis sur le bout de la chaise, tête baissée, bras croisés, jambes croisées.

Mauvaise posture : vous n'êtes pas réceptif.

Assis sur une fesse, légèrement de côté, le coude droit sur le dos de la chaise, jambes croisées.

Mauvaise posture : une posture de rigolo.

Dos presque vertical, tête redressée, regard droit, mains posées sur la table sans être statique.

Bonne posture.